La civiltà italiana in Giappone
un bilancio storico degli studi italiani in Giappone

a cura di Giovanni Desantis e Hideyuki Doi
con la supervisione dell'Istituto Italiano di Cultura Osaka

イタリアの文化と日本
日本におけるイタリア学の歴史

〈編〉ジョヴァンニ・デサンティス
土肥秀行
〈監修〉イタリア文化会館・大阪

松籟社

La civiltà italiana in Giappone: un bilancio storico degli studi italiani in Giappone

a cura di Giovanni Desantis e Hideyuki Doi

con la supervisione dell'Istituto Italiano di Cultura Osaka

This book is published in Japan in the form of joint publishing with

Istituto Italiano di Cultura Osaka.

【目次】イタリアの文化と日本——日本におけるイタリア学の歴史

イタリアの文化と日本——日本におけるイタリア学の歴史

PREFAZIONE

Giovanni Desantis

Questo libro nasce da una constatazione: mancava ancora nel panorama editoriale giapponese un'opera di sintesi che tracciasse un bilancio storico e critico della presenza e dell'influenza esercitata dalla cultura italiana nel Giappone moderno, dall'epoca Meiji a oggi.

A questo bisogno di sintesi non sopperivano alcune, anche pregevoli, raccolte miscellanee di studi comparse negli ultimi decenni.

A fronte della fioritura di studi sull'arte, sulla letteratura e sulla cultura italiana nelle sue varie declinazioni, parallelamente all'istituzione di un certo numero di insegnamenti universitari, che hanno distinto gli anni più recenti, si avvertiva la necessità di colmare una seria lacuna, fornendo al pubblico colto giapponese un'opera di sintesi sulla storia dell'italianistica in Giappone. Non solo in senso meramente istituzionale, quanto piuttosto in termini di ricezione, reinterpretazione e impatto sulla cultura giapponese.

L'idea, nata tra me e il professor Hideyuki Doi, trovò un'accoglienza entusiastica da parte di un nutrito gruppo di specialisti, quasi tutti giapponesi, ma anche con una presenza qualificata italiana, e il risultato dei loro sforzi è il libro che abbiamo dinanzi, a coronamento di oltre un anno di lavoro.

Al netto delle inevitabili omissioni di figure, scuole, testi e incompletezze

序

ジョヴァンニ・デサンティス

本書の着想は次の見解にもとづく。明治以降の日本におけるイタリア文化の存在感と影響力について、歴史意識と批評眼をもって迫った概略書はないのではないか、というものである。

この欠落を埋めるのは、これまで論集や研究誌に発表されてきたような研究では難しいであろう。大学レベルでの教育研究が盛んになるにつれ、イタリアの芸術や文学、文化全般についての理解が日本社会で深まってきた。そのような流れがはじまって久しいが、専門家が集い、アカデミア向けではなく、意識の高い一般層を念頭に、イタリアの文化がいかに受容され、再解釈され、浸透していったかを論じる場が、ようやく今回設けられることになった。

構想は、私と土肥秀行氏とのあいだで練られ、各分野の研究者から順調に理解と同意を得ていった。日本からだけではなく、イタリアからも優れた研究者の参加をみて、執筆陣をかためたのち、約一年で成果物を世に問うところまできた。

tematiche in un'opera, che ha dovuto essere contenuta entro certi limiti per ragioni editoriali, essa getta le fondamenta di un'analisi critica, in un arco storico ben determinato, e ambisce a diventare un punto di riferimento per chi desideri farsi una ragionevole idea dell'importanza, anzi di quella che Doi nella sua ampia *Postfazione* definisce "presenza essenziale" della cultura italiana nel Giappone moderno.

L'articolazione dei saggi (distribuiti nelle sezioni "Letteratura", "Filosofia, "Arte, Musica, Cinema e Teatro") ha fatto posto, in una tradizionale scansione cronologica, anche a tematiche meno frequentate come il pensiero filosofico, il teatro, il collezionismo d'arte e la letteratura femminile.

Dai qualificati – e tutti inediti – saggi degli autori emerge un' "idea dell'Italia" o meglio una serie di "letture" o "immagini" dell'Italia in dialogo fecondo con la cultura, la società e la storia istituzionale del Giappone.

Si tratta insomma di un rapporto poliedrico, sfaccettato e spesso di sorprendente intensità, in cui appare evidente lo sforzo critico degli intellettuali giapponesi nel confronto con una civiltà complessa e unica tra le civiltà europee, come quella italiana.

Emerge dall'insieme dei saggi che, in questa dialettica tra civiltà, il Giappone in qualche modo ridefinisce anche la propria identità.

Il libro si rivolge non solo al pubblico degli italianisti professionali giapponesi (professori, traduttori, bibliotecari, giornalisti, mondo universitario), ma anche e soprattutto al lettore colto giapponese, che vi troverà un affresco aggiornato, una ricca e solida informazione e molti stimoli alla riflessione.

Naturalmente, l'ambizione del libro è anche di essere punto di partenza per ulteriori ricerche e approfondimenti, di cui nel vastissimo campo dei rapporti tra le due culture vi è ampio pascolo.

Ringrazio il co-curatore Hideyuki Doi e tutti gli autori che si sono

取り上げるべき人物や作品、事項への言及がない、もしくは論じ方が不十分であることもあろう。編集方針に基づいて、扱う範囲が定められているからだが、限界があるにせよ、本書は、特定の時代と社会の文脈にむけられた批判的分析のための材料を提供しようと努める。さらには、日本におけるイタリア文化の重要性（土肥氏が言うところの「本質性」）を確認する手段であろうとする。

一一ある章は、三部（文学、思想、芸術）に分かれる。文学と思想の論考は、年代順に並んでいる。こうした構成はオーソドックスである一方、思想を柱のひとつとし、美術分野では様々なコレクションについても語り、演劇や女性による文学にも目配りするという新しさもある。

この本で展開される様々な議論は、あるひとつのイタリア像への収斂をみるであろう。と同時に、複数の解釈やイメージが、日本の社会や文化との対比から湧き出てきて、本書を彩るであろう。

イタリアと日本の関係は一様でなく、多面的でありつつも、深みのあるものとなっている。日本に流入するイタリア文化は、欧州のなかでも特異であり、唯一無二である。そうした文明の力と、日本の知識人は取っ組み合ってきた。

どの論考からも、異文化間の弁証法により、翻って自己イメージの刷新が図られたことがわかる。これは、イタリアの文化が日本に及ぼした影響のレベルを示している。

本書を手にしていただきたいのは、イタリア学の専門家たち（研究、翻訳、出版、文筆、教育）に加え、アンテナを高く張っている読者層である。選りすぐりの情報から織りなされる文化のモザイクに、大いに刺激を受け、敏感に反応してもらえるとありがたい。

と同時に、われわれが願ってやまないのは、本書が未来の研究への橋渡しとなることである。イタリアと日本のあいだには、これまで同様、今後も大いなる研究の可能性が期待しうるからである。

generosamente prestati a scrivere i vari capitoli, oltre alla Casa Editrice Shōraisha di Kyoto, che ha messo a disposizione la sua lunga esperienza tecnica e redazionale.

Mi è grato infine ringraziare i professori emeriti Shigeaki Sugeta dell'Università Waseda e Satoru Nagami dell'Università di Tokyo, cari amici di lunga data, che hanno salutato con simpatia e approvato il progetto di questo libro.

共編者の土肥氏をはじめ、その才能を余すところなく発揮いただいた一一名の執筆者の方々にお礼を申し上げる。また松籟社の、長きに渡る経験に裏打ちされた仕事振りに対し、心より敬意を表する。

加えて、親交のある早稲田大学名誉教授の菅田茂昭氏と東京大学名誉教授の長神悟氏に、本書への助言に対し感謝の念を捧げる。

第一部

文学

第一章

ダンテからルネサンスまで ―― 人文学と翻訳の使命

原　基晶

一．（イタリア）ルネサンス文学の受容史

外国文学がある国へ紹介される場合、それはある国の側の事情ゆえに紹介される。そしてもちろん現実には「国」が受容するわけではない。思いつくだけでも翻訳エージェントとその周辺の翻訳者、大学の権威を背負った研究者、大手出版社とその読者層（一般的な市民層）、専門的な中・小の出版社と限定されたコアな読者、等々があげられるだろう。

話を具体的にして、日本におけるイタリアを考えると事情は複雑だ。現代イタリア文学や文化の紹介の場合、一方に翻訳エージェントとその周辺の翻訳者によるランキング的な指標をもとにした翻訳紹介があり、他方に、研究者が最初の受容者になると同時に発信者となって翻訳される作品がある。いずれも、中・小の出版社とコアな読者が想定される。また、後者においては、日本における研究者の立ち位置と動向が問題と

なる（基本的にはイタリア文学を紹介することで日本文化を相対化しつつ修正を迫るために、学的威信を保持している作家を選択する傾向が生じざるを得ない）。それに対してイタリアの中世・ルネサンス文学や文化の紹介の場合、まさに日本の事情ゆえに、近年までは現代文学とは異なったプロセスと経過をたどることとなった。つまりルネサンスの側面が強調されて大手出版社が発信者となり、その読者である一般的な市民層が受容者となってきた。そこではイタリア史より世界史が意識され、現在の「世界」とその主要な動力である西洋が重要視されていることは明白だ。事実、日本の教科書において、例えばダンテはルネサンスの開始点とされ（イタリアではペトラルカが開始点である）、社会的には世界文学的な観点から世界文学の最重要作品として語られる。

この現象には、現在の日本に流布しているイタリアの、ファッションとグルメと軽薄な恋愛にうつつを抜かす、陽気で楽しい南の国というステレオタイプな観念が関係する（その根底にはナチ・ドイツや大日本帝国と比較して早期に降伏した精神的・軍事的に惰弱なムッソリーニのファシズム国家という認識がある）。遅れて成立した国民国家イタリアの歴史は、同じく遅れて成立した日本では重視されず、しかし近代の輝かしい出発点であるルネサンスは欠かせない参照点であるとされるのだ。

ところで冒頭で、外国文学の紹介はある国の側の事情ゆえになされると書いたが、それはもちろん外国との関係の表れであり、その文学を輸入する側の社会からの翻訳の要請は、実は国際的環境によって決定されている。つまり文学の輸出と輸入＝受容の関係においても、グローバルな、支配と被支配のヘゲモニー的環境が大きく影響する。ゆえにそれは歴史的考察を必要とする。事実として、世界の東の果ての果てにある日本の場合、長期間にわたって何度も訳し直されている『神曲』の文学史、つまり翻訳史において、そのような関係性を確認することができる。

本稿では『神曲』の翻訳史を検討した後、それを起点にボッカッチョ、ペトラルカ、そしてルネサンスの作家のそれを検討することで、受容の問題を社会的に検討したい。

二．ダンテ

二．一　明治・大正のダンテ

日本のダンテ像を語る場合には、彼が西洋文明を代表するとみなされる作家であることが前提となる。しかし、実はダンテが世界文学における最大の詩人などと言われるようになったのは最近のことだ。歴史的にはルネサンス後期から一八世紀まではペトラルカ、ボッカッチョの後塵を拝してきた。ダンテが再発見されるのは近代のロマン主義を待たねばならなかった。中世末期のフィレンツェ共和国で活躍した政治家・詩人であるダンテの作品、なかでも『神曲』に対する近現代の評価は、ヨーロッパ全体に吹き荒れたロマン主義の嵐の中で、国民国家群で構成される西洋文明全体に共通する汎ヨーロッパ的現象となり、国民国家イタリアの成立という政治情勢の中で決定された。つまり、近代に成立したにもかかわらず伝統的とされるようになった、イタリア（文学）の父というダンテ観が確立したのである。

日本のダンテ受容も国民国家の歩みと軌を一にして行われた。そもそもダンテへの関心は英文学のミルトンとの関係から始まり（日本初の『神曲』翻訳は一九〇三年のミルトン研究で知られる繁野天來『ダンテ神曲物語』）、カーライルの『英雄崇拝論』の影響で広がった。彼は「歴史は、畢竟此土で活躍した偉人の歴史に他ならぬ」（カーライル　七）と主張し、詩人の英雄（偉人）にシェイクスピアとダンテがあげられた。その影響を受けた明治・大正期のキリスト者、内村鑑三は、周辺の青年キリスト者たちに対し、中世キリスト教の厳格な信者というダンテ像を提示し、ゲーテと比較し信仰に貫かれた人生が作品に込められているダンテを是とした（内村一九八一　二二三）。

その内村の論にこの頃のダンテの位置づけが表現されている。一八九五年の「何故に大文学は出ざる乎」「如何にして大文学を得ん乎」（内村一九八二　一七七–二〇二）は、日本には精神性が足りないために「大文学」が出ず、ダンテの場合はその精神ゆえに大文学を生みだせたとするものだった。この「大文学」は西欧の大文豪を意味し、それは彼の文中では「世界文学」と呼ばれた。彼にとっては、そうしたカノンに連なる作品と作家の輩出が国家の栄光にして威厳となる。これは、日清戦争の勝利による領土的膨張主義（日本膨張論）と内向きの愛国主義では、当時の世界（列強）に加わるには不足だとする反応だった。そして上田敏もほぼ同じ主張を『詩聖ダンテ』において行っている。

ホメエロスと聖書と沙翁と『神曲』とは、世界文学の最も秀抜なるものにして、苟くも人生の帰趣に信仰ある者が、世を終えるまで師友とすべきものなりと。吾帝国をして、人類の歴史に深長なる意味を有せしめむとする者は、宜しく、此南欧詩聖が、偉大精緻兩ながら併せ得たる妙什を察して（上田　三〇）

極論すると内村や上田の論の根底にあったのは、まさに富国強兵と脱亜入欧という思想であり、そして彼らに代表される新生日本の目標は、列強に数えられる英、仏、独だった。政策的にもその三言語が高等教育に採用され、文化（文学）紹介もその三国に加えて隣国のアメリカとロシアが主となり、西欧の後進国イタリアについてはアカデミックな基盤が与えられることはなかった。

日本のダンテ像は、ヨーロッパ（列強）と直面した近代化途上の日本が、時代の転換期にあって新たな精神的支柱を求められ、その社会的要請に応えるべく、キリスト者である内村鑑三や英文学者の上田敏という出発点を持ち、それは将来の国家の指導層となるであろう、少数の青年たちの目指すべきものとされたのである。

こうして『神曲』の翻訳は、繁野天來以後（一九〇三年）、上田敏の未定稿訳（一九一一―一九一三年？　出版は一八年）、イタリア語原文からの「地獄篇」翻訳が、アメリカへ留学した山川丙三郎（一九一四年、なお一九一七年に「煉獄篇」、一九二一年に「天国篇」）、全訳が牧師だった中山昌樹によって行われることとなった（一九一七年）。

二.二　ダンテと帝国日本

このように、日本のダンテ像を理解するためには「世界文学」という概念を知っておかねばならない。それはアメリカの大学教育におけるリベラルアーツの要請であるヨーロッパ理解という目的のために構成された、カノンの翻訳のセットから強い影響を受けていると指摘されている（秋草　七二―八七）。『神曲』は、その中心に位置する核となっていた。また、ここで詳細は省くが、そこには、文献学発足時以来の学問的伝統を引く、人類普遍の叡智を伝えるための翻訳という思想があった。

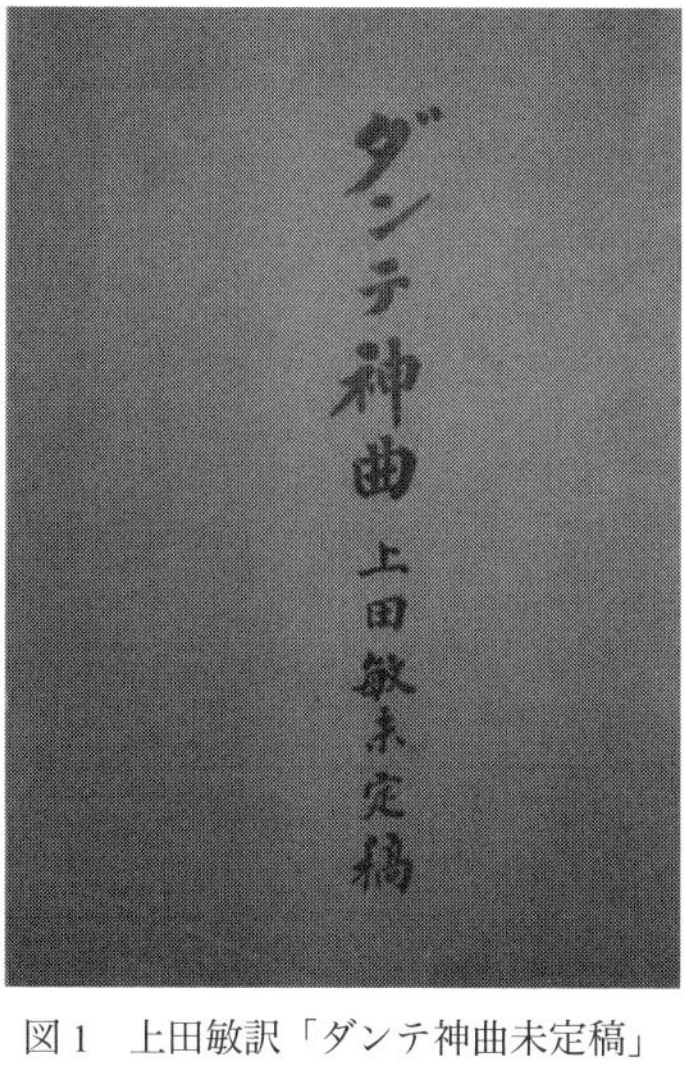

図１　上田敏訳「ダンテ神曲未定稿」

こうした「世界文学」的観点からの紹介ゆえに、『神曲』翻訳は、比較文学的な、細部の相違より人間の普遍性を重視する解釈によるものが続くことになった。具体的には、山川・中山のキリスト教的精神に貫かれた原典からの訳に続いたのは、上田敏の教え子である竹友藻風や（「地獄界」一九二三年）、やはり上田敏と関係のあった生田長江（「長江」の号は上田から）による、英訳からの重訳（一九二九年）が続いた。

この黎明期の『神曲』翻訳で最も読まれたのは、現在も評価の高い山川訳ではなく、ベストセラーとなり、安価な円本ブームに乗って五八万部の予約を得た新潮社の世界文学全集の第一巻を飾った生田訳だった。

この間の事情を考察しておこう。最も評価の高かった山川訳の特徴は、信仰者の偉大な先達ダンテという姿にあり、翻訳の文体も、当時の聖書翻訳にも用いられた文語体である雅文体だった。これが山川訳を象徴する。通常は、高価であったこととその文体とが山川訳を読者から遠ざけたと言われるが、真の原因は、日本の「世界文学（西洋文学）」受容の傾向として、最初期のキリスト教的影響が排除されていったことに求められる。

当初「世界文学」はヘブライ・キリスト教の伝統にあると理解されていた。しかし翻訳文学が大衆化していく過程でキリスト教という精神性は、非キリスト者をも含むことのできる「人間性」という言葉に変わっていった。こうした中にあって、文化的にハイコンテクストで、キリスト教的観点が強調された山川訳は読まれなかったのである。

生田はキリスト者として出発し、社会主義思想へ接近し、晩年は仏教思想へと関心を移しつつ、ファシズムへ近づいていった。そこには生田の持つ社会への関心が読みとれるが、それゆえに生田訳が読まれたのは、円本ブームに見られる社会的変化の中で「文学」が人々の間に広まるにつれ、「文学」に求められる役割が変化したためであることが理解できる。これは、大手出版社が世界文学全集を構想する際に想定される読者層が変化したことも示す。

結論として、キリスト教が広がらなかった日本においてキリスト教的観点が特長の翻訳は支持を得られず、社会的に「イタリア」が求められない中、高等教育にイタリア語が準備されない状況にあって、世界をリードする西洋の「人間」概念を知るためには、比較文学的観点からの翻訳が求められたのだ。事実として、各国文学的な文献学的研究を反映した、イタリア語原文を精緻に解釈する翻訳は、戦前の日本では達成できなかった（現実には二〇一四年まで待つことになる）。むしろその後の、民主的価値観が弾圧されつつ、ファシズム支配から第二次世界大戦へと至る歴史の中で、大学在籍のイタリア文学研究者は、学問的中立さえ保てなかった。ロマン主義に淵源を持つ各国文学的あり方のイタリア文学者は、ファシズム先進国イタリアが重要視されるようになった結果、体制側に協力していくことになったのである。

具体例を見ておこう。東京外国語学校（現東京外国語大学）所属で、後の『デカメロン』翻訳者である岩崎純考は日本ファシズム連盟を立ち上げ、同じく同書の代表的な翻訳を出す柏熊達生もファシスト作家を翻訳している。ダンテについてはイタリアのファシスト政府が重視しなかったこともあり、日本でも重視されなかったのかもしれない。しかし文献学的なダンテ研究を期待された京都大学の黒田正利や、ダンテへの興

図2　生田長江訳『神曲』

味からイタリア文学へ接近した東京外国語学校出身の下位春吉は、ファシズムと協力関係にあった詩人ダンヌンツィオをとりあげ、ファシズムの宣伝活動へと動員されていった。

二・三　民主化後のダンテ

戦時中も『神曲』改訳に没頭していた山川丙三郎はそれを完成することなく亡くなり、山川訳は一九五二年に旧訳のまま岩波文庫に入った。一方、同年、河出書房の世界文学全集にも、文語体の竹友藻風訳（「地獄界」二三年、「煉獄界」四八年、「天国界」五〇年）が採用された。しかし両者とも、文語体で書かれていたことに明らかだが、敗戦後の民主化された、新生した日本に求められたダンテではなかった。

図3　『ダンテ學會誌』創刊号

一九五一年の『ダンテ學會誌』発刊に際しての駐日イタリア代表部主席の辞にもあるように、戦後の日本において、ダンテは、民主主義の出発点として理解されていたルネサンスの伝播ゆえに世界（西洋型民主主義社会）的な価値を持ち、それゆえに、世界を構成する「人間」を理解するためにも重要だと考えられた。

だからこそ戦後の民主主義国家に求められたのは、万人に開かれた口語体訳だったのである。それが一九六六年に数十万の部数で出版された、河出書房の世界文学全集におさめられた平川祐弘訳だった。東京大学大学院比較文学比較文化専攻出身の平川による平易な日本語の訳文は、まさに戦後日本のためのものだったと言える。そして、運命に立ち向かうドラマチックな「人間」の姿が描かれた「地獄篇」にこそ、「人間」の真実が映し出されているとされた。平川は『神曲』について、解説部分で以下のようにまとめている。

ダンテの生涯の最大の狙いはフィレンツェの政権を担当する政治家となることであった。詩を書くために政治から遠ざかった、というような二律背反的なことはダンテにはおそらくなかったのではあるまいか。あったのは男盛りの自分が政治の機会を奪われたという強烈な怨恨であろう。ダンテの詩の世界は……政治人の心情を歌いえて見事である……内面派の『新生』の詩人は、公人としての生活の辛酸を舐めた後、内面の叙情と外面の叙事をあわせ歌いえる『神曲』の大詩人へと生長していったのである（平川訳二〇〇九　五〇六）。

そして黎明期の日本のダンテ研究について「有機体としての西欧文化があり、その全体との対決があった」（同　五二一）とした。そして彼も、アカデミックな（つまり細部に拘泥する各国文学的）研究には詩の鑑賞の妨げになるものもあると述べているのである（同　一二）。

平川訳の後には、同じような比較文学的アプローチの寿岳文章訳が続いた（一九七四―一九七六年）。彼は、プリンストン大学出版局刊のチャールズ・シングルトン訳と注に頼って『神曲』を翻訳したと言える。その文体は『往生要集』を参考にし、『神曲』というキリスト教的世界観を代表する作品を、日本の宗教である仏教化して翻訳するという『神曲』の日本化の試みと言えなくもない。

平川や寿岳にとって（それは広範囲な日本の読者にとっても）、『神曲』の翻訳とは西洋文化との、同時に近代・現代との対決だった。一九六〇年代以降、高度経済成長社会にあって農村は衰退し、都市部が人口を吸収、産業構造の変化や社会変化の結果、孤立した青年層は上の世代と同じ規範で生きることができず、文化的衝突が生まれた。両者はその時代の翻訳である。つまり平川訳も寿岳訳も、価値観の混乱する時代にあって、その時代を末世として地獄と重ね合わせ、西洋由来の物質文明に対する精神的価値を、洋の東西を問わずに中世の「人間」概念に求め、『神曲』を日本化しようとしたのではないか。ゆえに、平川訳は、キリスト教的な思想に満ちる「天国篇」を忌避したのだし、寿岳訳は、そもそもが『往生要集』という地獄の描写に特化した文体を選んだのである。

二.四　比較文学的アプローチの終焉

世界の不均衡が明らかになった現在において、例えば平川訳に付せられた論文「ダンテは良心的な詩人か」でその宗教的傲慢さが糾弾されたように、もはや『神曲』は正義を代表するとは見なされてはいない（それは一九五三年に北川冬彦が「地獄篇」訳文から西洋的「人間」を象徴するウェルギリウスを退場させた態度に予告されていたのかもしれない）。もちろん寿岳訳がダンテを世界史と日本史の対応関係の中に置き直そうとしたのも、西洋の「人間」概念を普遍とする、そうした状況への周辺地域の反応と解釈できる。

結局それは、古い意味での人文主義的「人間」概念が、「古典古代」に至るまでの教養を身につけた、西洋の中産階級に属する市民を「人間」としたことに対する反発だったと言える。そうした「人間」概念は、世界の中で見た場合には支配的・特権的な立場から権力を無自覚にふるってしまえるからだ。だが、その反発から生じる、反西洋的人間概念から作られる世界観は、『神曲』の翻訳者を例にあげるまでもなく、すでに乗り超えてきたはずの伝統的価値観に再度立脚することになり、相互理解よりは分断を強化してしまう。この場合、基本的に素朴な「人間」概念を立脚基盤にした比較文学的アプローチは、もはや学問的にも、出版市場的にも成立しなくなる。それはダンテだけではなく、日本における翻訳文学の市場の縮小にも表れており、ゆえに翻訳の出版については、それまでとは異なるコンセプトが必要となる。それについては、日本におけるルネサンス文学の紹介を概観したあとで、最後に言及することにする。

三．『デカメロン』

三．一　明治初期の翻訳に始まって

ジョヴァンニ・ボッカッチョの『デカメロン』については、通常は、明治期の翻案については言及されるものの重要視されず、全訳である、英文学者の戸川秋骨訳（一九一六年）、部落解放同盟の活動家でもあったエログロナンセンス作家の梅原北明訳（一九二五年、ただし下巻は当局により発禁処分を受ける）、歴史文学の作家である森田草平訳（一九三七年）などがとりあげられる（いずれも重訳）。そして、明治一〇年代における翻訳については、最近の『デカメロン』の翻訳者たちから無視されてきた。しかし前節の「ダンテ」の項目を見た後では、明治期の翻訳事情、換言すれば社会的状況を無視して日本における『デカメロン』について論じることはできないことが分かる。なぜならば、西洋との接触の出発点においての社会的な状況と翻訳事情がその後の日本の歴史的状況にとって決定的だったことは予想されるからだ。

ざっと確認してみよう。最初の邦訳は、カタカナでのカナ交じり文、つまり漢文の訓読体で、明治一五年（一八八二）ボッカス著、大久保勘三郎（茨城県出身という以外は不明とされる）譯、服部誠一校閲『歐洲情譜群芳綺話』博聞社である（表記はないがおそらく仏語からの重訳）。さらに、戯作者でもある高瀬羽皐が様々な異名を使い、翻訳者兼校訂者として一八八六―一八八七年にかけて、ア・サバチール・ド・カストル（原文ママ）の仏訳から重訳で、三種類の抄訳を行っている。こちらは当時の小説体を使い、特に会話部分に当

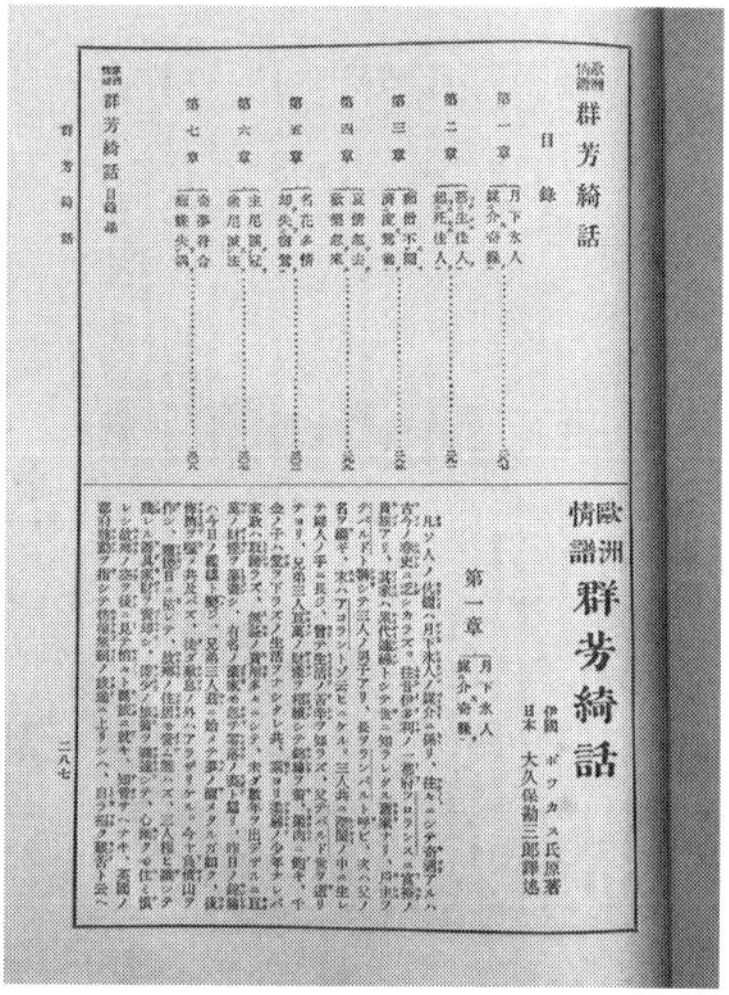

図４　大久保勘三郎訳、服部誠一校閲
『歐洲情譜群芳綺話』

時の口語体が用いられている。

ここで校訂者の名前が重要視されるのは、当時の翻訳は、洋学者が日本語に翻訳した訳文について漢学者が訳語の検討等を加えたことによる。この当時、社会的に西洋の文物が求められ、玉石混交ではあるが非常に大量の翻訳が行われた。そして未知の事物に対して日本語の訳語が存在しない場合、中国語から借用したのである。同時にこのときに新たに作られた言葉も多かった。余談だが、開国当初、言語という言葉はゴンゴ、あるいはギョンゴと読まれ、languageの意味は持っていなかったが、明治一〇年代に、西洋の概念であるlanguageに等価である言葉としてその意味を与えられ、ゲンゴと読まれるようになった（人類共通の「舌」が消え、個別性が強調された）。それは国語概念と深い関係を持ち、例えば初の国語辞典編纂とも関係する（長沼 一四一―一六〇）。その頃、大久保訳と同年の一八八二年にはシェイクスピアの『ベニスの商人』が、翌一八八三年には坪内逍遥の『ジュリアス・シーザー』の訳が出されている。こちらは、前述の小説体で翻訳されている。

ここに見られるように、当時の翻訳は、江戸から続く戯作の伝統に従って作品が選ばれ、しかしまさにその坪内逍遥によって、近世の戯作文学が近代の小説へと変化していく渦中でもあった。そして文学に求められるものが大衆的な娯楽から人生の真実へと変化していくにつれ、『デカメロン』は卑俗で大衆的娯楽の文学とされるようになり、代わって前節に見られるように、ダンテが求められるようになった。その変化が、内村鑑三の「大文学」という言葉に表されていたのである。そして時代の転換点にあって、新たなる精神的支柱をキリスト教に求めた時代に、民衆文化的側面の強い説話文学の代表であり、反教会的な『デカメロン』は、大衆通俗小説という評価を受けることとなった。

これが変化するのは、世界文学の中心軸がヘブライ―キリスト教の伝統から、（西洋の）人間概念を中心とする「人間性」へと移行してからであった。具体的には、『神曲』が筆頭を飾った新潮社の世界文学全集の第二巻に、森田草平訳の『デカメロン』が収められることとなったのである。その文学性については、多くの論者が、戦後のイタリア語原文からの翻訳である柏熊訳と比較しても圧倒的に優れていると評価しているが、本稿では、『デカメロン』の翻訳に当時、何が求められていたかを論じたい。

前節ではこうした社会的な変化について、翻訳文学の大衆化の中で、キリスト教という精神性は、非キリスト者をも含むことのできる「人間性」という言葉にとって代わられたと指摘したが、実は明治期の翻訳から根本的な原因を指摘することができる。

先ほど、「言語」languageという訳語について述べたが、その時代に翻訳の影響から出現した造語＝概念に「宗教」がある。そう、宗教という言葉は、日本が西洋のキリスト教を輸入するにあたって作られた言葉だった。それゆえに、神道の教理をも含んださまざまな宗教が世俗空間外に押し込められると当時に、天皇が神道の祭祀をとり行う日本の政治空間は、宗教的側面が透明で見えないものであるかのように、非宗教的なものとされた（長沼 一六一―一八六）。その空間の中で、ダンテの「地獄篇」は、まさに政治的に崇高であるがゆえに「人間性」の神髄の表現と解釈されたのではないか。一方、それと同時にその空間には、ダンテの崇高さが取り逃がした、日々をたくましく生きる、生命力溢れる民衆的「人間性」の象徴として、『デカメロン』が求められたのかもしれない。

少なくとも新潮社の世界文学全集の表紙には、ドイツ語で『デカメロン』というタイトルが記されており、それは、ドイツ・ロマン主義の、民衆の文化としての説話文学の再評価を思わせるのは確かだ。だが、現在からすれば、この土着の民衆文化への注目は、日本の社会的・政治的空間の中で、広義の西洋文化全体を借りものと解釈するようになり、それと並行して日本固有と称する文化の称揚と、排他的な空気の醸成の先触れのようにも見えるのだ。

図 5　新潮社の世界文学全集第 2 巻、森田草平訳『デカメロン』

三．二　戦後の翻訳

第二次世界大戦後の翻訳には、一九五五年の柏熊達生訳（ただし一九四八年に第三日までの柏熊自身による翻訳が存在する）、一九六七年の岩崎純孝訳がある。両者とも、『デカメロン』の枠組みを作っているペストによる惨禍とその枠を織りなす語り手を重要視せず（しかし敗戦時の日本はそれに比肩する焼野原であり、それと同様の惨禍を生きのびたのが語り手ではなかったのか）、ただ、語られた物語を論じて人間性の賛歌と評している。そう、あまりにも奇妙なことに戦争への言及がないのだ。ここで両者が、戦時中に時代の流れに抗しえなかった、岩崎に至っては積極的にファシズムへと参加していったことを思い起こしておきたい。そのファシズムの敗北とは物質的である以上に、思想的なそれであった。ゆえに彼らは、新しい戦後社会の中で、指針となる翻訳の大義を持てなかった。

ここで「大義」という大げさな言葉を使った理由を明確にしておこう、翻訳とは言葉と言葉の等価交換によって生まれるのではない。翻訳によって移しきれない余剰が生まれ、それを表現するために様々な工夫が行われる。問題は、邦訳の場合であれば、社会的なコンテクストも含めて、それまでの日本語にはない表現が必要になることだ。明治初期の翻訳に明確なのだが、新語の創造や、既存の語に新たな意味を付加することさえあった。つまり翻訳者は解釈者として、日本語に新たな概念や表現をもたらすがゆえに、大義が必要となる。そして翻訳が何度も行われる重要な作品の場合、作品に求められる意味も社会的・文化的条件によって変化する。ゆえに新たな翻訳は、先行する翻訳（それは翻訳者独自の解釈と表現によって出来上がっている）に異議申し立てを行うことになる。その実例を、私たちは『デカメロン』の最新の翻訳二種に見ていくことになる。

三．三　現代文学からの視点と比較文学的視点の衝突

社会的なあり方を強く意識して行われた『デカメロン』の翻訳は、河島英昭による講談社の世界文学全集に収められた、全体の半分ほどの抄訳だろう（一九八九年）。

河島訳は、ボッカッチョの自筆原稿である「ハミルトン90」を基本に校訂されたヴィットーレ・ブランカ編のテクストを基盤にしている。つまり現在の翻訳で文献学的に求められる作業をはじめに行った翻訳と言える。そして、その問題意識は解説の次の言葉に表されている。

一切の既成秩序の崩壊を眼前にしながら、ジョヴァンニ・ボッカッチョが提示したこの世界の価値観を人間に据えようとする文学作品『デカメロン』の根幹をどのように捉え、かつどのような日本語に

表現するか、という問題だ。それゆえ訳者の困難は原著者の創作上の苦楽を承け継ぐものであり、かつその重みは読者へと引き継がれるべき性質のものである。（河島訳　五三四）

それまで現代イタリアの詩や小説を翻訳してきた河島は、六〇年代七〇年代の異議申し立ての政治の季節にあって既成の秩序が崩壊し、文学もまた社会的なあり方が変化し、それまでの国民という概念でとらえられる読者層を失ったことを意識していた。それは文学が真実を表現するという信念の崩壊と関係していた。それゆえに、河島は『デカメロン』を成立させている枠と作者、そして中の絵（物語）に作者が登場しないことに注意しつつ、作者の主観を区切る枠を、である調の書き言葉で、起こった出来事を記述する物語を、ですます調の口語文で、現代小説の文体を使って訳した。そして国語という概念の存在しない中世イタリアにおいて人によって言語が多様であったように、原文の固有名詞のヴァリエーションを保存した。一方で卑猥をめぐる問題については、戦前の政府当局による検閲について問題にしつつ、曰く通俗文学という枠組みから、結局はそのような翻訳を敵視した。河島研究室出身の研究者林和宏が、ヴィットーレ・ブランカの「コムーネ期の叙事詩『デカメロン』」という論文を訳していることからも、河島が、日本における民衆的な理解に代わる新しい解釈を求めたことは見てとれるが、それは完成しなかった。

河島訳は、国民的な読者層というものが消え去り、世界文学全集が黄昏を迎える時期の、比較文学的枠組みではなく、イタリア文学という視点から、研究者主導で、先鋭的な、それまでより少数の読者へ向けた翻訳が必要とされるようになった日本の状況を表現していた。しかし、柏熊訳に代わる、イタリア語原文からの新たな全訳の必要性は依然として残り続け、二〇一二年に河出書房新社から平川訳が出版されることとなった。

その平川訳は河島訳とは逆に、枠を、ですます調の口語文で、物語を、である調の書き言葉で訳し、かつ江戸・明治の戯作との関係を思わせるような、語るような文体を選んでいる。そしてこのような違いは、正しい、正しくないの問題ではなく、解釈の違いなのだ。つまり河島訳は、『デカメロン』とそれに先行する説話文学との違いを重要視し、世界最初の小説の一つという評価を明確にすると同時に、そこに民衆的な文化との、ある種の断絶があったことも明らかにしている。一方で平川訳は、むしろヨーロッパの散文に流れる民衆的な流れを意識しており、卑猥の問題も民衆文化の力強さの表現とする。それゆえに彼は『デカメロン』を、「死をもたらす大災厄（ペスト禍）を身近に見分すれば逆に生の歓喜をうたわずにはいられない」(平川訳二〇一七 四九七）と解釈する。

平川はそうした民衆的な文化を非宗教化していく。彼は文庫版の解説で、ボッカッチョをダンテと比較し、ボッカッチョにはキリスト教原理主義的でない公平性があるとし、その例として第一日第三話の、有名な三つの指輪の話をあげる。すなわち三宗教を表す三つの指輪の真贋の見分けがつかないことから、寛容の徳を説くあの話である（実は、『デカメロン』は先行する『ノヴェッリーノ』よりも寛容の点では後退しているという評価もある）。それはつまり、支配者の論理であるキリスト教的なものからの逸脱を『デカメロン』に求め、それを民衆的猥雑さ、特に性の問題に関係させていく方向性につながっていく。

ただ、私見では、その『デカメロン』の表現からの連想で、現在の世界における性的表現一般について、フェミニズムの政治的公平を求める立場からの批判を、言論の自由への抑圧と断じているのは、『デカメロン』とは関係ないのではないかと思う。『デカメロン』は、当時の社会において弱い立場にあった女性たちの自由のためにも書かれた作品なのだから。

最後に河島訳と平川訳の関係をまとめよう。平川は、固有名詞の統一がなく、日本語の通常の表記に従わない河島訳を「主人持ちの翻訳」（平川訳上二〇一七　五一七）と評価し、原音の転写を隷属と切って捨て、一方で理想は「意味を正確に日本語に移し、しかも日本語文章として独立して美しい」（平川訳上二〇一七　五二一–五二二）としているが、それは、数十万の読者を想定した場合の日本語への翻訳に必要だった感覚＝解釈の方法であって（そもそも解釈によってしか翻訳はできないのであり、移すという感覚自体が錯覚であることは明らかだ）、読者層の変化した現状では、その方法は、社会的に求められる翻訳の意味、つまり現在の日本の文化的状況への異議申し立てはできないのではないか、むしろそれを抑圧する方向に向いているのではないかと思われる。この両者の関係を見ても分かるとおり、翻訳とは文化闘争なのである。

四．ペトラルカ

これまで見てきたように、日本におけるルネサンス紹介は、日本の文脈に沿ったものとなってきた。それは、信仰・教理を宗教（明治の翻訳語）と規定し、一方で、宗教的制度によって運用される社会的・政治的空間を非宗教的空間と認識させる近代日本の問題と関係している。つまり、ダンテにおける「地獄篇」への偏重や、『デカメロン』を生の賛歌ととらえる翻訳＝解釈の方針は、ルネサンスを、抑圧的な宗教支配からの解放ととらえる見方とセットになっていた。

そして現在でも、イタリアでは中世に分類されるダンテが、高校世界史の教科書ではルネサンスを代表するように、ルネサンスを抑圧的な宗教支配からの解放ととらえる見方は一般には支配的であり、研究者の間でも表面的には否定されつつあっても、実際には根強く残り続けている。こうした日本のルネサンス概念に大きな影響を受けているのがペトラルカの翻訳である。彼の場合、人文主義の祖として文献学的な業績が非常に大きく、それにともなってラテン語による著作が重要であるのにもかかわらず、日本のルネサンス概念においては、教皇庁＝ラテン語の権威的支配に対する、ルネサンス＝俗語による人間解放という図式が強固に残っているため、ペトラルカの俗語の代表作『カンツォニエレ』も、ダンテの恋愛抒情詩のエピゴーネンと受けとられてしまう。実際、一九八九年の講談社世界文学全集に『デカメロン』と同時に収められた同じ河島訳の『カンツォニエレ』の抄訳（第一七番まで）は、解説でその叙事的全体像を予感させようとしているが、それを実際に予告しているはずの第一ソネットの訳は不完全であるし、一九九二年の池田簾の全訳は、『カンツォニエレ』の恋愛抒情詩的側面に関心が集中し、この詩集の重要なモーメントとなるはずのペスト禍についての言及さえない。もちろん第一ソネットについても恋愛詩として解釈している。

こうした解釈は、現代日本の空間認識からの要請によって行われているのだ。それゆえに、中世・ルネサンスにおけるヨーロッパの抒情詩全体の流れを日本の古代の和歌との類推で把握してしまう。しかしながら、おそらく『カンツォニエレ』の大きなテーマの一つは、地上世界における神の存在への疑念なのだ。少なくとも第一ソネットの主題はそう解釈できる。天国にも、地獄にも興味のない「私」は、地上での変転の末に、新しい認識に到達したと読める。そしてその「私」の人生の中で、詩人の心を占めた女性ラウラ（栄光）は、ペスト禍の中で失われてしまったのだから。

五．ルネサンスの文学

イタリア本国であれば、盛期ルネサンス文学の代表といえばアリオストの叙事詩『狂えるオルランド』であろう。だが日本の場合、盛期ルネサンスのイメージは華やかな美術作品のそれであり（一九八七年の清水純一によるカスティリオーネ『宮廷人』の翻訳もその流れだろう)、文学においては芸術家たちのパトロンであったフィレンツェの実質的支配者ロレンツォ・デ・メディチが比較的早くから紹介されてきた。その中でも特に彼の「バッコスの歌」の第一番は、本邦でも人口に膾炙したのではないか。初出は分からないが、たとえば一九三七年にはヘルマン・ヘッセの『青春彷徨』中での引用が訳されている。

あわれ美わしの青春
はかなくもすぎてゆくかな、
たのしきはたのしめ、
あす知らぬ人のいのちぞ
(ヘッセ　一二六)

本格的な紹介では、戦後の一九六一年に平川祐弘が『ルネサンスの詩』の中で、また一般社会に読者の多い塩野七生が一九八七年に『わが友マキャヴェッリ』の中で翻訳している。平川、塩野はともにこの詩について、宗教的桎梏から人間精神が解放されたルネサンスという空間で可能となった人間の自由な感情を生きいきと表現し、青春の美しさと儚さを歌っていると解釈している。こうした傾向については疑念がはさまれてはきた。例えば『原典イタリア・ルネサンス人文主義』で、村松真理子はこれまでの解釈を、「権力者が見た世の移ろいとして「バッコスの歌」(一四九〇年)の「明日にたしかなものはない」の一節が、ルネサンスの享楽主義、「カルペ・ディエム」の例としてしばしば引用されてきた」(村松訳　六八二)とまとめ、それに代わる解釈を試みようとしているが、しかし訳文は、人生が儚いからこそ、今を楽しめと解釈されるものとなっている。ことほど左様に、自身をとりまく文化的な空気を脱することはむつかしいのだ。村松の訳の冒頭を見てみよう。

若さとは、なんと美しきものだろう！
どんどん過ぎ行くものなれど。
愉快に過ごしたき者は、そうすればよし、
明日にたしかなものはないから。
（村松訳　七〇六）

さて、村松の解説によれば、この翻訳は、ロレンツォ没後五百周年を記念して編纂されたパオロ・オルヴィエート編のサレルノ社刊の全集を底本にしたとあり、それは先行するエディションによっているとしている。また、同書は、研究の基本方針として、当時の社会的・文化的背景が重要だとしている。しかしこの冒頭部分については、少なくとも解釈では、村松は旧来のテクストを選んでいる。サレルノ版の「バッコスの歌」のテクストを確認すると先行する諸版とは異なっている。なぜならそれは、パオロ・オルヴィエート自身による校訂版であり、先行する版とは異なっているからだ。両者を比較しておこう。なお、違いは訳文にもある「！」や、他には「，」「：」などであり、イタリア語が理解できる必要はない。

先行する諸版
Quant'è bella giovinezza,

che si fugge tuttavia!
Chi vuol esser lieto, sia:
di doman non c'è certezza.

サレルノ版
Quant'è bella giovinezza
che si fugge tuttavia:
chi vuol esser lieto, sia,
di doman non c'è certezza.
(Orvieto　799-800)

ここからも分かるとおり、サレルノ版には先行する版にあった「!」はない。また理由に解釈されている先行する版の三行目の「:」は「,」へと変更されている。そして先行する版が二文であるのに対し、サレルノ版は一文である。村松の訳文はサレルノ版ではなく、先行する版の解釈と一致している。また、基本的なこととしては、版がどれであれ、二行目のtuttaviaは、現代の意味の逆接あるいは譲歩（訳文中の「なれど」）ではなく、連続性を示す古語の意味だとしている。つまり村松訳の解釈は、サレルノ版にそったものとはなっていない。断っておくが、二〇〇〇年代初頭ではサレルノ版の解釈が完全に支配的だったとは言い難い状況であり、これは解釈の選択の範疇ではある。

ところでサレルノ版では、この詩の執筆年代は一四八九年と推定されている。この推定の背景には重要な問題が潜んでいる。ロレンツォは、一四七八年のパッツィ家の陰謀により弟ジュリアーノを、教皇庁に扇動された政敵に暗殺されている。そしてその後、喪に服す意味で十年間、フィレンツェでのカーニヴァルを禁止した。そして彼は喪が明ける頃、今度は自身の死を予期したかのように相次いで子どもたちの将来に道筋をつけた。長子ピエロにはローマの名門オルシーニ家の本家、ナポリ王国軍の中核をなすブラッチャーノ家の血筋から妻を迎え、躊躇しつつも、娘マッダレーナを教皇インノケンティウス八世の息子と結婚させ、続いて息子ジョヴァンニの枢機卿位内定を手にいれた。そして喪が明けた十年ぶりのカーニヴァルで、この詩を歌ったのである。

このジョヴァンニの枢機卿位内定による教会とメディチ家との結びつきは、この詩の内容であるバッコスとアリアンナの結婚に暗示されている。そしてそれはロレンツォにとって悲しみの記憶だった。というのもこの枢機卿位こそ、教皇庁でメディチ家の利害を代表できるよう、弟ジュリアーノのために、兄ロレンツォが獲得しようとしていたものだったからだ。そしてそれを嫌がった当時の教皇庁が二人の暗殺を企てた。

サレルノ版の解説部分などを検討した結論としては、この詩は、世俗権力を求める教皇庁を牽制しつつ、宗教が浸透している当時の社会・政治的空間の中で、特に十四歳の息子ジョヴァンニに対して、若さというものは常に死に向かって進み続けるものであり、それゆえに、「喜び」、つまり死後に天国で喜びに包まれたい者は、それに見合うように敬虔に生きねばならない（教皇庁の堕落に巻き込まれるな）、死はすぐにも訪れるのだから、と忠告していると解釈される。ここに試訳を掲げておきたい。

留まることなく消え去る青春は
何と素晴らしい、

ゆえに喜びを望む者よ、それが来たらんことを、
明日に確かなものなどありはせぬ。

六、未来の翻訳のために

前節でも見たように、ロレンツォ・デ・メディチの詩は、濃密な宗教的意味に満たされた当時の社会的空間に置いてみると、従来の解釈とは正反対になることは明らかだ。そのテクスト校訂による解釈の変化は、現代のライシテ概念発生後のイタリアにおいて、ごく最近にルネサンス概念それ自体について解釈の変更が行われたことを示している。そして日本においては、明治期の翻訳以来の言葉＝認識の操作によって社会に浸透している宗教的コードが隠されているために、ルネサンス・イタリアの意味と象徴に満ちた宗教的空間という新しい前提の共有が困難であった。そのために翻訳は、問題意識を持ちつつも一八〇度の解釈の変更はできなかったのである。そしてむしろ、ここに見られる解釈者の態度の変化と、解釈が変更されていく過程のずれこそが、その地殻変動の記録そのものであると言えるのかもしれない。

これまでの議論を見てみると、日本のルネサンス概念は近・現代日本の非宗教的空間というフィクションを成立させるために形成されたと結論づけることができる。

その経過を短くまとめると以下のようになるだろう。ダンテの翻訳から急激に宗教色が脱色され、恋愛が重視される、あるいは『デカメロン』の宗教（闘争）色が脱色され、それに代わって民衆の根源的な生命力が重視され、一方でラテン語の著作の多い、文献学の始祖でもあるペトラルカへの興味が持たれない、そして抒情詩であればロレンツォ・デ・メディチの詩が好まれながら、解釈においては当時の社会・政治的空間

における宗教色を認識できない。このように、それらの翻訳は日本の現状を強化する方向で行われたことが分かる。

しかしその結果、西洋世界からの「普遍的」人間概念の導入とそれによる比較文学的な立場からの翻訳が、日本の伝統とされる（実は明治期以来の空間での）人間概念と衝突し、ついに調停不可能な地点にまで到達した。その実例を私たちは『デカメロン』の平川訳に見たのである。それに対して時間的に先行した河島訳は、現代イタリア（文学）の問題意識から、現代の日本に対する異議申し立てという性格を持っていた。しかし河島訳の方針に「世俗文学」という言葉が見られるように、そこには明治の内村鑑三以来のある種の西洋中心主義的な文学観が潜んでおり、それが抄訳という結果をもたらしたのではないかと、私は思っている（ゆえに河島訳に対して、『デカメロン』の翻訳を、日本文学の伝統の再評価という文脈に置こうとした平河訳は闘争的にならざるを得なかった）。

こうした翻訳をとりまく状況は、実は日本の大多数の人々の西洋世界に対する認識を表現している。つまり第一節で述べた、大手出版社とその読者層（一般的な市民層）、それに対応する比較文学的アプローチの研究者による翻訳という社会的条件はすでに失われたのだ。それは、「普遍的」人間概念が、実は普遍的ではなかったことが白日の下にさらされた事態と関係しているだろう。

今後の翻訳は、かつての世界文学から核となる「人間」概念を抜いて市場化したものと言える、エージェントと翻訳者によるものか、研究者と中・小の出版社が主要な受容者になると同時に発信者となり、そこにコアな読者がいるという条件から、その社会的意義を、日本の文化への修正を迫る点に求める先鋭的なものになっていくのではないか。

実際、すでにそういった傾向が支配的だ。例をあげると、日本のイタリア文学研究には英文学からの流れがあるが、そこでは現在、中世英文学をやる上で重要だが、日本ではあまり知られていない作品の翻訳が意図的に行われている。それは、西洋の文学はダンテ、チョーサー、シェイクスピア、セルバンテスなど有名な作家作品だけで出来上がっているわけではなく、有名無名の無数の作品が現在の国家の枠組みを超えた広がりで、それらを支えているという問題意識の表れなのだ。

その一方で、自力でファシズムを打倒したレジスタンスの思想を基盤に持つ現代イタリア文学を意識した中世・ルネサンス文学の翻訳の企画も目立つ。最後にその流れを整理しておこう。一九八〇年代末期に、岩波書店で「イタリア・ルネサンス叢書」という企画が持ち上がった。河島英昭が、ダンテ『神曲』、ボッカッチョ『デカメロン』（これゆえに講談社版が抄訳になったのであろうか）、マキャヴェッリ『君主論』（一九九八年に岩波文庫から出版）、鷲平京子がポリツィアーノ『スタンツェ』、トルクァート・タッソ『エルサレム解放』（現代の作家ジュリアーニの編集した版を使う抄訳となって二〇一〇年岩波文庫から出版）、ペトラルカ『カンツォニエレ』（林和宏）、カスティリオーネ『宮廷人』（望月紀子）、プルチ『モルガンテ』（古賀弘人）という予定だった。これらがもしも出ていたら、日本におけるイタリア文学（イタリア・ルネサンス）の風景も随分と違ったものになっていただろう。そして少なくとも、この企画の翻訳者は現代イタリア文学の翻訳で活躍している研究者だった。またこうした流れの中に、脇功の、盛期ルネサンス最大の詩人アリオストの『狂えるオルランド』の翻訳もある。

個人的には、近代以来の日本の全体主義的な、人を窒息させる空気について思考するために、日本のルネサンス概念を、ひいては日本の「非宗教的空間概念」をも再検討し、新たな「人間」概念を打ち立てる必要があると思っている。例えば、二〇一四年出版の『神曲』（講談社学術文庫）拙訳は、各国文学的なイタリアでの研究を丹念に追うことで、「地獄篇」「煉獄篇」が、都市商人の持つ、理性による対話とそれによる相互理解という文化から生まれ、それが「天国篇」によって明らかにされる神と地上との関係、換言すれば地上世界に神の意志が浸透しているという思想に立脚していることを明確にした。それは、世界の歴史（従来の世界史ではない）の中にダンテを位置づけることを狙ったものであり、同時に現在の日本の世俗空間認識の実態について思考し、日本の空間解釈に変更を求めるものでもある。同じく、『デカメロン』の翻訳ならば、ペスト禍にあって地上世界に神の意志が浸透しているという思想に疑念が挟まれた歴史のある瞬間に、人間を中心とした秩序再建を目指した作品と解釈することで、現在の日本の世俗空間のあり方に疑義を申し立てることが可能なのではないかと思っている。

ゆえに『カンツォニエレ』も『君主論』も、新たな解釈で翻訳されなければならないと私は考える。だから最後にもう一度言っておこう、そう、翻訳とは文化闘争なのである。

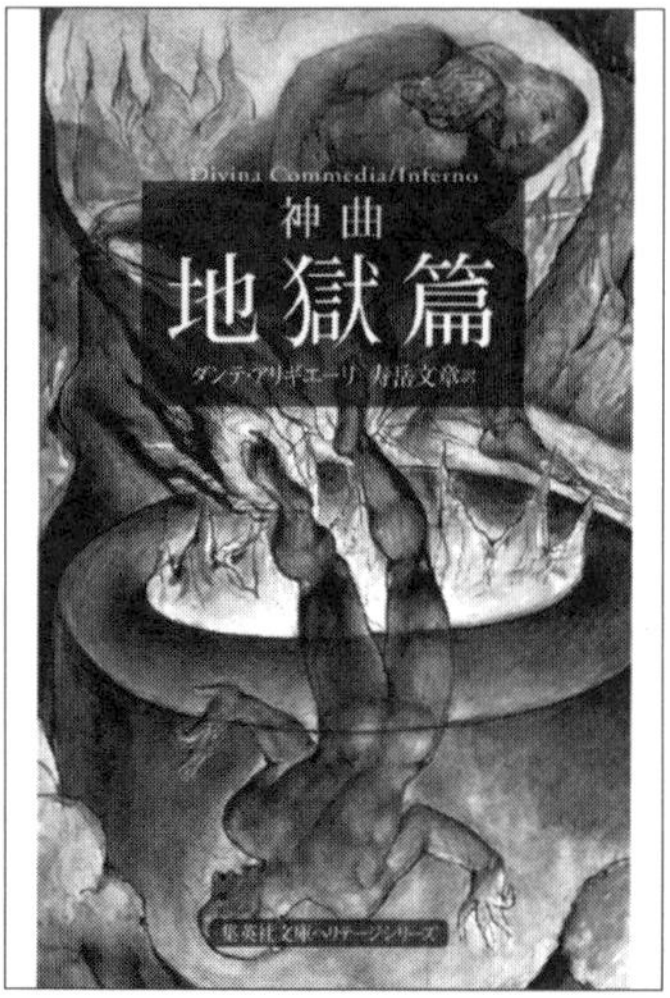

図 8

図 6

図 9

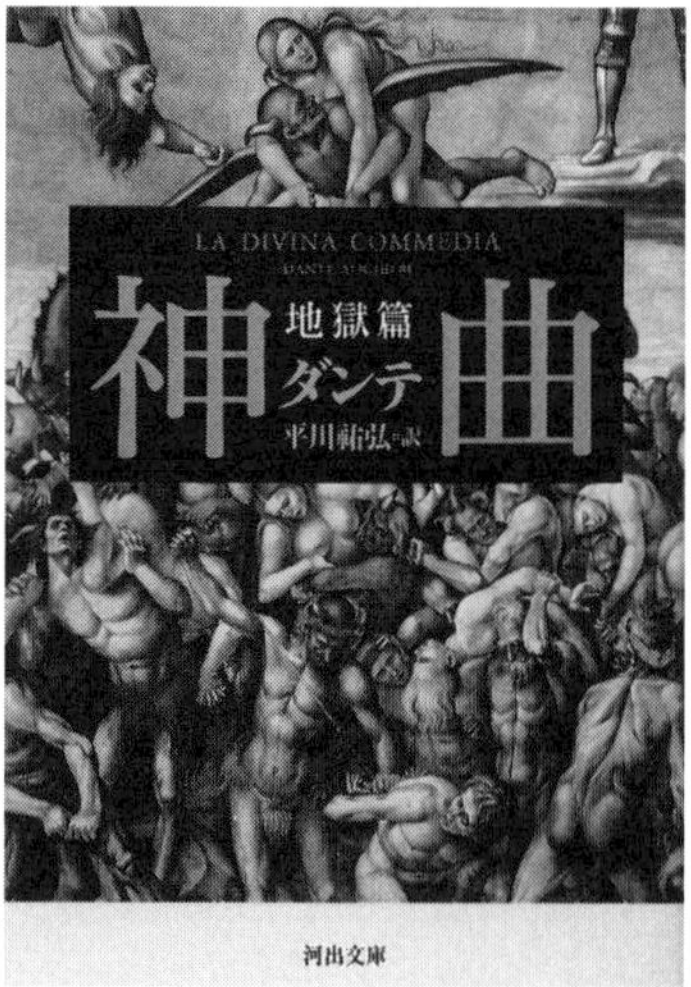

図 7

ダンテ・アリギエリ『神曲』文庫本のカバーにも時代の精神が読みとれる。山川丙三郎訳『神曲』［上巻］（岩波書店）、平川祐弘訳『神曲　地獄篇』（河出書房新社）、寿岳文章訳『神曲地獄篇』（集英社）、原基晶訳『神曲　地獄篇』（講談社）の順

【言及した作品の翻訳】

ダンテ・アリギエリ『神曲』

繁野天來訳『ダンテ神曲物語』冨山房、一九〇三年。

上田敏訳「ダンテ神曲未定稿」修文館、一九一八年。

山川丙三郎訳『神曲』警醒社、「地獄篇」一九一四年／「煉獄篇」一九一七年／「天国篇」一九二二年。

中山昌樹訳『神曲』洛陽堂、一九一七年。

生田長江訳『神曲』新潮社、一九二九年。

竹友藻風訳「地獄界」文献書院、一九二三年／「浄罪界」創元社、一九四八年／「天堂界」創元社、五〇年／『神曲』河出書房（世界文学全集版）、一九五二年。

北川冬彦訳『神曲現代訳 地獄篇』創元社、一九五三年。

平川祐弘訳『神曲』河出書房新社、一九六六年（カラー版一九六八年、引用部分は二〇〇九年版に初出）。

寿岳文章訳『神曲』集英社、「地獄篇」一九七四／「煉獄篇」一九七五年／「天国篇」一九七六年。

原基晶訳『神曲』「地獄篇」「煉獄篇」「天国篇」講談社、二〇一四年。


ジョヴァンニ・ボッカッチョ『デカメロン』

大久保勘三郎訳、服部誠一校閲『歐洲情譜群芳綺話』博聞社、一八八二年（なお著者名はボッカス）。

以下の三訳は戯作者でもあった高瀬羽皐が異名を使い、翻訳者兼校訂者を務める。

ア・サバチエール・ド・カストル訳／臥牛楼尚重訳補述／菊亭静校訂『想夫戀　十日物語』丸善、一八八六年（なお著者名はボッカス翁）。

菊亭静訳『密夫の奇獄　泰西情譜』イーグル書房、一八八七年（なお著者名はボッカス）。

カストル仏訳、近藤東之助重訳、菊亭静閲『鴛鴦奇観　伊国情史十日物語ノ内』高崎書房、一八八七年（なお著者名はボッカス）。

なお、右記については、他に『明治文化全集 飜訳文藝篇』で参照することができる。

戸川秋骨訳『十日物語』国民文庫刊行会、一九一六年。

梅原北明訳『デカメロン』上下巻、南欧芸術刊行会、一九二五年。

森田草平訳『デカメロン』新潮社（世界文学全集）、一九三七年。

柏熊達生訳『ボッカッチョ　デカメロン』河出書房新社（世界文学全集）、一九五五年（ただし一九四八年に第三日までの柏熊自身による翻訳が存在）。

岩崎純孝訳『デカメロン　ボッカッチョ』筑摩書房（世界文学全集）、一九六七年。

河島英昭訳『デカメロン』講談社（世界文学全集）、一九八九年。

平川祐弘訳『デカメロン』河出書房新社、二〇一二年（二〇一七年の文庫版上、中、下、には著者解説等に加筆がある）。

フランチェスコ・ペトラルカ
河島英昭訳『カンツォニエーレ抄』講談社（世界文学全集）、一九八九年。
池田廉訳『カンツォニエーレ　俗事詩片』名古屋大学出版会、一九九二年。

ロレンツォ・デ・メディチ「バッコスの歌」

ヘルマン・ヘッセ『青春彷徨』関泰祐訳、岩波書店、一九三七年。

平川祐弘訳『ルネサンスの詩』内田老鶴圃、一九六一年。

塩野七生訳『わが友マキャヴェッリ』新潮社、一九八七年。

村松真理子訳「ロレンツォ・デ・メディチのバッコス――アンブラ・謝肉祭の歌」『原典イタリア・ルネサンス人文主義』

所収、二〇一〇年、六八一―七一二頁。

その他

カスティリオーネ『宮廷人』清水純一訳、東海大学出版会、一九八七年。

マキアヴェッリ（マキャヴェッリ）『君主論』河島英昭訳、岩波書店、一九九八年。

アリオスト『狂えるオルランド』脇功訳、名古屋大学出版会、二〇〇一年。

トルクァート・タッソ『エルサレム解放』鷲平京子訳、岩波書店、二〇一〇年

【参考文献】


秋草俊一郎『「世界文学」は作られる』東京大学出版会、二〇二〇年（特に本稿の日本の「世界文学」についての理解は同書を参考にした。なお第一節の記述については、エドワード・サイード『文化と帝国主義２』大橋洋一訳、みすず書房、二〇〇一年／G・C・スピヴァク『ある学問の死　惑星的思考と新しい比較文学』上村忠男、鈴木聡訳、みすず書房、二〇〇四年／デイヴィッド・ダムロッシュ『世界文学とは何か』奥彩子他訳、国書刊行会、二〇一一年／エミリー・アプター『翻訳地帯』秋草俊一郎他訳、慶應義塾大学出版会、二〇一八年／ローレンス・ヴェヌティ『翻訳のスキャンダル　差異の倫理にむけて』秋草俊一郎他訳、フィルムアート社、二〇二二年などを参考にした）。

上田敏『詩聖ダンテ』求光閣、一九二三年。

内村鑑三『内村鑑三全集１（１８７７―１８９２）』岩波書店、一九八一年。

――『内村鑑三全集３（１８９４―１８９６）』岩波書店、一九八二年。

カーライル、T『英雄崇拝論』老田三郎訳、岩波書店、一九四九年。

長沼美香子『訳された近代』法政大学出版局、二〇一七年。

ブラスコ、L・D「發刊に寄せて」『ダンテ学会誌』一九五一年、一－二頁。

ブランカ、V「コムーネ期の叙事詩『デカメロン』」『日伊文化研究』二〇号、一九八二年、八三－九七頁。

Lorenzo De' Medici, *Canzone carnascialesche*, in *Tutte le opere*, a cura di P. Orvieto, Roma, Salerno ed., 1992, pp.751-810.

第二章

啓蒙主義とロマン派

霜田　洋祐

一．はじめに

ルネサンスの中心地であったイタリアは、一八世紀にはすでにヨーロッパの周辺部となっており、フランスやイギリスなどアルプス以北の文化・思想を受容する側にまわっていたと言える。もちろん、前世紀の過剰なまでに装飾的なバロックの詩論から離れ、新古典主義や、それに対する改革の姿勢、さらに来るべきロマン主義の傾向を示した重要な文学者が、この時代のイタリアに現れなかったわけではない。ただ、世界的に知られる文学者、文学作品は相対的に少なく、例えば、ジュゼッペ・パリーニ（一七二九－一七九九）は、フォスコロやマンゾーニ、レオパルディといった著名な文学者から尊敬された詩人であるが、日本では、彼の作品にアクセスできるのはいまだ専門の研究者に限られている。また、イタリア喜劇を改革したカルロ・ゴルドーニ（一七〇七－一七九三）の戯曲は有名だが、悲劇作家ヴィットーリオ・アルフィエーリ（一七四九－

一八〇三）については、自伝 *Vita di Vittorio Alfieri da Asti scritta da esso* (1804) の翻訳（『アルフィエーリ自伝』上西明子・大崎さやの訳）が二〇〇一年に刊行されているとはいえ、悲劇作品は、ようやくこれから日本の多くの読者に知られるようになることが期待されるという段階である。最初期の習作的な位置付けの戯曲 *Cleopatra*（一七七五年初演）の翻訳（『アントニウスとクレオパトラ（悲劇）』谷口伊兵衛、G・ピアッザ訳）が二〇一三年に出版された一方、劇作家が生前に出版した一九篇の悲劇については、そこから二篇を選んで訳した『アルフィエーリ悲劇選 フィリッポ サウル』（菅野類訳）が二〇二〇年に世に問われたばかりである。パリーニやアルフィエーリでさえ、このような状況なのだから、対象を狭義の文学作品に絞ってしまうと、一八世紀イタリア文学が日本においてこれまでどのようなイメージを形成してきたかを語るのは、困難を極めることになるだろう。しかし、イタリアの文学史の伝統にならって、啓蒙思想家たちの作品にまで範囲を広げるならば話は変わってくる。

イタリアの啓蒙思想は、ナポリとミラノの二大都市を拠点とした。ナポリでは、アントニオ・ジェノヴェージ（一七一三―一七六九）が、ナポリ大学で、世界初とも言われる経済学講座の教授に就き、ガエターノ・フィランジェーリ（一七五二―一七八八）らが輩出し、ミラノでは、ピエトロ・ヴェッリ（一七二八―一七九七）が中心となり、弟アレッサンドロ（一七四一―一八一六）やチェーザレ・ベッカリーア（一七三八―一七九四）らとともに、百科全書派にならって「拳の会」を結成し、旬刊雑誌『イル・カッフェ』に学芸に関する諸々の論考を発表したのである。日本におけるイタリア啓蒙の研究・紹介は、フランスをはじめとする啓蒙期ヨーロッパの中心地のそれに比べれば、かなり後発の新しいものと思われるが、フランコ・ヴェントゥーリが一九六九年にケンブリッジ大学で行った講演の翻訳（『啓蒙のユートピアと改革』加藤喜代志・水田洋訳）や彼の薫陶を受けた堀田誠三の『ベッカリーアとイタリア啓蒙』といった著作を通じて、イタリアの啓蒙思想家・改革者たちの活動がいかなるものであったのかについて、日本語でも知ることができるようになってきている。本稿では、そのなかでも、圧倒的な国際的知名度を誇り、日本でもかなり早くから紹介されてきた、ベッカリーアの『犯罪と刑罰』*Dei delitti e delle pene*（一七六四年初版）を取り上げたい。その際にポイントとなるのは、マンゾーニが『汚名柱の記』*Storia della colonna infame*（一八四二年）の草稿において「熟考の上の調査研究の成果というよりも、自然なインスピレーションの溢れ出たものであった」（Manz. B. x. 5, f. 43v）と評していたこの短い作品が、単なる刑事法学の書と見なされるだけで済むか、という問題である。

続いて一九世紀の文学については、イタリア近代文学を代表する小説家と抒情詩人、すなわち、アレッサンドロ・マンゾーニ（一七八五–一八七三）とジャコモ・レオパルディ（一七九八–一八三七）を取り上げたい。マンゾーニは、イタリア文学史上は悲劇作家・詩人としても重要な文学者であるが、国際的に知られる作品は、主著の歴史小説『婚約者』*I promessi sposi*（一八二五–一八二七年初版、一八四〇–一八四二年決定版。別邦題は『いいなづけ』）にほぼ絞られる。本稿においても、中心的な話題となるのは、二種類の邦訳が存在するこの長篇小説である。一方、レオパルディについては、日本においても戦前から「厭世詩人」としてその名前が知られていた。抒情詩だけでなく、むしろ彼の思索がどのように受容されてきたかも重要な話題となるだろう。

マンゾーニとレオパルディという二人の巨人は、いずれも実は古典主義から出発しているのだが、それぞれ独特の仕方でイタリアのロマン派を代表する作家だと見なされている。「ロマン派」の彼らが活躍するのは、もちろん一九世紀の前半なのであるが、前半ばかりを取り上げるからといって、一九世紀後半に見るべきものがないわけではなく、日本語で読める作品も存在する。小説というジャンルに限っても、カミッロ・ボイト（一八三六–一九一四）やアッリーゴ・ボイト（一八四二–一九一八）をはじめとする「スカピリアトゥーラ（蓬髪派）」の作家たち、ジョヴァンニ・ヴェルガ（一八四〇–一九二二）やルイージ・カプアーナ（一八三九–一九一五）ら「ヴェリズモ（真実主義）」の作家たちは、本来なら詳しく取り上げたいところであった。せめてこの場で、邦訳のあるいくつかの作品に触れておきたいと思う。まず、ヴェルガ『マラヴォリヤ家の人びと』*I Malavoglia*（一八八一年）は、マンゾーニの『婚約者』に続くイタリア近代小説の傑作であるが、この作品は、日本でも一九九〇年に翻訳が出版されている（西本晃二訳）。またヴェルガは、ピエトロ・マスカーニのオペラ『カヴァレリーア・ルスティカーナ』（一八九〇年初演）の原作となった同名の短篇および戯曲を書いたことでも知られるが、短篇集『カヴァレリーア・ルスティカーナ他十一篇』（河島英昭編・訳）には、その短篇のほかに「赤毛のマルペーロ」「グラミーニャの恋人」「ネッダ」などの重要作品も収められている。それから最後に、二〇二一年に出版されたばかりの『一九世紀イタリア怪奇幻想短篇集』（橋本勝雄編・訳）は、上述のボイト兄弟、カプアーナのほか、イッポリト・ニエーヴォ（一八三一–一八六一）らの短篇を「幻想小説」という新しい視点からまとめるものである。この短篇集が、一九世紀（特に後半）のイタリア小説が日本の読者に「発見」される契機となることを期待したい。

二．ベッカリーア理解の深まり――単なる刑法学のテクストではない『犯罪と刑罰』

チェーザレ・ベッカリーアという啓蒙思想家の名前は、法学を真面目に勉強した人なら誰でも耳にしたことがあるはずである。オーストリアの支配下にあったミラノ公国において侯爵家の長男として生まれたこの人物が、ミラノの青年貴族たちのサークル「拳の会」の仲間たち、特にヴェッツリ兄弟の支援と関与（介入）

図1　A・ペレゴ《拳の会》

を受けながら執筆し、一七六四年、まだ二十六歳のときに世に問うた著作『犯罪と刑罰』は、日本においても、「罪刑法定主義」や「犯罪と刑罰の均衡」、「死刑および拷問の廃止」などを唱えた「刑法学のバイブル」とも言うべき作品だと認識されているからである。この作品は、出版後、次々と外国語に翻訳されて、近代刑法の思想と各国の実定法そのものに大きな影響を与え、それゆえに「その指導理論」が明治維新においても「刑法制度の根本的立直しの為に借用されたと」思われるのであるが（風早一九二九 五）、日本最初の完訳は、刑法学者の風早《かぜはや》八十二《やそじ》による翻訳『犯罪と刑罰（封建的刑罰制度の批判）』（刀江書院）が刊行される一九二九年（昭和四年）を待たねばならない。ただし、この訳書の「邦譯への覺書」にも記されているとおり（風早一九二九 五‐六）、明治四年に大学南校に赴任した教師リベロールが『犯罪と刑罰』の大要について講義したらしく、それを聞いた学生が邦訳したものが残されている。刀江書院版『犯罪と刑罰』には、「刑罪論抄譯」と題されたそのリベロールによる講義の前後篇を再刻したものが付録として収められている（前篇は司法省調査課附属研究室所蔵、後篇は吉野［作造］博士所蔵であったという。翻訳というより解説である後篇とは異なり、前篇は第一九章までの翻訳なのだが、いくつかの章が欠けており、有名な第一六章「死刑について」も見当たらないのは興味深い）。風早の訳は、改訂が加えられて一九三八年に岩波文庫に収録された。戦後、風早八十二と風早二葉の夫婦共訳という形で全文が改訳され、版も改められている（一九五九年）。

さて、風早八十二（一八九九―一九八九）という人は、「戦前日本におけるマルクス主義法学の開拓者にして理論的実践的リーダー」（森 一四三）の一人だった。一九二二年に東京帝国大学を卒業、同年に同大学助手となり、ヨーロッパ留学を経て、二六年に九州帝国大学助教授に任命（翌年に教授昇進）されるも、内紛により職を追われた。二八年には東京に戻り、いくつかの大学で非常勤講師をしていたが（『犯罪と刑罰』の翻訳は、勤め先の一つの日本大学法学部の機関誌にまず連載されたものであった）、三〇年の治安維持法批判の論文によって全ての大学の職を奪われる。三二年に非合法の日本共産党に入党、二度にわたって投獄され、激しい拷問も経験した。戦後は四九年に共産党から衆議院議員に当選、同年に弁護士登録をし、冤罪事件として知られる松川事件や自衛隊裁判の百里基地訴訟などを担当した。このような彼が、昭和の初めに「一世紀以上も昔」に書かれた『犯罪と刑罰』を「今此処に持ち出す」ことにしたのは、「無数の国語に翻譯されてゐる此の書」を「刑法學の古典として日本にも是非一本は備えておきたかつた」などという理由からではなかった。風早にとって、ベッカリーアの著作は「單なる刑法學徒の立場からのみ研究」されるべきではなく、むしろ、これを「封建的刑罰制度に對する批判として理解すること」が肝要であった。そして、それを通じて「資本主義發展の現段階に於て我々の取るべき態度を彼より學びとる事が可能になる」からこそ、翻訳する意味があったのであ

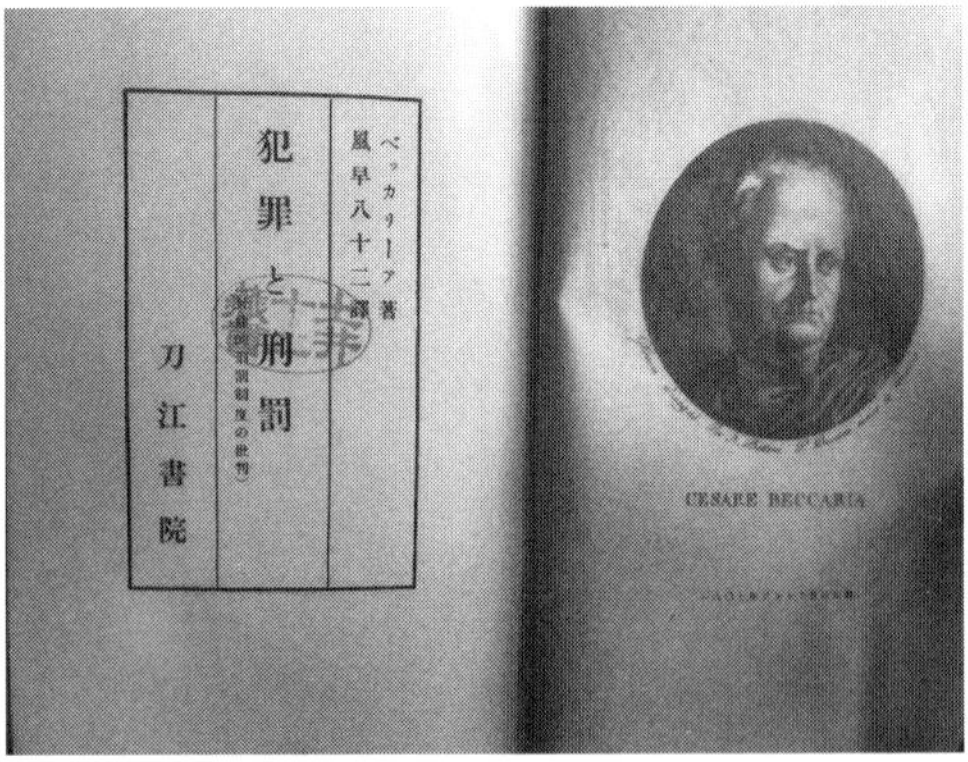

図2　『犯罪と刑罰（封建的刑罰制度の批判）』、大阪大学附属図書館蔵

る（風早一九二九　一－三、強調原文）。戦後の岩波文庫改訳版の解説においても、ベッカリーアの罪刑法定主義を理解する方法として、「彼のいわば法理的世界観ともいうべきものを、その刑法理論への適用とともに、概念的に固定化して文字どおりあげつらう」のではなく、「彼の思想を、具体的な封建的刑罰制度に対する新興ブルジョアジーの批判として、その思想の出現の歴史的発展的意義において把握しようとする方法」を取るべきことが説かれている（風早一九五九　二一二）。

このように風早は、『犯罪と刑罰』を刑法の単なる理論書のように読むことを否定して（そして、歴史的階級的意義において捉えるよう主張して）いるのである。ところが、興味深いことに、彼の翻訳の、ベッカリーアの「前言」に四二章が続くという構成は、『犯罪と刑罰』のもともとの順序や章立てを再編成し、まさに刑法理論書として読みやすくなるようにした版の系統に属するのである。かなり大胆な作品の改変と言えるその再編成は、最初のフランス語訳者であるアンドレ・モルレ（一七二七－一八一九）によって、著者ベッカリーアに無断で行われたものであった。モルレの意図は、「読者に体系的で論理的に一貫した作品を提示する」ことにあり（石井　一一七）、それによって、「自然なインスピレーションの溢れ出たもの」に見えたベッカリーアの作品は、ある意味で「熟考の上の調査研究の成果」のようなものとなり、刑法理論書としての側面が強調される形になったのであった。ベッカリーア自身が、事後承諾を求めるモルレに同意するばかりでなく、今後はモルレ訳の構成に従いたいという趣旨のことを書き送ったということもあって、その後、モルレ訳にならう版が、フランスだけでなくイタリアを含む多くの国においても「普及版」として優勢となる時代が続くことになる（石井　一一一）。そのため、風早が、モルレによる改変以前の版も参照しながら、結局はモルレ版系統に属する版を底本としていたとしても、仕方のないことではある（一九七六年に矯正協会から出版された佐藤晴夫訳『ベッカリヤの「犯罪と刑罰論」』も同系統の版に基づいている）。しかし、実はベッカリーアは、モルレへの返信の言葉に反して、モルレの翻訳と同時期に増補改訂作業を行い一七六六年に出版した第五版の構成（全四七章）を、続く第六版、第七版においても変更していないのである（ちなみにマンゾーニが読んでいたのは、この第五版の系統の『犯罪と刑罰』を採用した一七七〇年のナポリ版『ベッカリーア侯爵著作集』第一巻であった）。この点に注目したヴェントゥーリは、長く流布したモルレ版の構成に異議を唱え、一九五八年、リッチャルディ社刊行の『イタリアの啓蒙思想家たち』全七冊のうち『ロンバルディア、ピエモンテ、トスカーナの改革者たち』を編集するにあたって、実質的にベッカリーア自身による最終改訂版と言える原著第五版を底本とした。こうしたヴェントゥーリの方針は、徐々に有力となり、一九八四年にメディオバンカにより刊行された『国民版チェーザレ・ベッカリーア全集』第一巻でも踏襲されたことにより、決定的となった。そして、こうした流れを受けて、二〇一一年には、日本においても、この全集版を底本とする（つまり原著第五版系統の）『犯罪と刑罰』の翻訳が刊行された（小谷眞男訳）。

ヴェントゥーリの説によると、『犯罪と刑罰』は、刑法学のテクストというより、社会理論書としての傾向を備えた作品なのであり、原著第五版の系統に立ち返ることによって、そのような原典の持つ意味がより明らかになるはずだという。そして、日本におけるベッカリーア研究も、すでに、ヴェントゥーリのこのような問題提起を受けて、モルレ版系統とも対話しつつ原著第五版系統に拠って『犯罪と刑罰』を分析し、刑法領域一辺倒ではない新たな解釈をそれぞれの観点から提出する研究が現れるところにまで達している（堀田誠三『ベッカリーアとイタリア啓蒙』、石井三記『18世紀フランスの法と正義』、小谷眞男訳『犯罪と刑罰』の「訳者解説」）。なお、『犯罪と刑罰』の「原典」そしてベッカリーアのオリジナルな思想という考えを突き詰めようとするならば、京藤（七二）も指摘するように、『犯罪と刑罰』の原稿にピエトロ・ヴェッリがかなり手を入れているという問題がつきまとうことになる。『国民版チェーザレ・ベッカリーア全集』第一巻には、ベッカリーアによる「第一手稿」が付録されており、これとピエトロ・ヴェッリの手が加わった後の「第二手稿」および出版稿とを比較検討することによって、ベッカリーアとヴェッリの思想的な相違が明らかになることも期待されるのであるが、この作業を本格化させるためには、日本においても、ベッカリーア研究と並行して、それよりはかなり手薄と思われるヴェッリ兄弟の研究も進められなければならないだろう。

『犯罪と刑罰』を書いた後、ベッカリーアは、イタリアで二番目の「経済学」の教授となり（講義録が死後に出版されている。日本語訳としては三上禮次訳『公共経済の諸要素』がある）、一七七一年にはミラノ公国の行政官に任官する。ベッカリーアには、経済学者、ミラノ公国行政官としての側面もあるわけだが、黒須純一郎の『チェーザレ・ベッカリーア研究――『犯罪と刑罰』・『公共経済学』と啓蒙の実践』は、彼のそのような知的活動の全体像を示す試みとなっており、ベッカリーアが政府高官として作成した公文書を具体的に紹介している点が特に評価される。

三．マンゾーニ『婚約者』の解釈の変遷――カトリック文学から疫病文学まで

『犯罪と刑罰』の解説（例えば、Venturi 146、小谷二〇三）を読むと、著者チェーザレ・ベッカリーアの娘ジュリアの子アレッサンドロ・マンゾーニが、『汚名柱の記』という作品において、ピエトロ・ヴェッリの『拷問に関する諸考察』*Osservazioni sulla tortura*（一七七七年完成、一八〇四年出版）で扱われたテーマを再度取り上げていることが紹介されている。これはもちろん、ベッカリーアやヴェッリらの仕事が後の世代にかなり直接的な影響を与えたことを示す重要な指摘である。ただ、確かに同じ冤罪事件を扱ってはいるけれど

図3　F・アイエツ画《マンゾーニ肖像》、ブレラ美術館（ミラノ）

も、ヴェッリの著作の主眼が拷問（とそれを制度として許している刑法体系）の批判にあるのに対し、マンゾーニは、すでに拷問が制度上は廃止された時代を生きる世代として、拷問という制度だけでなく、裁判官たちの見識にも問題があったことに批判の矛先を向けている。このような両者の違いのほうも強調されてよいだろう。『汚名柱の記』は、マンゾーニの主著である歴史小説『婚約者』から（具体的には一六三〇年ミラノのペスト禍の様子を描いた歴史記述的な章から）派生したものである。このような内容の連続性と、挿絵のある同じスタイルで『婚約者』の決定版（一八四〇―一八四二年）の後に付されて出版されたという形式の連続性から、近年のマンゾーニ研究においては、『汚名柱の記』は、『婚約者』と一体のものとして理解されるべき作品だという評価が固まってきているのだが、日本語訳には『汚名柱の記』は収録されていない（ただし、英語訳や仏語訳でも欠けている場合がほとんどである）。

　さてその『婚約者』は、「二七年版」と呼ばれる初版（一八二五―一八二七年）が当時のイタリアでは異例と言えるほどの成功を収め、二七年のうちにドイツ語訳が二種類出るなど、すぐにヨーロッパの諸言語に翻訳されたのであるが、日本語訳はかなり遅れ、初めての翻訳は戦後になってようやく刊行された。一九四六から一九四九年にかけて岩波文庫に三巻本で収録された、フェデリコ・バルバロと尾方寿恵による翻訳である（マンゾーニ没後百周年にあたる一九七三年に改訂されている）。旧約・新約聖書を日本語の口語に訳したことで知られるフェデリコ・バルバロ（一九一三―一九九六）は、フリウーリ（ポルデノーネ県フィウーメ・ヴェーネト）出身のサレジオ会士で、ローマのグレゴリアン大学哲学科卒業後の一九三四年一二月に、宣教師として日本に派遣された。彼が『婚約者』を訳すことにしたのは、当時「日本では、ゲーテや、ドストエフスキーと並んで、イタリア人のダヌンツィオやパピニが比較的知られて」いたのに、「その思考の深さ、その観察の鋭さ、文章の高尚さにおいて、ダンテに次ぐと噂の高い」マンゾーニについてはほとんど知られていなかったため、「現代人である我々の希望や短所に、より身近な故に、ダンテよりもむしろマンゾーニを好む」自分が「日本に彼を紹介するのは意義あることだと考えた」からだという（バルバロ 三―四）。『婚約者』上巻の巻頭におかれた「解説」においてまず記された右のような言葉だけを見ると、そこに宗教的な理由はあまり介在していなかったようにも思える。つまり、平川（三八五）の推察するように、単に「イタリア人としての愛国心に駆られて自国の傑作を日本語に訳された」と見えるのである。しかし、「解説」ではその後、「マンゾーニのカトリック改宗」という伝記的事実が詳しく紹介されるとともに、それがいかに作品に影響したかが力説されており、また、それに続いて、カトリックへ転向したことで知られるジョヴァンニ・パピーニ（次章「ファシズム期と戦後」を参照）による『婚約者』評（「パピニ著『イタリア人の写生』よりの抜粋」）が掲載されている。こうしたことを考え合わせると、どうしても、この訳者・解説者は、物語が始まる前から、この小説はキリスト教（特にカトリック信仰）と強く関連づけて読まれるべきものだという印象を与えようとしているのではないかと感じられてしまう。バルバロ・尾方訳『婚約者』を原作とした漫画版（タイトルは『愛のちかい』、藍真理人作画、一九八四年）が、カトリックの修道会「女子パウロ会」から刊行されているのは、そのように方向付けられた読みの一例と見ることができるだろう。『婚約者』は、結婚を阻まれた田舎の若い男女レンツォとルチーアが、歴史の大きな渦に巻き込まれ翻弄されながらも信仰を頼りとし、高潔な高位聖職者や回心を経験した人物らに助けられながら、最後には晴れて結婚するという物語である。そのため、この作品において信仰のテーマは非常に重要であり、しばしば「神の意志Provvidenzaの小説」などと呼ばれるのも決して間違いではなく、作品の一面を的確に捉えているとさえ言える。ただ、こうした言い回しが、カトリック信仰の護教論的・プロパガンダ的作品といった先入観につながるならば、問題である。それは、本来なら幅広い読者に親しまれるはずの作品にとって望ましいことではないだろう。

いずれにしても、『婚約者』は、戦後しばらくは岩波文庫版で親しまれてきたのであるが、一九八七年には『いいなづけ』というタイトルで平川祐弘による翻訳が河出書房新社から刊行される。この翻訳には、小説冒頭の「序文」を省略してしまっているという欠点がある。それによって、一九世紀の文学者である語り手が一七世紀の未刊行の手稿を発見し、そこに記された物語を現代的なイタリア語に改めて紹介するという極めて重要な語りの設定が見えなくなっている。また、「序文」冒頭に転写された原著者（発見された手稿の著者）の「緒言」の内容は、作品解釈において重要な意味を持つと考えられているのだが、それを知る機会も奪われているのである。その一方で、『婚約者』決定版（一八四〇―一八四二）の、フランチェスコ・ゴニンらによる挿絵の多く（全てではない）を掲載しているという点は、岩波文庫版にはなかった重要な特徴である。著者マンゾーニ自身が描くべき内容、大きさ、配置を指示して作られた挿絵は、作品の解釈にも影響を及ぼすものであり、作品の一部であるという考えは、いまや多くのマンゾーニ研究者によって認められているのである。この平川訳は、日本翻訳出版文化賞（第二六回、一九九〇年）や読売文学賞（第四二回、一九九一年）を受賞し、二〇〇六年には文庫化される（河出文庫、三巻本）。そしてこの文庫版は、二〇二〇年に復刊されることになるのだが、それは、ミラノのアレッサンドロ・ヴォルタ高校の校長が、新型コロナ

図４　復刊されたＡ・マンゾーニ『いいなづけ』［上中下巻］（平川祐弘訳、河出書房新社）

ウイルス蔓延によって高校が休校になるという異例の事態に際してホームページに掲載した「生徒への手紙」が日本でも各紙に取り上げられるなど話題となり、そのなかで引用された『婚約者』にも注目が集まったからであった。『婚約者』は、歴史的現実としての「ペスト禍」を資料に基づいて克明に描いたことにより、疫病文学として、「コロナ禍」を生きる読者に再発見・再評価される機会を得たのである。なお、このような予期せぬ再評価の機会が訪れる以前に、『婚約者』が若者から嫌われることを防ぐことを一つの目的に掲げた作品が刊行されており（イタリアでは学校で読まされる小説であるがゆえに『婚約者』は嫌われがちなのである）、それが日本でも翻訳されているので紹介しておきたい。それは、ウンベルト・エーコが『婚約者』の物語を自らの言葉で語り直したダイジェスト版（*La Storia de I Promessi Sposi raccontata da Umberto Eco*, 2010）であり、日本では、二〇一八年にＮＨＫ出版から『イタリア語で読むウンベルト・エーコの『いいなづけ』』（白崎容子訳・解説）というタイトルで出版されている。

それから、『婚約者』は一九世紀のイタリアにおいて愛国的な文脈から読まれた小説であり、国家統一以前に標準イタリア語のモデルを示した作品でもあるため、リソルジメント期の歴史を扱った日本語の著作においても一言触れられることが多いということも確認しておこう。「アルノ川での洗濯」として知られる『婚約者』初版から決定版への言語的改訂は、象徴的出来事として紹介しやすいのだと思われる。その際、やや舌足らずに、初版にロンバルディア（ミラノ）方言が混じるなどと言われることもあるが、実際には、ミラノ風の語法が散見されるとはいえ初版も「イタリア語」で書かれていたという点は注意したい。一九世紀の間は、フィレンツェの話し言葉に近づいた決定版よりも、初版のテクストのほうが多くの人々に読まれたとされるのだが、本物の「方言」がそこに混じっていたならば簡単には読めなかったろうと思われる。

　アレッサンドロ・マンゾーニがどのような人物であったか、その伝記的側面は、一九八八年に須賀敦子によって翻訳されたナタリア・ギンズブルグの『マンゾーニ家の人々』*La famiglia Manzoni*（一九八三年）によって日本語でも知ることができる。マンゾーニ家の人々と、彼らの親戚、友人たちの間で交わされた膨大な数の書簡を通して、貴族の一家の日常を物語として再構成したこの作品では、マンゾーニの母ジュリア・ベッカリーアの章に、チェーザレ・ベッカリーアの姿を見ることもできる。

図5　ナタリア・ギンズブルグ『マンゾーニ家の人々』［下巻］（須賀敦子訳、白水社）

四．「厭世詩人」の受容史――作家たちの、一般読者の、研究者たちのレオパルディ

ジャコモ・レオパルディの散文作品『オペレッテ・モラーリ』*Operette morali* 初版が出版されたのは、マンゾーニの『婚約者』初版と同じ、一八二七年のことだった。見てきたとおり、『婚約者』のほうは、出版後、すぐに多くの言語に翻訳されたけれども、日本語に訳されたのは戦後のことなので、戦前の日本ではおそらくほとんど知られていなかったのではないだろうか。これに対し、『オペレッテ・モラーリ』は、明治の文豪夏目漱石（一八六七–一九一六）からして、それを手にしていることが知られる。この作品は、『断想集』*Pensieri*（一八四五年）とともに英語版の散文集（*Essays, dialogues, and thoughts of Count Giacomo Leopardi*, translated by Patrick Maxwell, London, W. Scott, 1893）に含まれていたのであるが、この本にロンドン留学中の漱石が出会ったのである（同書は、東北大学附属図書館に収められた漱石旧蔵書のなかに確かにあり、手書きの線が引かれた箇所も見つかる）。これによって、日本におけるレオパルディの受容は、マンゾーニの場合とは全く異なる展開を見せることになる。

図6　A・フェッラッツィ《レオパルディ肖像》、レオパルディ館（レカナーティ）

レオパルディの思想は、漱石の作品にどのような影響を与えただろうか。レオパルディに直接言及していることで知られるのは、東京帝大講師をやめた漱石が、職業作家として書いた初めての作品、明治四〇年（一九〇七）

に朝日新聞に連載された『虞美人草』である。次の一節は、主人公の「詩人」小野清三が、もう一人の主人公、「哲学者」の甲野欽吾の引き篭もる書斎に入って、彼の様子を見ている場面から引いたものである。

やがて、かたりと書物を置き易《か》える音がする。甲野さんは、手垢《てあか》の着いた、例の日記帳を取り出して、誌《つ》け始める。
「多くの人は吾《われ》に対して悪を施さんと欲す。同時に吾の、彼等を目して兇徒《きょうと》となすを許さず。又その兇暴《きょうぼう》に抗するを許さず。曰《いわ》く。命に服せざれば汝《なんじ》を嫉《にく》まんと」
細字《さいじ》に書き終った甲野さんは、その後に片仮名《かたかな》でレオパルジと入れた。日記を右に片寄せる。置き易えた書物を再び故《もと》の座に直して、静かに読み始める。（夏目漱石　三一〇）

甲野は書斎の机で「レオパルジ」の書物を読んでいる。読みながら日記に書き写しているのは、その内容から『断想集』の「断想　三六」であることがわかる（國司　二二〇）。このあと物語の終わりまで、レオパルディは度々言及されることになるのであるが、欽吾の人物像にレオパルディ自身と重なる部分を見たり（Doi 125）、「謎の女」と呼ばれる甲野の継母のうちに「レオパルディが分析・批判した『文明』の特徴を」見出したりすることができるのであれば（國司　二二〇）、『虞美人草』という作品の内には、具体的な言及を超えたレオパルディ思想の残響が聞こえるということにもなるだろう。

漱石門下の芥川龍之介（一八九二−一九二七）もまた、レオパルディを読んでいた文学者である。日本近代文学館の芥川龍之介文庫に、旧蔵書として、漱石の持っていたのと同じ英語版散文集が収められていることに加え、随筆・警句集『侏儒の言葉』（一九二三−一九二七）の「椎の葉」という断章には、次のような言葉が見られる。

少くとも生涯同一の歎を繰り返すことに倦《う》まないのは滑稽であると共に不道徳である。実際また偉大なる厭世《えんせい》主義者は渋面ばかり作ってはいない。不治の病を負ったレオパルディさえ、時には蒼ざめた薔薇の花に寂しい頰笑みを浮べている。（芥川　三二）

ここではレオパルディが厭世主義者の例として挙げられているわけだが、不安と厭世観が漂う戦間期の日本においては、レオパルディは「厭世詩人」として一般の人々にも知られるようになってくる。実際この時期には、レオパルディの作品の邦訳も増えてくるのである。

その翻訳については、まず、最初にレオパルディの作品を日本語に訳して発表したとされるのは、野上彌生子（一八八五―一九八五）である（彼女もまた、漱石の弟子である）。野上が訳した『オペレッテ・モラーリ』の一篇「鳥の讃歌」*Elogio degli uccelli* は、もともと『青鞜』に載せるべく準備されたが、明治四四年（一九一一）に『ホトトギス』に掲載された。続いて戦間期に入るが、一九二一年には、柳田泉（一八九四―一九六九）が英語訳から『オペレッテ・モラーリ』のほとんどを訳したものが、『大自然と霊魂との対話』というタイトルで出版される（杜翁全集刊行会）。その「訳者序」によると、柳田は『虞美人草』によって「レオパルヂ」のことを知ったのだという。柳田はまた、これも重訳であるが、『断想集』も翻訳している（ただしタイトルは『感想』とされた）。一九二〇年に抄訳が出された後、一九二七年の全訳は、『オペレッテ・モラーリ』と合わせた「レオパルヂ集」として、春秋社の『世界大思想全集』第一四巻に収録された（同巻は「レオパルヂ集」の前にレッシングの『ラオコオン』も収録している）。なお、三島由紀夫の

『豊饒の海』（一九六五－一九七一）の第一部『春の雪』にレオパルディへの言及が見られるが、「レオパルヂ」という表記であることなどから、三島はこの『世界大思想全集』を読んだものと推察される（脇 六一六－六一七）。

ここまで見てきた翻訳は全て散文作品であるが、詩に先行して散文が訳されたのは、そもそも抒情詩の翻訳が困難であるという事情に加えて、イタリアの批評においても、当時はレオパルディを哲学者（思想家）として捉えて評価する傾きが強かったこととも関係があるだろうか。とはいえ、一九三〇年からは、レオパルディの詩も日本語に訳されるようになる。なかでも特に重要なのは、堤虎男（一九〇三－一九八〇）の仕事である。原文でイタリア語を読み、訳すことができた彼は、一九三一年に日本初のレオパルディの研究書『厭世詩人レオパルディ研究』（二松堂）を出版し、また一九三二年には、『死に近づく讃歌』*Appressamento della morte*（一八一六年）の翻訳を上梓した（上田屋書店）。レオパルディの生涯と作品を詳述するなかに、抒情詩の翻訳も挟み込んでいる『厭世詩人レオパルディ研究』は、一般の読者の間にも大きな反響を呼んだらしく、一九三八年には上田屋書店より第二版が刊行された（このなかで初版を読んだ読者からの反響が紹介されている）。なお同書は、戦後にも、増補版の第三版が一九六五年に散文堂書店より刊行されており、著者の死後の八八年にも『レオパルディ研究』という表題で村松書館から再刊されている。

さて戦後になると、一般の人々の間にも文学者たちの間にもかつてほどの熱は見られなくなってしまったように思われる。その代わり、イタリア文学を専門とする研究者たちによる原典をベースとする研究・翻訳は本格化し、その熱は徐々に高まってきたと言える。もちろん、学術誌に掲載される論文が増えるだけでは、一般の読者の間にレオパルディの名が再び広まることにはなかなかつながらない。しかし、今世紀に入ってようやく、脇功による初の『カンティ』全訳が、柱本元彦による『オペレッテ・モラーリ』の新訳

図7　古田耕史『ジャコモ・レオパルディ』（春風社）

と一冊の本にまとめて、しかも詳しい解説付きで刊行されたこと（二〇〇六年）は、新しい流れの始まりであったと言えるのではないか。二〇二〇年には、『断想集』が初めてイタリア語から訳され（國司航佑訳）、二〇二二年には、古田耕史によるレオパルディ研究のモノグラフ『ジャコモ・レオパルディ――ロマン主義的自然観と〈無限〉の詩学』が上梓されたのである。こうなると次に求められるのはどういった仕事だろうか。二〇世紀前半の批評のようにレオパルディにおける詩と哲学（思想）を区別して別々に扱うのではなく、現代の研究がその必要性を主張するとおり、彼の詩作と思索、詩想と思想を相互に関連するものと捉えようとするならば（そして、日本語でもそれが可能になるようにしようとするなら）、『カンティ』翻訳の廉価版もこれから必要となることだろう。そして、それと同時に、レオパルディの研究・翻訳がここまで進展してきた今こそ、次なる仕事として、レオパルディの思索が書き溜められた膨大な雑記帳と言える『省察集』*Zibaldone di pensieri*（なお、『断想集』は、このなかから人間社会に関する思索を整理して再構成したものである）が、研究者たちの協力のもと、日本語に翻訳され、広く紹介されることが大いに期待されるところだろう。

【参考文献】

芥川竜之介『侏儒の言葉／文芸的な、余りに文芸的な』岩波書店［岩波文庫］、二〇〇三年。

アルフィエーリ、V『アルフィエーリ悲劇選 フィリッポ サウル』菅野類訳、幻戯書房、二〇二〇年。

石井三記『18世紀フランスの法と正義』名古屋大学出版会、一九九九年。

ヴェントゥーリ、F『啓蒙のユートピアと改革』加藤喜代志、水田洋訳、みすず書房、一九八一年。

エーコ、U『イタリア語で読むウンベルト・エーコの『いいなづけ』』白崎容子訳・解説、NHK出版、二〇一八年。

北村暁夫・伊藤武（編著）『近代イタリアの歴史』ミネルヴァ書房、二〇一二年。

京藤哲久「ベッカリーア研究の現段階」、東京刑事法研究会編『啓蒙思想と刑事法（風早八十二先生追悼論文集）』勁草書房、一九九五年、五五―一〇六頁。

ギンズブルグ、N『マンゾーニ家の人々』須賀敦子訳、白水社［白水Uブックス］、二〇一二年。

黒須純一郎『チェーザレ・ベッカリーア研究――『犯罪と刑罰』・『公共経済学』と啓蒙の実践』御茶の水書房、二〇一三年。

霜田洋祐『歴史小説のレトリック：マンゾーニの〈語り〉』京都大学学術出版会、二〇一八年。

堤虎男『レオパルディ研究』村松書館、一九八八年。

夏目漱石『虞美人草』新潮社［新潮文庫］、二〇一〇年。

野上彌生子『野上彌生子全集』第二期第一八巻、岩波書店、一九八七年。

古田耕史『ジャコモ・レオパルディ――ロマン主義的自然観と〈無限〉の詩学』春風社、二〇二一年。

ベッカリーア、C『犯罪と刑罰（封建的刑罰制度の批判）』風早八十二訳、刀江書院、一九二九年。

――『犯罪と刑罰』風早八十二・風早二葉（のちに五十嵐二葉に変更）訳、岩波書店［岩波文庫］、一九五九年。

――『犯罪と刑罰』小谷眞男訳、東京大学出版、二〇一一年。

——『公共経済の諸原理』三上禮次訳、九州大学出版、一九九七年。
堀田誠三『ベッカリーアとイタリア啓蒙』名古屋大学出版会、一九九六年。
マンゾーニ、A『婚約者』（上・中・下）フェデリコ・バルバロ、尾方寿恵訳、岩波書店［岩波文庫］、一九七三年。
——『いいなづけ 一七世紀ミラーノの物語』（上・中・下）平川祐弘訳、河出書房新社［河出文庫］、二〇〇六年。
森英樹『マルクス主義法学の史的研究』日本評論社、二〇二二年。
レオパルディ、G『カンティ／オペレッテ・モラーリ』脇功、柱本元彦訳、名古屋大学出版会、二〇〇六年。
——『断想集』國司航佑訳、幻戯書房、二〇二〇年。
Beccaria, C., *Dei delitti e delle pene*, a cura di Gianni Francioni; con Le edizioni italiane del *Dei delitti e delle pene*, di Luigi Firpo (Edizione nazionale delle opere di Cesare Beccaria, vol. 1), Milano, Mediobanca, 1984.
—— *Dei delitti e delle pene*, a cura di Franco Venturi, Torino, Einaudi, 1965.
Doi, H., *Leopardi pessimista ensei: un secolo di ricezione in Giappone*, in *Interlinee: Studi comparati e oltre*, Firenze, Franco Cesati Editore, 2021, pp. 123-131.
Eco, U., *La storia de I promessi sposi*, Roma, Gruppo Editoriale L'Espresso S.p.A, 2010.
Leopardi, G. *Essays, dialogues, and thoughts of Count Giacomo Leopardi*, translated with an introduction and notes by Patrick Maxwell, London, W. Scott, 1893.
Manzoni, A., "Manoscritto cartaceo; 1841-1842 data stimata (terza redazione, definitiva, della Storia della Colonna Infame); cc. 164" (Milano, Biblioteca nazionale Braidense, Manzoniano, Manz.B.X.5), https://manus.iccu.sbn.it/cnmd/0000257246.
Squillace, D., 'Lettera agli studenti' https://www.liceovolta.it/nuovo/la-scuola/dirigente-scolastico/1506-lettera-agli-studenti-25-febbraio-2020（2022/9/10 閲覧）

第三章

ファシズム期と戦後

菊池　正和

一．同時代的なキャッチアップ

二〇世紀に入ると、通信技術や輸送手段の飛躍的な発達が情報の伝達のありかたを変えることになる。日本におけるイタリア人文学の受容においても、早期のあるいは同時代的なキャッチアップが可能になる。

たとえば、一九〇九年二月二〇日にパリの日刊紙『フィガロ』（*Le Figaro*）に発表されたフィリッポ・トンマーゾ・マリネッティの「未来派宣言」は、すでに同年三月一二日発の「むく鳥通信」（『スバル』第五號、五月一日発行）において、森鷗外により翻訳紹介がなされている。当時のメディア事情を考慮すると、ほぼ同時的な報道であったと言える。鷗外はマリネッティの作風を「詩はVictor Hugo調にNietzscheの哲學を加味したやうなもの」（森　一〇二）と評した後で、「未来派宣言」のマニフェスト一一項目を「未來主義の宣言十一箇條」として訳出している。過去や伝統との訣別を宣言し、攻撃性や暴力を謳い、電気や機械、科学

図1　「むく鳥通信」が連載されていた『スバル』誌

技術を称揚し、速度の美を主張し、戦争を世界の唯一の衛生法と嘯いた「未来派宣言」は、その後未来派同人が発表する様々な宣言や作品とともに欧米やロシアそして日本に至るまで様々な影響を及ぼすものであった。鷗外はこの通信の最後を「こいつを赤インクの大字で印刷した、幅一米長さ三米の廣告がMilanoの辻々に張り出されたのである。スバルの連中なんぞは大人しいものだね。はゝゝゝ。」（森　一〇四）と締めくくっている。

　自然主義文学に対抗し、新浪漫主義的・耽美的な芸術思潮の結集の場として雑誌『スバル』を創刊した鷗外であったが、同時代の欧州に起こった芸術運動の大胆な主張に強い衝撃を受けたのであろう。日本の国文学者である長谷川泉は、鷗外のこの笑いに「己をも含めて、新しがりやの『スバル』派の耽美の新様式の摸索と彷徨に衝撃を与え、かつは自嘲を洩らした心象」（長谷川　一四七）を読みとっている。

　ルイージ・ピランデッロの『作者を探す六人の登場人物』*Sei personaggi in cerca d'autore*（一九二一年、以

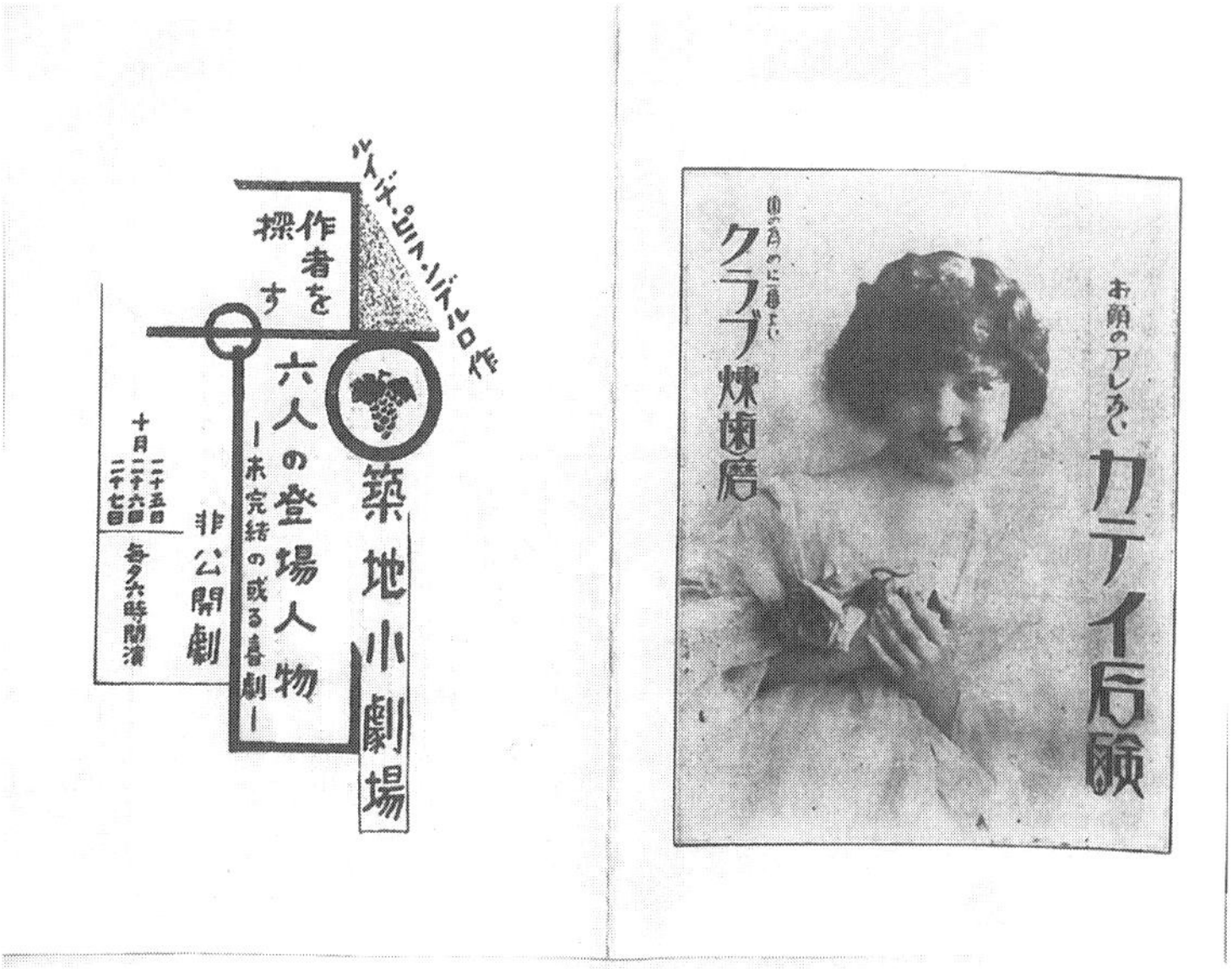

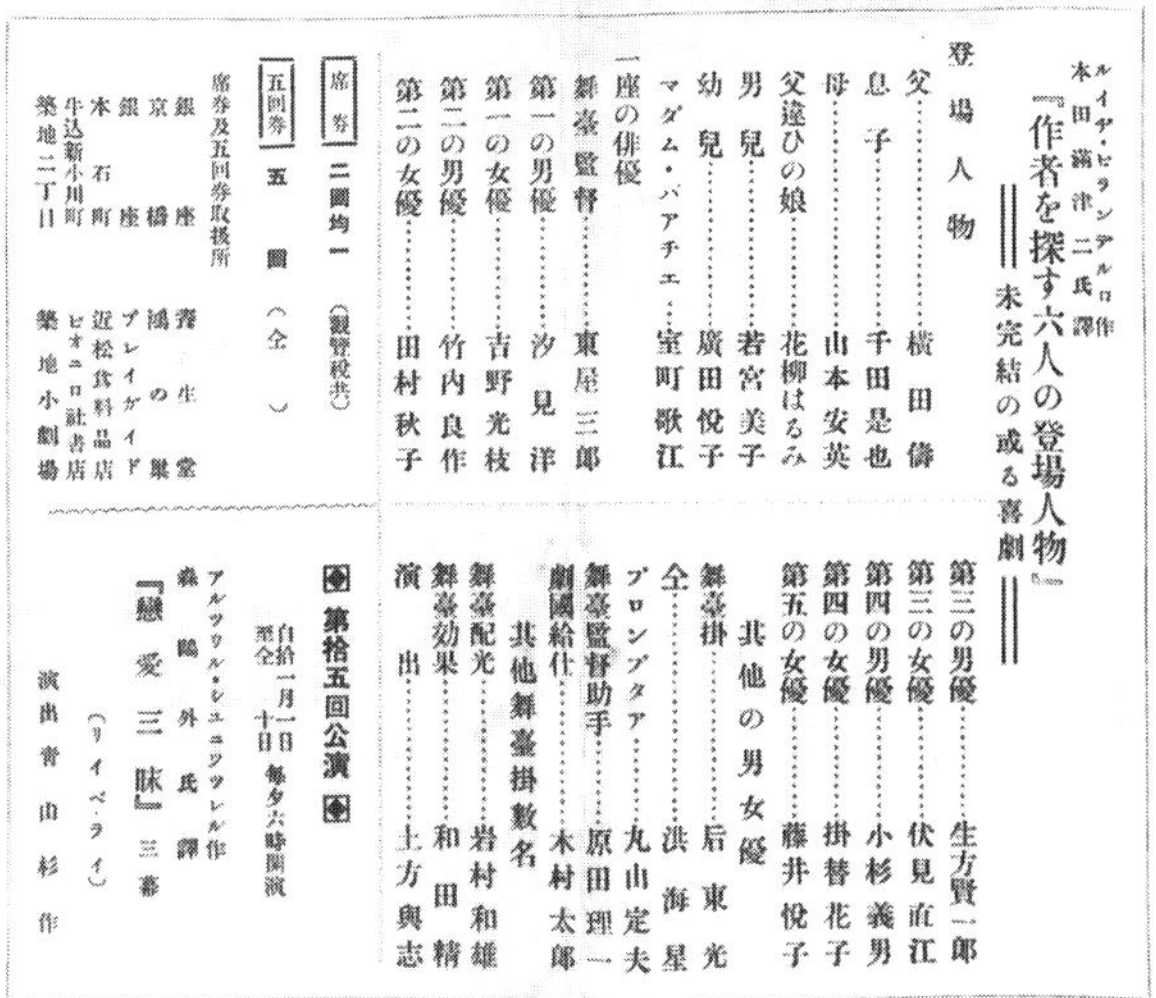

ルイヂ・ピランデルロ作
本田満津二氏譯
『作者を探す六人の登場人物』
＝未完結の成る喜劇＝

登場人物

父…………横田儁
息子…………千田是也
母…………山本安英
父達ひの娘…………花柳はるみ
男兒…………若宮美子
幼兒…………廣田悦子
マダム・パアチエ…室町歌江

一座の俳優

舞臺監督…………東屋三郎
第一の男優…………汐見洋
第一の女優…………吉野光枝
第二の男優…………竹内良作
第二の女優…………田村秋子
第三の男優…………生方賢一郎
第三の女優…………伏見直江
第四の男優…………小杉義男
第四の女優…………掛替花子
第五の女優…………藤井悦子
其他の男女優
舞臺掛…………后東光
仝…………洪海星
プロンプタア…………丸山定夫
舞臺監督助手…………原田理一
劇團給仕…………木村太郎
其他舞臺掛數名
舞臺配光…………岩村和雄
舞臺効果…………和田精
演出…………土方與志

席券　二圓均一（觀覽税共）
五回券　五圓（仝　）

席券及五回券取扱所
銀座　資生堂
京橋　鴻の巣
銀座　プレイガイド
本石町　近松食料品店
牛込新小川町　ヒオニロ社書店
築地二丁目　築地小劇場

◆第拾五回公演◆
自拾一月一日
至仝　十日　毎夕六時開演
アルツウル・シュニッツレル作
森鷗外氏譯
『戀愛三昧』三幕
（リイベ・ライ）
演出　青山杉作

図2　『六人』築地小劇場初演時の配役表

下『六人』と略記）の日本における受容も特筆すべき速さと言わざるを得ない。二〇年代のヨーロッパ演劇で最大の物議を醸し、その大胆な劇作法が現代演劇への端緒を開くことになるこの作品は、一九二一年五月九日にローマのヴァッレ劇場で迎えた初演こそ、あまりの新奇さに観客が理解できず怒号に包まれる結果となったが、その約四カ月後のミラノでの再演で成功を収めると国内外ですぐさま大きな反響を呼び、翌二二年のロンドンやニューヨークを皮切りに世界中で成功を重ねて行くことになる。

わが国においては、二四年の九月に本田滿津二が金星堂の「先驅藝術叢書」から『六人』の翻訳を刊行し、翌一〇月の二五日から二七日までの三日間、検閲のために非公開という形ではあったものの、同年六月に創立されたばかりの築地小劇場で上演されている。これは、演劇史に燦然と輝くジョルジュ・ピトエフ演出のパリ公演のわずか一年半後のことであり、マックス・ラインハルト演出のベルリン公演に二か月ほど先行していたのである。

以上、早期のあるいは同時代的なキャッチアップとして二つの事例を挙げたが、本章で扱う二〇世紀のイタリア人文学の受容を考えるにあたっては、それを通時的な変化の相において捉えるだけでなく、日伊両社会の共時的な関係性を常に視野に入れる必要があるだろう。世紀後半には航空機で両国を自由に行き来できるようになり、また電子メールの登場など通信技術も更なる進化を遂げて、文化の発信者と受信者、作家と翻訳者、研究者の直接的な交流が可能となった状況を鑑みれば尚更である。

二．イタリア文学受容の黎明――ダンヌンツィオ

二〇世紀前半に最も広く受容がなされたイタリア人作家といえば、ガブリエーレ・ダンヌンツィオであろ

う。日本の近代文学に重要な影響を与えたのみならず、彼は大衆層からも熱烈な支持を集めた。本章では、同時代的なキャッチアップに重点を置きつつも、通時的に日本の人文学におけるダンヌンツィオの足跡を辿ってみたい。

一八六三年ペスカーラに生まれたダンヌンツィオは、カルドゥッチの新古典派的な文体に影響を受けながらも、音楽的なことばの響きと豊饒なイメージのなかに官能性と生の頽廃を表現した一連の詩集を発表して若くして注目を集めるようになる。また、ヴェルガやフランスの自然主義の影響のもとに生地ペスカーラを描いた短編集から出発した小説では、その後、薔薇小説三部作と称した『快楽』*Il piacere*（一八八九年）、『罪なき者』*L'innocente*（一八九二年）、『死の勝利』*Il trionfo della morte*（一八九四年）において、自らの耽美主義と社会的なモラルとの矛盾を芸術の名の下に正当化し、ニーチェの超人思想を利用して超克しようとする。その後、女優エレオノーラ・ドゥーゼとの交際を契機に『死都』*La città morta*（一八九八年）や『フランチェスカ・ダ・リミニ』*Francesca da Rimini*（一九〇一年）などの劇作にも手を染めるようになる。第一次大戦が勃発するとイタリアの参戦を主張し、自ら戦闘機に乗って敵国オーストリアの首都ウィーン上空からプロパガンダの詩を撒いたり、水雷艇でブッカリ湾に停泊中の敵船団を襲撃したりと積極的な行動に出る。また戦後は、講和条約で帰属が認められなかったアドリア海岸の港町フィウメへ義勇兵とともに進軍し、一年以上にわたりそこを占拠したりもしている。

ダンヌンツィオは、自身の人生を一個の芸術作品として捉え、できる限りそれが自らの美意識にかなうものとなるように飾り立てたと言える。このようなダンヌンツィオの人生観や英雄的な振る舞い、そして彼の作品の主人公たちの耽美的な生き方が、同時代の文学者や大衆までをも心酔させたのである。

わが国でのダンヌンツィオ受容において先駆的な役割を果たしたのは上田敏である。ダンヌンツィオについては、すでに一九世紀末より雑誌『帝國文学』において何度か言及していたが、その作風にまで踏み込んでその名を日本の読者に印象づけたのは、一九〇〇年六月に雑誌『太陽』に記した以下の評である。

> 近來ガブリエレ・ダンヌンチオの名聲頻に高く、全歐文の壇に紹介せられて、羅甸文藝復興の先驅と評らせらる（ママ）。イプセン、トルストイの影響を示し、またニイッチェの哲學に私淑せる蹤あり。「岩中の處女」、「死の勝利」等の小説は豊麗の散文を以て、奔放の想を行りしもの、極めて危険なる倫理觀も、華奢なる名文に隠されて人の感歎を強いむとす。（上田　一八九九）

ここには「ラテン・ルネサンス」の先駆者という西欧詩壇の評価に加え、壮麗な文体のうちに隠れた奔放な自意識と危険な倫理観といったダンヌンツィオ文学の要諦がすでに捉えられている。

上田はその後、いずれも英仏本からの重訳ではあるが、短編小説「鐘楼」*Campane*（一八八二年）や『死の勝利』からの抄訳「艶女物語」、「樂聲」を一九〇一年に刊行した翻訳集『みをつくし』の冒頭に配することになる。さらに、西欧の高踏派と象徴派の詩を紹介して、わが国の詩壇に極めて大きな影響を与えた一九〇五年刊行の訳詩集『海潮音』の巻頭と巻末にもダンヌンツィオの作品を二篇ずつ配している。イタリア文学者の米川良夫（一九九一　二一二）はこの配置の意図として、巻頭に置かれた「燕の歌」（『フランチェスカ・ダ・リミニ』第三幕の一節）の「海のあなたの静けき国の／便もてきぬ、うれしき文を」という一節が「海外の新思潮の音信（たより）を磯波の轟きにのせて伝えようという心」にまさに沿ったものであったこと、そして巻末に置かれた「篠懸」（「太陽の歌」*Canto del sole* の一節）と「海光」（「告知」*L'annuncio* の一節）も「訳詩集全体のモチーフを円環的に浮き上がらせている」と指摘している。上田はダンヌンツィオをまさに西洋の新思潮の象徴として捉えていたということだろう。

上田敏の紹介の後、正宗白鳥や平田禿木を始め多くの作家や批評家が雑誌等でダンヌンツィオに言及し始めるのであるが、興味深いのが田山花袋と夏目漱石の反応である。花袋は、最初ダンヌンツィオの文章に「痛切なるあるもの」を感じるのは、「其の描寫が飽までも大膽に、飽までも露骨に、飽くまでも忌む所が無いから」（田山 一五九）と自らの自然主義に引きつけて評価していたが、その後ダンヌンツィオの作風に象徴主義への変化を見てとり訣別を宣言している。また漱石は、蔵書であったジョージナ・ハーディングの英訳版『快楽』や『死の勝利』の書き込みにおいて、ダンヌンツィオが描く恋愛の、現実のように見せかけた人工性や本能的で幼稚な情動などに対する嫌悪感を吐露している（平山 二六七–二六八、二八二）。

ダンヌンツィオ作品の初期の翻訳としては、大

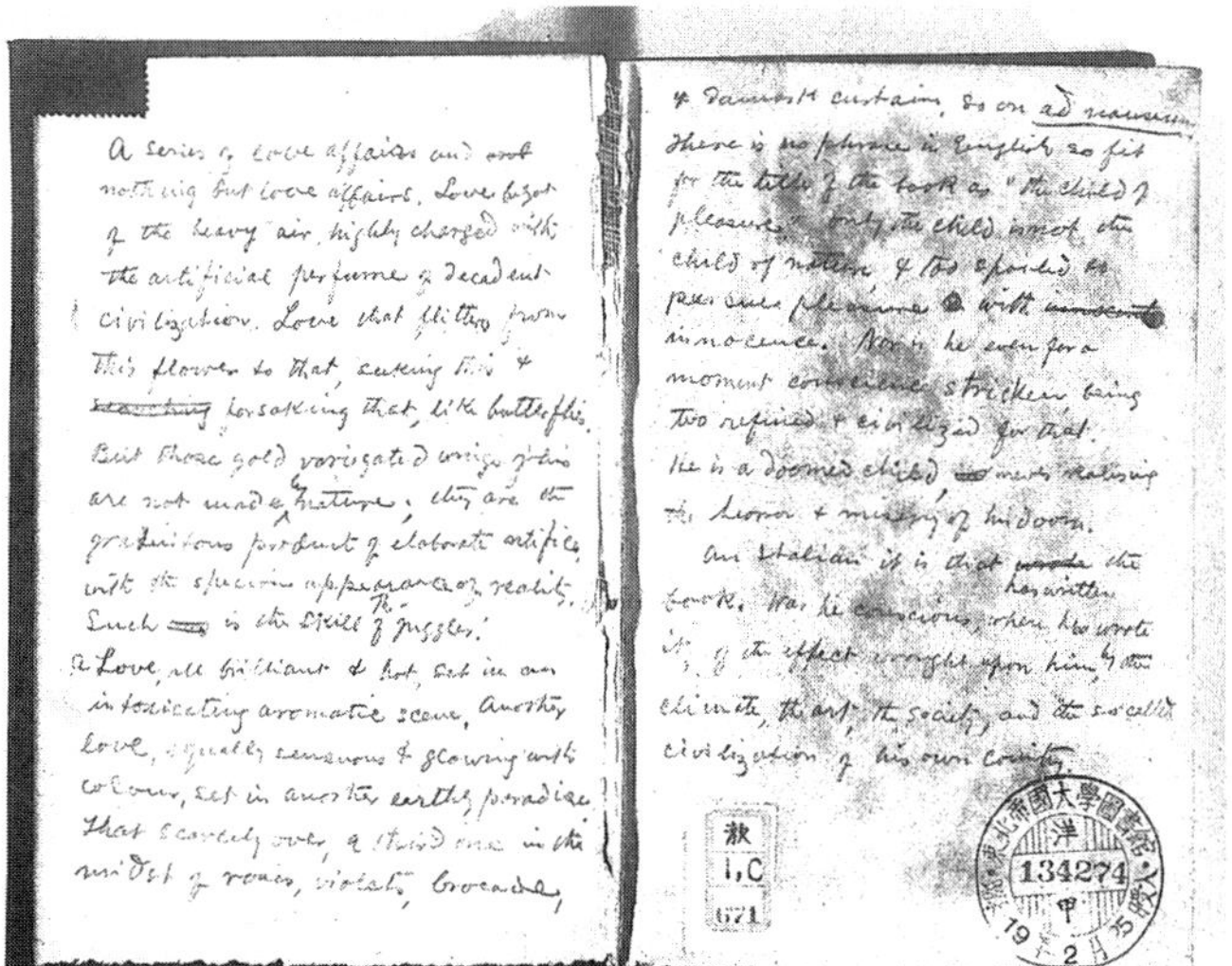

図３　『快楽』（英訳版）見返し、漱石肉筆の書き込み（東北大学所蔵）

久保栄が一九〇三年に雑誌『萬年艸』に発表した短編『銀の匙』*La fine di Candia*（一八八四–一八八六年）、森鷗外が一九〇九年に『歌舞伎』誌に載せた戯曲『秋夕夢』*Il sogno d'un tramonto d'Autunno*（一八九九年）、一二年の生田長江による『死の勝利』、一三年の矢口達による長編『巌の處女』*Le vergini delle rocce*（一八九五年）、一四年の日野月明紀による『ヂヨヴアンニ・エピスコーポ』*Giovanni Episcopo*（一八九二年）や森田草平による『快楽兒』などが挙げられる。多くは英訳や仏訳、独訳からの重訳であったが、生田の翻訳については、東京外国語学校の伊語学科を卒業し、一九三六年にはヴィットリアーレにいたダンヌンツィオのもとを訪れたことで知られる木戸俊夫に協力を乞うてイタリア語の原文も参照したとの訳者自身の言及があり、日野月の翻訳はイタリア語から直接全文を訳した初めての事例であると考えられる。

こうした経過を辿りダンヌンツィオの作品は受容されてきた。だが先にも述べたように、大正期の文学者や大衆層に共感を生み、彼らを心酔させたのは、作品の主人公たちが示した生き方であり、またダンヌンツィオ自身の冒険的な行動であった。それが極端な形であらわれたのが森田草平と平塚雷鳥の「塩原温泉心中未遂」である。一九〇八年、『死の勝利』に強く影響された森田が、それを実生活でなぞるかのように「閨秀文学会」での生徒であった平塚と死への逃避行を企てたのである。この事件は新聞を賑す醜聞に留まらず、森田が翌年その経緯を私小説『煤煙』に結実させたこと、またその後も森田、平塚のそれぞれが弁明にあたるような文章を発表し続けたこともあり、大正期の読者に広く知られることになった。

また、一九一九年の夏には『報知新聞』等でダンヌンツィオの日本飛来計画が伝えられたこともあり、作家自身に対する関心も高まりを見せる。同九月にダンヌンツィオがフィウメへ進軍したことで結局この来日は実現しなかったが、文芸誌『新潮』の一〇月号では「ダヌンチョ氏來朝の風聞に對して」と題して二八名の文人に、その感想と歓迎方法についてアンケートが実施されたほか、雑誌『詩王』一〇月号も「ダヌンチオ特輯号」として刊行された。

だが、その後フィウメを追われ、ガルダ湖畔に構えた邸宅ヴィットリアーレに隠棲したダンヌンツィオ自身の軌跡を追うかのように、日本におけるダンヌンツィオ熱も下火になっていく。それを端的に物語るのが、一九二八年出版の『椿姫。サフォ。死の勝利』に付された解説である。大正末期から昭和初期にかけて大きな文学潮流となった「新感覚派」の命名者として知られる千葉亀雄は、「ダンヌンツィオの名は、だん〳〵と過去の光榮の中に沈みつゝある。［……］たとへ新らしい業績を發表したとしても、もう昔日の魅味と情熱で、昔通り世界の讀者をつないでゆけるか、どうか」（千葉　一四）とダンヌンツィオを過去の作家と断じている。この千葉の評価に関しては、当時の日本におけるイタリアのイメージという観点から、イタリア文学者の和田忠彦が鋭敏かつ正鵠を得た解説を行っているので引用しておこう。

「新潮社世界文学全集」の一巻として読者のもとにダンヌンツィオがとどけられたとき、すでに読者はこの耽美的な作品を書くイタリア作家よりはるかに「現代的」なイタリアのイメージを手に入れていた。［……］古ぼけた十九世紀的世界を引きずった小説世界とはまったく別物の、きわめて「モダン」な新しい世界を垣間見ていたと考えることもできる。ファシズムという、芸術を凌駕したモダニズム現象としての政治が描きつつある世界像を前にしては、ダンヌンツィオも、「最も赫奕たる最後の残照」として、過去形で語られるほかなかったのかもしれない。（和田　一五五）

ファシズムが提示するイタリアのモダンなイメージに追い越されてダンヌンツィオが過去の人になったとすれば、再びダンヌンツィオを「同時代的な」受容へと引き戻したのは、同盟国となったイタリアの愛

図４　『日伊文化研究』
ダンヌンツィオ五周年忌記念特輯表紙

図５　『日伊文化研究』掲載
ダンヌンツィオ写真

国主義的な亡霊であった。日独伊三国同盟調印の翌年である一九四一年、京都大学イタリア文学講座の講師であった黒田正利は、日本放送協会で五回にわたり「熱血詩人ダンヌンチオ」と題したラジオ講話を行う。「殉国の志士としてのダンヌンチオの一面を紹介して見たい」（黒田 三）と勇み立つ黒田は、第一次大戦時の参戦運動からフィウメへの進軍、ムッソリーニとの関係に至るまでのダンヌンツィオの神話を雄弁調で語ることになる。こうした「愛国詩人」としてのダンヌンツィオの再評価は戦局の逼迫とともに進み、一九四三年には『日伊文化研究』で「ダンヌンツィオ特輯号」が組まれるが、その真意は編集後記に窺うことができる。

従來の文壇で、この近代イタリアの文豪が單に官能の詩人、頽廢の作家とのみ紹介されてきたことはダヌンツィオにとつて不幸であつたばかりでなく、我々にとつてもまた不幸であつた。第一次大戰に際會するや筆を劍に代へて起ち上つた彼、戰後イタリア政府の弱腰を尻目にかけて敢然軍をひきいてフィウメを占據した彼。さうした彼の行動は從來の文壇では、ただ一つの挿話の如くにしか考へられなかつた。しかしこの行動こそ洵に彼の詩人性から直接に生まれた、祖國へのやみ難き愛情であつた。いかにして彼が頽廢を超えたか、いかにして彼が官能から美を通して眞實の行動へと發展したか。讀者はいまこそ本誌によつてその詩人の必然の道を改めて認識されるであらう。（一一四）

愛国主義的な行動の称揚と国威の発揚こそが、当時の日本の読者に求められたダンヌンツィオ受容のありかたであったと言えるだろう。そうであれば、戦後の政治的な状況の変化において、ダンヌンツィオの名前や彼の作品が多くの人の記憶から消えてしまったとしても、それは歴史的な必然であったと言える。

戦後のダンヌンツィオ受容において特筆すべきは、三島由紀夫への影響とルキノ・ヴィスコンティの映画『イノセント』の日本公開（一九七九年）、そしてイタリア文学や比較文学の専門家による研究の三点であろう。三島が一九四六年一一月に雑誌『群像』に発表した『岬にての物語』と『死の勝利』との数々の符合については、評論家の村松剛や作家筒井康隆が指摘している。一九六六年に三島自身がダンヌンツィオの『聖セバスチャンの殉教』*Le Martyre de Saint Sébastien*（一九一一年）を翻訳したことも考え合わせると、三島自身明言こそしないものの、ダンヌンツィオの影響は少なからずあったと考えられる。

六〇年頃から、イタリア文学の研究者によるイタリア語からの翻訳や作品の論評などが出始めるようになる。特に重要なものとしては、一九九一年の三月から一一月にかけて『現代詩手帖』に連載された米川良夫による「イタリア文学夜話　ダンヌンツィオをめぐる九章」と脇功による薔薇小説三部作の個人訳（松籟社、二〇〇七―二〇一〇年）が挙げられるであろう。ダヌンツィオの受容史に関しては、本稿もその多くを負っている平山城児の『ダヌンツィオと日本近代文学』や村松真理子編の『ダヌンツィオに夢中だった頃』がすでに網羅的かつ詳細な研究成果を提供している。ここから出発して、まだ十分とは言えない、詩や戯曲をも含めた豊饒なテクストの紹介が一層進むことを期待してやまない。

三．ファシズム期の受容

三．一　受容精神の変遷

永井荷風は一九一三年に出版した西洋詩の翻訳集『珊瑚集』の序文で、江戸時代の鎖国政策当時の日本になぞらえながら、二〇世紀初頭の日本における外国文化の受容状況について嘆いている。

往時紅毛國の貿易船、長崎の互市場に來るや、邦人伊太利亜珊瑚珠の美と印度更紗の奇に驚き、争ひて此れを購ふもの多きに過ぎしかば、幕府爲に國内の金銀徒に海外に流出することを憂ひ、屡法規を設けて制壓を試みき。これ鎖國の世の有難き思召たり。今や開國の世となるに及び、邦人又争ひて海外の風物を迎へ、そが最も斬新奇抜なる藝術を鑑賞せずんば止まざらんとす。軍國政府爲に海外近世思想の侵入せんことを悲しみ時に其が妨止を企つ。これ忝けなき立憲の世の御仁世なり。我頃日辭典の助により辛くも譯し得たる西洋近代の詩若干ありしを、籾山書店の主人集めて一巻となすに當り、題して珊瑚集となしぬ。

海外の目新しい芸術や思想を歓迎しようとする国民の受容精神にもかかわらず、時の政府がそれを好ましく思わず、妨害していることに対する抗議が皮肉交じりに書かれている。興味深いのは、荷風が自らの西洋詩の翻訳集を江戸時代の伊太利亜珊瑚珠になぞらえ『珊瑚集』と題していることである。詩人でフランス文学者の安藤元雄は、大正期に『珊瑚集』が果たした役割として、「西洋への『あこがれ』の作用を後進の詩人たちに教えた」ことを挙げ、題名である「珊瑚」は、単なる高価な珍宝の意味ではなく、「伊太利亜珊瑚珠の美しさによって、美と現実との間に置かれるべき意図的な距離を具象化した」（安藤 七九）と述べている。当時、西欧の文化をどのように捉え、それをどのように受容していたかがよく分かる。ちなみにこの『珊瑚集』のなかで、荷風は「伊太利亜の閨秀文学」を取り上げ、一九二六年にノーベル文学賞を受賞することになるグラツィア・デレッダなど三人の女性作家を主に紹介している。

第一次大戦後も、そうした新奇性に対する驚きとあこがれに基づいた西欧人文学受容の姿勢は変わらなかったように思われる。一九二四年、金星堂の「先驅藝術叢書」創刊に先立ち、この叢書の広告が『世界文学』創刊号に出ているが、その宣伝文句は以下の通りである。

　「新しいものは新しいと云ふ事それ自身で充分なる存在價値を有する」［……］。表現派、未來派、立體派、ダダイズム ―― それ等の絶對的價値は暫くおくとしても、それ等が奮き外套を捨てゝ不斷に新しき時代に憧憬れて居ると云ふ事實だけにも充分なる存在理由があると言はねばならぬ。吾々はそれ等時代に先驅するものに依つて如何に廣く物を識り、如何に深く物を觀るを得たか知れない［……］。

旧態を打破して新奇を求める先駆性自体に、それを受容する価値や理由があるというのである。実際、未来派やピランデッロの初期受容においても、理解や価値判断よりも表現スタイルの革新や既成の形式の破壊という側面に焦点が当てられていた。一九二一年一二月、マリネッティの未来派宣言に呼応する形で平戸廉吉が「日本未来派宣言運動」と題したビラを日比谷街頭で撒いたとき、内容自体はマリネッティのいくつかの宣言をほぼ引き写した綱領的なものに過ぎず、ビラを撒くという表現スタイルに価値を認めていた。また『六人』の翻訳に付した序文において、本田満津二は、イプセン以降の伝統的な近代劇の形式やテーマに反抗する逆流が第一次大戦後に生じたとしてドイツの表現主義演劇やイタリアのグロテスク劇の運動などを挙げたのち、その受容について以下のように述べている。

吾々も亦この奮い型を破壊する運動には反對しなかつた［……］。寧ろ奮い傳統主義の破壊者を新興藝術家として迎へたところから見れば吾々は却て援助して來た事になる。然し、奮い物を毀して何を得たらうか。それは日尚淺い今、勿論、早計に即斷する事は出來ない。けれども［……］今迄只見慣れてゐると云ふ丈けの理由で親しみを感じてゐる既成の藝術を暫く忘れて、全く新らしい未成品を味って見る事の出來るのは、幸福なる吾々の特權であると思ふ。（本田　一―二）

伝統や形式を破壊した意義やその結果については判断を留保しながらも、新奇な芸術を受容できること自体に特権意識を見出している。

だが、こうした新奇性に対する驚きとあこがれに基づいた無邪気な受容は、ファシズムの台頭とともにその性質を変えることになる。イタリア文学者で戦前・戦後に多くの翻訳を残した岩崎純孝は、一九二七年『新潮』九月号に「ファシズム藝術論」を発表すると、三二年一月に結成された「日本ファッシズム聯盟」

ファッシズム
創刊に際し
天下に闡明す
日本ファッシズム聯盟
ファッシズムの辯證法
林癸未夫
ファッシズム文學論
岩崎純孝
序言

図6　日本ファッシズム聯盟機関紙『ファッシズム』創刊號

に加わり、直木三十五なども寄稿したその機関紙『ファッシズム』において「ファッシズム文學論」を連載する。彼は「文藝には革命的要素や豫言的使命の存在すべきが説かれてゐる」（岩崎　五八）として、ファシズム期におけるイタリア文学の動向を日本文壇に紹介する。国民意識の発揚につなげようとしたのである。戦局が逼迫する一九四三年に岩崎が著した『現代のイタリア文學』の表紙カバー裏には「行動理念を基調とする現代のイタリア文學の本質並びに思惟形式をぢかに理解することは、大東亞文化圏の確立を構想するわれわれに示唆するところ大なるものがあらう」と書かれている。受容に政治的な色彩が加わってしまったのである。

三・二　芥川龍之介のパピーニ受容

前節では、二〇世紀前半のわが国におけるイタリア人文学の一般的な受容のありかたを検証してきたが、ここで作家個人の人生に大きな影響を与えた特異な受容例を紹介したい。芥川龍之介のジョヴァンニ・パピーニ受容がそれである。

『西方の人』、『続西方の人』は、芥川が自裁を前にしてキリストの一生を自身の一生と相対化しながら描いたものとされている。『続西方の人』を「我々はエマヲの旅びとたちのやうに我々の心を燃え上らせるクリストを求めずにはゐられないのであらう」（芥川一九二七B　一〇）という言葉で脱稿した直後に自らの命を絶った芥川は、自身とキリストとの距離をどのように捉えていたのか。『西方の人』の末尾に登場する、キリストの一生を表現した「折れた梯子」が、「天上から地上へ登る」と描写されていた矛盾も相まって、長らく解釈をめぐって論争があった作品である。

これらの作品成立に影響を与えた書物のなかに、パピーニの『基督の生涯』*Storia di Cristo*（一九二一年）があった。一九二七年の一月に、芥川は雑誌『文藝春秋』の「文芸

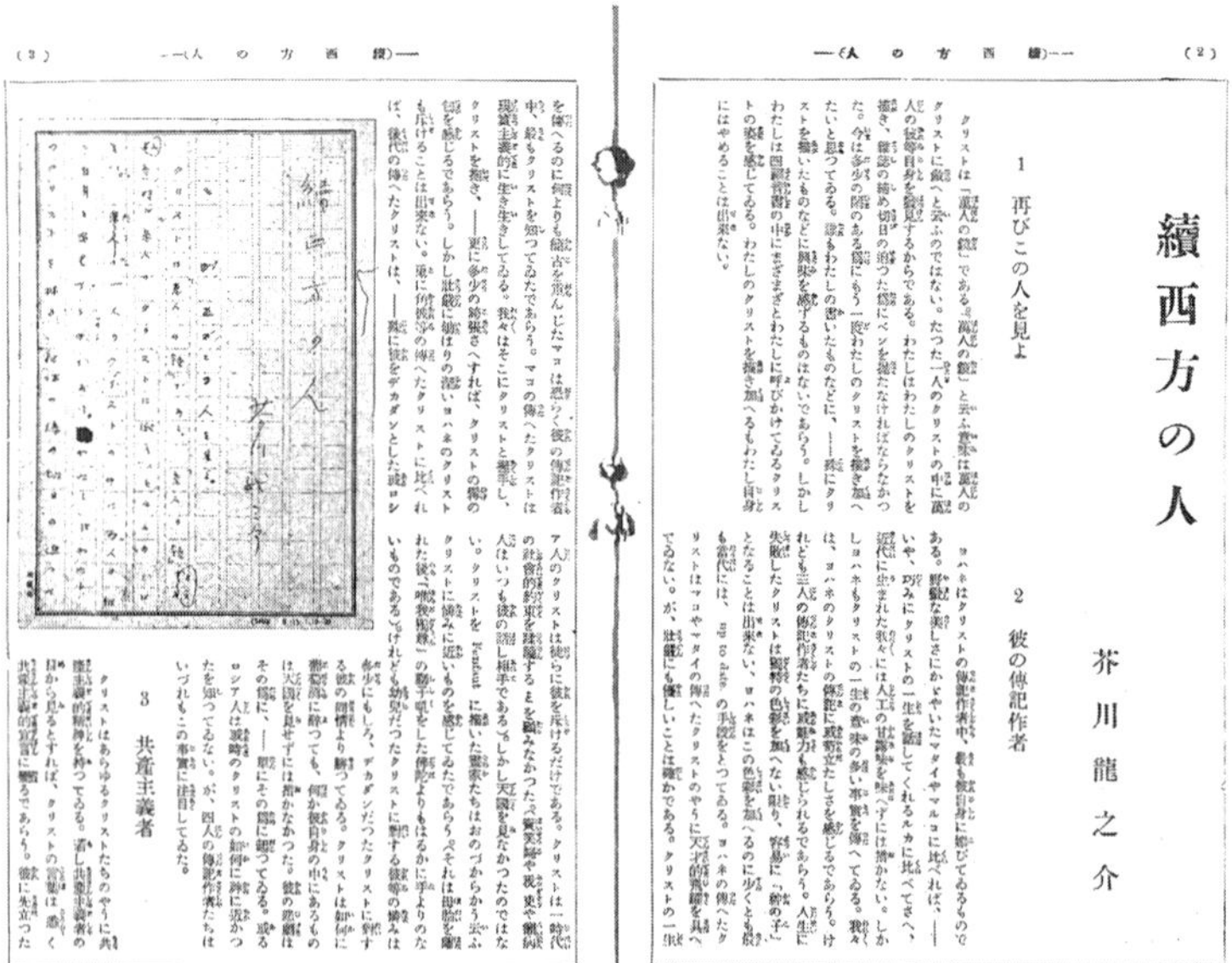

（2）　——（續西方の人）——

續西方の人

芥川龍之介

1　再びこの人を見よ

クリストは「萬人の鏡」である。「萬人の鏡」と云ふ意味は萬人のクリストに傚へと云ふのではない。たつた一人のクリストの中に萬人の彼等自身を發見するからである。わたしはわたしのクリストを描き、雜誌の締め切り日の迫つた爲にペンを抛たなければならなかつた。今は多少の暇のある爲にもう一度わたしのクリストを描き加へたいと思つてゐる。誰もわたしの書いたものなどに、——殊にクリストを描いたものなどに興味を感ずるものはないであらう。しかしわたしは四福音書の中にまざまざとわたしに呼びかけてゐるクリストの姿を感じてゐる。わたしのクリストを描き加へるのもわたし自身にはやめることは出來ない。

2　彼の傳記作者

ヨハネはクリストの傳記作者中、最も彼自身に媚びてゐるものである。野蠻な美しさにかゞやいたマタイやマルコに比べれば、——いや、巧みにクリストの一生を話してくれるルカに比べてさへ、近代に生まれた我々には人工の甘露味を味はせずには措かない。しかしヨハネもクリストの一生の意味の多い事實を傳へてゐる。我々は、ヨハネのクリストの傳記に或苛立たしさを感じるであらう。けれども三人の傳記作者たちに或親しみも感じられるであらう。人生に失敗したクリストは獨特の色彩を加へない限り、容易に「神の子」となることは出來ない。ヨハネはこの色彩を加へるのに少くとも後代には、up to date の手段をとつてゐる。ヨハネの傳へたクリストはマコやマタイの傳へたクリストのやうに天才的飛躍を具へてゐない。が、莊嚴にも優しいことは確かである。クリストの一生

を傳へるのに何よりも懷古を蔑んじたマコは恐らく彼の傳記作者中、最もクリストを知つてゐたであらう。マコの傳へたクリストは現實主義的に生き生きしてゐる。我々はそこにクリストと握手し、クリストを抱き、——更に多少の誇張さへすれば、クリストの髯の匂を感じるであらう。しかし莊嚴に飾はりの乏しいヨハネのクリストも斥けることは出來ない。現に何世紀かの傳へたクリストに比べれば、後代の傳へたクリストは、——殊に彼をデカダンとした或ロシア人のクリストは徒らに彼を斥けるだけである。クリストは一時代の社會的約束を蹂躙することを顧みなかつた。（賣笑婦や税吏や癩病人はいつも彼の話し相手である。）しかし天國を見なかつたのではない。クリストを Verlaine に描いた畫家たちはおのづからかう云ふクリストに憐みに近いものを感じてゐたであらう。それは都塵を離れた後、「唯我獨尊」の獅子吼をした佛陀よりもはるかに手よりのないものである。けれども幼兒だつたクリストに對する彼等の憐みは多少にもしろ、デカダンだつたクリストに對する彼の同情より勝つてゐる。クリストは如何に叛逆的に醉つても、何か彼自身の中にあるものは天國を見せずには措かなかつた。彼の悲劇はその爲に、——畢にその爲に起つてゐる。或ロシア人は或時のクリストの如何に神に近かつたかを知つてゐない。が、四人の傳記作者たちはいづれもこの事實に注目してゐた。

3　共產主義者

クリストはあらゆるクリストたちのやうに共產主義的精神を持つてゐる。若し共產主義者の目から見るとすれば、クリストの言葉は悉く共產主義的宣言に變るであらう。彼に先立つた

図7　『続西方の人』『改造』誌初出、芥川龍之介の肉筆も掲載

雑談」という短文のなかで「近頃また評判のパピニの『クリスト伝』と云ふものを読んだ」（茅野　六一）と記している。芥川の旧蔵書のなかにはメアリー・プリチャード・アグネッティによる英訳版（*The Story of Christ*）があり、傍線なども引かれているので、この英訳版で受容したと思われるが、一九二四年に大木篤夫による『基督の生涯』、柴田勝衛の『きりすと傳』と二つの邦訳も出されているので、これらも参照した可能性はある。

芥川がパピーニに惹かれた理由は、信仰に対する当初の侮蔑とそこからの回心という共通の軌跡にあったのだろう。『西方の人』の第一章において、芥川は「やつとこの頃になつて四人の傳記作者のわたしたちに傳へたクリストと云ふ人を愛し出した」（芥川　七五）と書いているが、生前未発表の断片「或る鞭」のなかでは、「僕は千九百二十二年来、基督教的信仰或は基督教徒を嘲る為に屡短編やアフォリズムを艸した。［……］僕は基督教を軽んずる為に反つて基督教を愛したのだつた」（佐藤　一三九）と、キリスト教への愛憎半ばする心情をもう少し正直に吐露している。こうしたキリスト教に対する態度の変化は、パピーニが『基督の生涯』の序文で告白する内容と相似している。

> 高慢で且つ動搖してゐた當時の著者は、そのペンをもつて彼以前殆ど何人も敢てしなかつた程の侮辱を、キリストに向つて與へたのである。然しながら、その當時から六年經つか經たないかの今日——それは彼の心の内外に於ける劇しい苦痛と荒廢との六年間ではあつたが——長い間の落着きのない黙想の結果、彼は數年前に始めた仕事を突然中止して、恰も彼以上の力強い權威によつて命令せられ勸告せられたかのやうに此のキリスト傳を書き始めた。（大木　二七―二八）

だが、第一次大戦の悲惨と戦後の荒廃を見て「人間の姿を以て此の世に現はれた神」（大木　二七）に救いを求め、同時代人を教化する目的でキリスト伝を書いたパピーニに影響を受けながらも、芥川は自裁というまったく異なる道を選ぶことになる。キリストの存在とその生涯に対して異なる解釈を与えていたのだ。先に触れた「梯子」をめぐる見解の相違がそれを示唆している。パピーニは信仰に対する絶対的な信頼を梯子に託している。

天は、キリストの降臨以前ほど、地から懸け離れてはゐない。ヤコブの神秘の梯子は、もはや隠者の夢ではなく、地上に、我々の居るこの地上にしつかりと立てられてゐる。そのうへ人間のために取りなす者が天上にゐる。〔……〕イエスを眼界から隠した五月の雲は、今なほ地上に低く漂ふてゐる。そして來る日も來る日も、疲れた、儚い人間の眼は天を仰ぎ見るのだ。その天から、イエスは、榮光の眩しくも恐ろしい輝きに包まれて現れ來るであらう。（大木　三八一―三八二）

一方、芥川の方では、キリストの人生に感動を表明するものの、その神性や信仰の意義については懐疑的である。現世と天上をつなぐ梯子は折れ、光に包まれたキリストが地上に降りてくることはない。

クリストの一生は見じめだつた。〔……〕クリスト教は或は滅びるであらう。少くとも絶えず變化してゐる。けれどもクリストの一生はいつも我々を動かすであらう。それは天上から地上へ登る爲に無殘にも折れた梯子である。薄暗い空から叩きつける土砂降りの雨の中に傾いたまゝ。……（芥川一九二七A　八八）

芥川はキリストをあくまでも「人の子」とみなし、その余りに人間的な姿の中に「我々のもとめてゐるもの」や「我々を虐んでやまないもの」（芥川一九二七A 八〇）を投影せずにはいられなかった。神性を持たないキリストでは芥川の生を支え切れなかったのであろう。

四．戦後

四．一　ネオレアリズモの初期受容

イタリア文学の新しい傾向がわが国に紹介されたのは、戦後比較的早い時期であった。イニャツィオ・シローネのドイツ語で書かれた短編集『パリへの旅』*Die reise nach Paris*（一九三四年）から、表題作と「狐」の二篇が、京都大学英文科教授であった菅泰男によって英訳から翻訳出版されたのは一九四六年九月のことである。菅はその「後記」において、イギリスの批評家の言葉を引いて「シローネは最早ファシズムといふ反動的欺瞞を排斥してゐるばかりではなくて、同様にファシズムに反對する革命黨派の偏狭なドグマと問題をもすべて斥けてゐる」と述べたうえで、「ユーモアの底に潜む廣い視界

図８　シローネ『パリへの旅』菅泰男訳（一九四六年）

と豊かな心情の故に、彼の作品は單なる反ファシズムの宣傳――政治小説に終わってゐない」(菅　一二八―一八九)と評している。この時点ですでにシローネ文学の核心を捉えていたと言えるだろう。

また、五〇年代初頭にアルベルト・モラヴィアの『めざめ』*Agostino*（一九四三年）やシローネの『フォンタマーラ』*Fontamara*（一九三三年）を翻訳したイタリア文学者の奥野拓哉も、ファシズム政権衰退期に芽生えた「政權の暴虐に對する抵抗の文學、即ち戰後の新しい文學活動の萌芽」(奥野　二二六)を指摘してシローネやモラヴィア、ヴィットリーニやレーヴィの名前を挙げた後で、彼らの文学を次のように評している。

シローネもヴィットリーニも人間の尊嚴を直感し、人間は人間を壓迫するすべての經濟的、社會的機構から優越したものであることを肯定し、倫理的本能を人間活動の全領域に押廣げようと主張する。そこで人間性をゆがめて、獨裁者への盲目的獻身を強いたファシズムに對して痛烈に反抗し、その社會にはびこる不正に對し、暴力に對して怒を爆發させ、これに抵抗して行く強い人間の姿を描き、團結と同胞愛を呼びかけようとする。ところが彼等の理想や主張も悲慘なイタリアの現實に直面すると足踏みする。しかし彼等は現實のみにくさに眼を覆おうとしない。壓制に苦しみ、不正がはびこる社會を勇敢に描寫し、鋭い觀察力で掘下げ、その中でもがき、苦しみながら生きのびようとする人間の姿を描こうとしているのである。單なる現實の描寫に止まらず、それを極度に押しすすめて行くことによって、ぬきさしならぬ現實の中にある燭光を摸索しようとしているのである。(奥野　二二九)

ここには「ネオレアリズモ」という用語こそまだ出てきていないものの、ファシズム統治下の過酷な社会に生きる人間の現実を真正面から見据えて、その緊張のなかで文学の果たすべき役割や作家の倫理的責務を問い続けたイタリアの新しい文学思潮が完全に捉えられている。わが国において、イタリアのネオレアリズモはその初期の段階から正当に受容されたと言えるだろう。

四．二　カルヴィーノの衝撃

五〇年代以降、イタリア文学の受容に関しては、イタリア文学研究者による翻訳や評論がその中核を担うことになる。その背景には、日伊協会の『日伊文化研究』、イタリア学会の『イタリア学会誌』、イタリア書房の『イタリア図書』といった学術誌の創刊があった。こうした学術誌を中心に、多くの作家の様々な作品が紹介・論評されて受容されたのである。こうした受容の概況に関しては米川（二〇〇二）や堤（二〇一九）の論文に譲るとして、本節では、イタリア文学研究者の枠を超えて日本の人文学に広く衝撃を与え、様々な受容を生んだ点を考慮してイタロ・カルヴィーノを取り上げ、とりわけその初期の受容に焦点を当てて考察したい。

カルヴィーノは、作品ごとにテーマや手法を大胆に変えて多彩な作品を残したためにその軌跡が描きにくい作家であるが、主要な作品をつないでその大まかな傾向を概観すると以下のようになる。初期短編の多くと長編第一作の『蜘蛛の巣の小道』*Il sentiero dei nidi di ragno*（一九四七年）では、自らも参加したパルチザン闘争をネオレアリズモ的手法で物語る。その後、五〇年代という特異な歴史的時間に生きる人間存在の苦悩とそこからの脱出願望を、寓意的な手法に託して《我らの祖先》と題された三部作『まっぷたつの子爵』*Il visconte dimezzato*（一九五二年）、『木のぼり男爵』*Il barone rampante*（一九五七年）、『不在の騎士』*Il cavaliere inesistente*（一九五九年）に結実させる。六〇年代にはいると、宇宙や生命の起源をテーマに『レ・

コスミコミケ』*Le cosmicomiche*（一九六五年）、『柔かい月』*Ti con zero*（一九六七年）といったSF的な趣向へと傾き、七〇年代には、『見えない都市』*Le città invisibili*（一九七二年）や『宿命の交わる城』*Il castello dei destini incrociati*（一九七三年）において、空想上の都市をめぐる報告と応答やタロットカードによる組み合わせといった語りの装置を駆使して自身の物語論を提起するとともに、読者を主人公とした『冬の夜ひとりの旅人が』*Se una notte d'inverno un viaggiatore*（一九七九年）では読者論を展開する。カルヴィーノの歩んだ軌跡は、物語のあらゆる可能性を渉猟し、あらゆる書物を書こうとした試みの連続であったと言える。

日本での受容に目を移すと、その順序はこうしたカルヴィーノの軌跡とは必ずしも一致しない。日本に初めて紹介されたカルヴィーノ作品は、一九六四年に米川良夫により翻訳された『木のぼり男爵』であった。その解説において米川は、いわゆる「ネオレアリズモ文学」が行き詰まりを見せていた時期にあって、《我らの祖先》三部作は「レアリズムの文学の側からする、自己の立場の再検討」であると同時に、フランス文学における《反小説》や英米文学における《ビートニックス》といった「新傾向にたいする抵抗の試み」（米川一九六四　三〇四）であったとする。寓話的な要素についても指摘していたとはいえ、まずはレアリズムの作家としてカルヴィーノを位置づけていた。

だがその後、六〇年代後半から七〇年代前半にかけて翻訳された作品が、六八年『マルコヴァルドさんの四季』*Marcovaldo ovvero Le stagioni in città*（一九五八年）、六九年『カナリア王子』（『イタリア民話集』*Fiabe Italiane*, 一九五六年の抄訳）、七一年『まっぷたつの子爵』、『柔かい月』であったこともあり、七〇年代まではファンタジー作家としての受容が先行していたと言える。実際、作家である黒井千次が七一年に雑誌『群像』に発表した評論「小説の外に立つ小説」を除いて、七〇年代半ばまでに出されたカルヴィーノに関する評論は、七五年に雑誌『日本児童文学』の「特集 現代世界の児童文学作家」に掲載された三本だけであった。

黒井は小説という形式への信頼が失われ、小説の危機が指摘されていた時期にあって、カルヴィーノの『柔かい月』を読み、「本来きわめて自由な形式を持」ち「時として自由気儘に他領域に踏み込んで平気な顔をしている筈の小説なるものを、ぼくらはしかしあまりに限定的にしか受けとめていないのでなかろうか」と自問する。そして、『柔かい月』は、「小説の破壊とか、小説の枠を突き破ったものとか言われる以上の何ものか［……］あえていえば初めから『小説』の外に立っているのではなかろうか」と述べる一方で、この作品の奇妙な現実感覚を「気がつくとぼくらはしかしまぎれもなく生きてしまっている。だから、これは小説なのだ。大状況の小説なのであり、超現実の、ではなくアブストラクトの小説なのだ」とも力説する（黒井 二五二―二五四）。小説の定義と可能性をめぐるこうした逡巡は、黒井が七一年の時点においてすでにカルヴィーノ文学の核心に近接していたことを示している。

一九七六年、カルヴィーノは国際文化交流基金の文化使節として来日し、自身の作品の翻訳者であった米川良夫や河島英昭、脇功らと交流している。これ以降、作家とその翻訳者・研究者が直接やり取りを交わし、知遇を得て、その作品や思想を受容するというありかたも増えてくるのである。

その後八〇年代にかけてカルヴィーノの主要な小説や編纂した民話集などが次々と翻訳される。初期の短編や評論集などの翻訳は九〇年代以降になるので網羅的とは言えないが、八〇年代においてようやく日本の読者は、初期のネオレアリズモ的手法の作品からポストモダン文学とも称される晩年の作品に至るまで、カルヴィーノ文学の全体像を見通せるようになるのである。

その時期までの受容の総括として、カルヴィーノの没年に出版された雑誌『ユリイカ』のカルヴィーノ特集号に触れて本節を終えることにしたい。この特集号には、「カルヴィーノ評集成」として、パゾリーニや

図 9　『ユリイカ』「カルヴィーノ特集号」
（青土社、1985 年 9 月）

モラヴィア、エーコといった同時代のイタリア人作家をはじめ、日本のイタリア文学者や作家・評論家、さらには他分野の研究者までもが評論を寄せている。その中から、カルヴィーノ文学の出発点を掘り下げた河島英昭の論考とカルヴィーノ文学の全体をメタ・フィクションの視点から論じた高橋源一郎のインタビューを取り上げ、それぞれの受容について紹介したい。

「カルヴィーノ文学の原点」と題した評論において、河島はカルヴィーノ文学の原点が、文学的な流派などではなく、歴史的側面を持つ「クリマ」（精神的風土）としてのみ容認することが可能な「ネオレアリズモ」にあることを確認し、その歴史的側面として反ファシズムの熾烈なレジスタンス闘争と民衆の力による国土の解放を挙げる。その闘争において感じた「理性的でかつ情熱的な、社会的でかつ実存的な、集団的でかつ個人的な、そのような相反するエネルギーを同時に担った叙事詩の在り方が可能であること」（河島　一〇三）の確信こそがカルヴィーノ文学の原点であり、その叙事詩の在り方の検討こそがカルヴィーノ文学理解の枢要であるとする。そして、だからこそ、反ファシズム闘争の国内戦も民衆の力による国土解放もなく戦後をむかえた日本においては、カルヴィーノ文学の意義や魅力を語ることにためらいを覚えるとしながらも、「ネオレアリズモ」の「クリマ」から生まれた『蜘蛛の巣の小道』の分析の重要性を主張する。

一方、高橋は「映画のセットのような文学―バタンと倒れると何もなし」と題したインタビュー記事（高

橋　九〇–一〇二）のなかで、カルヴィーノの小説のメタ・フィクション性について論じている。カルヴィーノのスタイルが作品ごとに変化することについて問われた高橋は、その読書から受ける二重の印象として、面白く読めるという「非常に新鮮で単純な文学の直接的な喜びと、そこへ到達するための文学的実験」を挙げ、それはメタ・フィクションの機能であるとする。そして、カルヴィーノのこうしたメタ・フィクションへの傾倒は、戦後の感情の磨滅と現実の変化のなかでネオレアリズモ文学が行き詰まりを見せたときに、「ファンタジーをつくることで、ある喪失感を表わすことができた」ところから始まったとしている。物語を寓話化したことで、作者も読者も必然的に背負わされていた「知的な武装」を解除し、新鮮な感情を回復することができたのだと言う。そして、その後の様々な文学的実験も、現代的読者、すなわちどんな物語もフィクションであるという訓練を受けていて、自然主義の中途半端な虚構性に心理的に耐えられない読者に対して、メタ・フィクションのリアルを提示する一種の中心ずらしであったとする。また、作品の背後にあるものは何かと問われたカルヴィーノが、「無」であると答えたエピソードを挙げ、カルヴィーノのメタ・フィクションは「野っ原に置かれた映画のセット」のようなものであると指摘する。読者に作品というメッセージを伝え終えるとセットは解体され、後には何も残らない。だが、この「無」は冷たい空虚を意味するのではなく、存在しないものが目の前で存在させられていく喜び、つまり無から生まれる虚構の快楽という人間の原型的な感情を引きだすための場所であると結論づけるのである。

カルヴィーノ文学の核心にレジスタンス闘争における叙事詩の精神を見て取った河島と、ポストモダンを生きる同時代の作家としてカルヴィーノを評価した高橋。異なる視点からの両者の受容はまた、カルヴィーノ文学の多様で開かれた解釈の可能性を提示するとともに、その豊饒で尽きせぬ魅力をもわが国の読者に伝えることになったのである。

【参考文献】


芥川龍之介「西方の人」『改造』第九巻第八號、改造社、一九二七年A、七五-八八頁。

――「続西方の人」『改造』第九巻第九號、改造社、一九二七年B、二-一〇頁。

安藤元雄「伊太利亜珊瑚珠の美」『現代詩手帖』第一九巻第四号、思潮社、一九六三年、七六-七九頁。

岩崎純孝『現代のイタリア文學』育生社弘道閣、一九四三年。

上田敏「十九世紀文芸史」『太陽』第六巻第八號、博文館、一九〇〇年、一七六-一九八頁。

奥野拓哉「解説」、イニャツィオ・シローネ『フォンタマーラ』岩波書店、一九五二年、二二五-二三三頁。

河島英昭「カルヴィーノ文学の原点」『ユリイカ』第一七巻第九号、青土社、一九八五年、一〇二-一一五頁。

黒井千次「小説の外に立つ小説」『群像』第二六巻第三号、講談社、一九七一年、二五二-二五四頁。

黒田正利『熱血詩人ダンヌンチオ』日本放送出版協會、一九四一年。

佐藤善也『芥川龍之介のクリスト像 折れた梯子とエマヲの旅びとたち』近代文芸社、一九九七年。

菅泰男「後記」、イニャチオ・シローネ『パリへの旅』世界文學社、一九四六年、一三一-一四〇頁。

高橋源一郎「映画のセットのような文学―バタンと倒れると何もなし」『ユリイカ』第一七巻第九号、青土社、一九八五年、九〇-一〇一頁。

茅野直子「『西方の人』とパピニの『基督の生涯』」『青山語文』第四号、青山学院大学、一九七四年、六〇-七〇頁。

千葉亀雄「解説」『椿姫。サフォ。死の勝利』新潮社、一九二八年、九-一四頁。

田山花袋「露骨なる描寫」『太陽』第一〇巻第三號、博文館、一九〇四年、一五七-一六〇頁。

堤康徳「日本におけるイタリア文学紹介の状況　一九八〇年以降」『日伊文化研究』日伊協会、二〇一九年、一五-二九頁。

永井荷風『珊瑚集』籾山書店、一九一三年。

日伊協会編「ガブリエーレ・ダンヌンツィオ五周年忌記念特輯」『日伊文化研究』第一一號、一九四三年。

長谷川泉「芸術的近代派の胎動」『国語と国文学』三八巻一〇号、東京大学国語国文学会、一九六一年、一四六―一五六頁。

パピニ、G『基督の生涯』大木篤夫訳、前編・後編、アルス社、一九二四年。

平山城児『ダヌンツィオと日本近代文学』詩論社、二〇一一年。

本田満津二「序」、ルイヂ・ピランデロ『六人の登場人物』金星堂、一九二四年、一―一一頁。

前田晁編『世界文学』第一巻第一號、金星堂、一九二四年。

村松真理子編『ダンヌンツィオに夢中だった頃』東京大学教養学部イタリア地中海研究コース、二〇一五年。

森鷗外「むく鳥通信」『スバル』第五號、昴発行所、一九〇九年、九九―一〇四頁。

米川良夫「解説」、イタロ・カルヴィーノ『木のぼり男爵』白水社、一九六四年、三〇三―三〇六頁。

――「『海潮音』のなかのダンヌンツィオ」『現代詩手帖』第三四巻第六号、思潮社、一九九一年、二〇八―二一一頁。

――「我が国最近50年間におけるイタリア近・現代文学の研究（その1）」『イタリア学会誌』二〇〇二年、二八七―三〇八頁。

和田忠彦『ファシズム、そして』水声社、二〇〇八年、一四七―一五六頁。

第四章

女性の言葉による世界

山﨑 彩

一．はじめに

文学は長きにわたって男性の言葉で綴られてきた。今日では信じられないことだが、文学作品が描く想像の世界とは、もっぱら男性の眼差しの先に作り上げられたものだったのだ。無論、女性の書き手もいるにはいた。しかしごく限られた少数派であったことは否定できない。イタリアもその例外ではない。ルネッサンス期の女流詩人たちが何人か名を残していることを除けば、例えばイタリア女性初のジャーナリスト、マティルデ・セラオやシビッラ・アレラーモ、ノーベル文学賞を受賞したグラツィア・デレッダといった女性の名前が文学史に次々と登場するようになるのは一九世紀末から二〇世紀にかけてである。そして、日本での紹介が充実しているイタリアの女性作家と言えば、やはり第二次世界大戦後に登場した作家たちだ。

本章では、日本において複数の翻訳が出版されている、二〇世紀後半に活躍した女性作家、ナタリア・ギンズブルグ（一九一六―一九九一）、エルサ・モランテ（一九一二―一九八五）、ダーチャ・マライーニ（一九三六―）の三人を取り上げ、その後で、それ以外の女性作家、また二〇〇〇年以降に活躍している作家たちの紹介について書く。作家の受容と紹介のされ方はそれぞれ異なり、例えば、同じ二〇世紀後半に活躍した作家でも、須賀敦子の翻訳やエッセイによって広く知られるようになったギンズブルグと、近年になってやっと本格的な紹介がおこなわれたモランテでは事情がまったく違う。そこですべての作家を同じレベルで論じることはできなかったことをあらかじめお断りする。

二．ナタリア・ギンズブルグと須賀敦子

ナタリア・ギンズブルグは、イタリアの二〇世紀でもっとも重要な作家のひとりとみなされている。ギンズブルグの作品は「家族」をテーマにしたものが多く、なにげない会話や書簡といったものから、人間同士のつながりの実体を鋭く浮かび上がらせる。

ナタリア・ギンズブルグは、一九一六年にパレルモで生まれた。その後、病理学者の父親がトリノ大学の教授となったため、トリノへ移った。一家はユダヤ系のブルジョア階級に属し、両親は社会主義に共鳴する反ファシストだった。非常に知的な環境の中で成長したナタリアは一七歳のときから創作を始め、ナタリアの兄の友人であったレオーネ・ギンズブルグがその原稿を出版社に送ったことがきっかけで作家としてデビューする。一九三八年にはギンズブルグと結婚、三人の子どもを生む。しかし、一九四四年、レオーネはローマの刑務所で拷問死する。戦後、ギンズブルグはトリノのエイナウディ社で編集の仕事をしながら、小説を書いた。一九六三年、自伝的な小説『家族の言葉』*Lessico famigliare*（邦題「ある家族の会話」）が高く評

価され、ストレーガ賞を受賞した。その後は主に戯曲を発表するが、一九七三年に再び小説に戻り、書簡形式の『拝啓ミケーレ君』*Caro Michele* を発表した。その後、同様の手法を使った『マンゾーニ家の一族』*La famiglia Manzoni*（一九八三年）、『町と家』*La città e la casa*（邦題「モンテ・フェルモの丘の家」、原著一九八四年）を書いた。また、エッセイ集も一九六二年の『小さな徳』*Le piccole virtù* をはじめとして数冊出版している。七〇年代から次第に政治活動を活発化し、晩年の八〇年代には下院議員としても活動した。

ギンズブルグの作品を日本に紹介したのは、須賀敦子である。イタリア文学の研究者としてよりも、作家としてみなされることが多い須賀だが、イタリア文学者の武谷なおみが「日本文学の紹介者、イタリア文学者、翻訳家、教師、作家。須賀敦子には、五つの顔がある」（武谷 四一二）と述べているように、その業績は多岐にわたる。まず、イタリアにおいては、辞書もない時代に日本文学をイタリア語へ翻訳するという偉業を成し遂げている。日本へ帰国後は、イタリア文学の非常に優れた翻訳を発表した。さらに創作にも着手して珠玉のエッセイを遺し、日本ではあまり知られていなかったイタリアの作家や作品に関する情報を多くの読者のもとに届けた。加えて、これらの翻訳や執筆物、あるいは直接的な交流をとおして、次世代のイタリア文学研究者や翻訳者を薫陶したことも忘れてはならない。

須賀敦子は翻訳やエッセイを通じて多くのイタリアの作家を日本に紹介したが、なかでもギンズブルグは、やはり格別の思い入れがあった作家である。

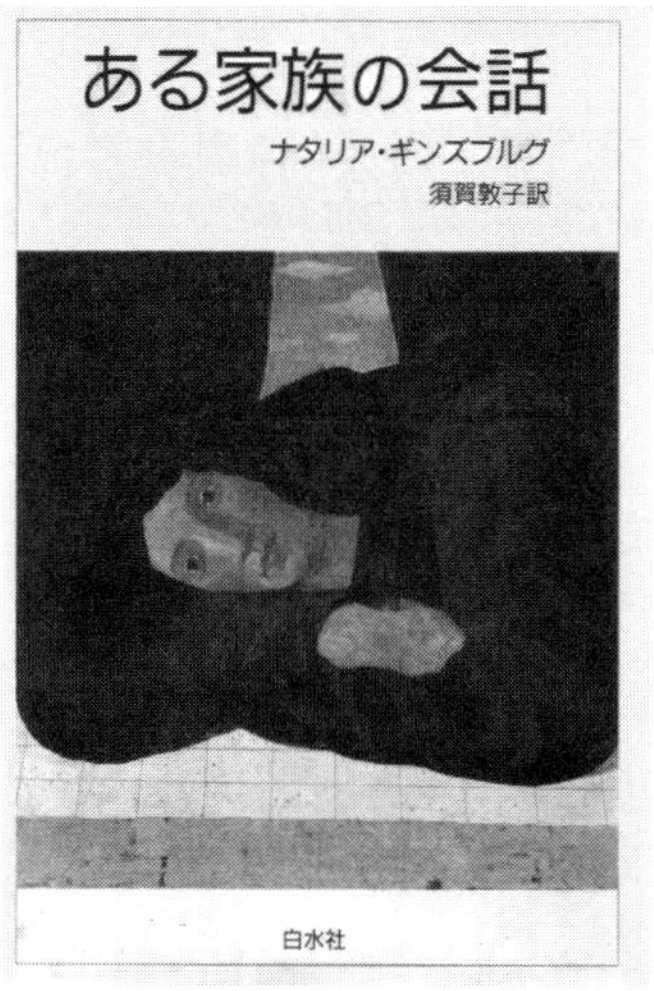

図1　ナタリア・ギンズブルグ『ある家族の会話』（須賀敦子訳、白水社）

図2　須賀敦子（1961年、コルシア・デイ・セルヴィ書店にて、神奈川近代文学館所蔵）

作品を紹介する論文を書き、翻訳を手がけ、エッセイにおいても何度か言及している。だが興味深いのは、須賀のギンズブルグ受容が、単なる紹介や翻訳の段階にとどまることなく、そこから自分の作品を創作する段階にまで達したことである。そこで、須賀がギンズブルグの作品をどのように自らの創作に取り込んでいったのかということを考察してみたい。

一九九五年に発表された『トリエステの坂道』には、ギンズブルグの『ある家族の会話』との出会いが以下のように回想されている。

ナタリア・ギンズブルグの自伝的な小説『ある家族の会話』をはじめて読んだのはもう三十年もまえのことで、そのころ私はミラノで暮らしていた。日本の文学作品をイタリア語に訳す仕事を始めてまもないころだったが、まだ自分が母国の言葉でものを書くことを夢みていた。（須賀二〇〇六B　四三八）

須賀はまずギンズブルグ作品の「はてしなく話し言葉に近い、一見、文体を無視したような、それでいて一分の隙もない見事な筆さばき」（同書　同頁）に感嘆した。そしてその後に、「好きな作家の文体を、自分のもっとも近いところに引き寄せておいてから、それに守られるようにして自分の文体を練り上げる」（同書　四三九）ことによって、自分でも何か書けるのではないかと考える。「こうして『ある家族の会話』は、いつかは自分も書けるようになる日への指標として、遠いところに輝き続けることになった」（同書　四三九）。

それにしても、「好きな作家の文体を、自分のもっとも近いところに引き寄せておいてから、それに守られるようにして自分の文体を練り上げる」とは、いったいどんなことだろうか。

その手がかりを与えてくれるのは、『ある家族の会話』について書かれた一九九五年の論文「ナタリア・ギンズブルグの作品 Lessico famigliare をめぐって」（須賀二〇〇七　二七–四三）である。この論文について、須賀が日本語のエッセイや翻訳を発表するきっかけを作った編集者の鈴木敏恵は「ギンズブルグの文体を論じる箇所など、まるで彼女自身のことを書いているようで、私には興味深い」（鈴木　二三三）と述べている。また、「須賀敦子全集」に解説を書いた武谷なおみも、ここで抽出されるギンズブルグの「語りの様式」が、とりもなおさず須賀自身の語りの様式になっている

図３　日本オリベッティ広報誌「SPAZIO」1976 年 3 月、
ミケランジェロ生誕五百周年記念特集号（東京大学文学部所蔵）。
この号で須賀敦子は初めて日本語の翻訳を発表した。

と指摘する。

導き出されたキーワードを目にした読者は、今度はあっと驚くに違いない。「叙情性を本質とした言葉の詩学」「家族用語」「省略の文体」。これはまるで須賀敦子論ではないか。（武谷　三九六）

須賀はこの「Lessico famigliare をめぐって」の中で、ギンズブルグの文体における「強力な工夫」として、「饒舌」と「省略」が交互に用いられていることを看破している。まき散らされる言葉、あるいは不意の沈黙といった方法は、回想の中に登場する人物の心持ちを、その核心については言語化しないままで、しかし強力に醸し出す効果をもつ。須賀がギンズブルグの作品に見いだしたのは、このような回想における感情をどのように言語化するかという問題の解決方法だった。

この論考で須賀は、「回想のなかでもっとも痛みに満ちていてよいはずの、夫レオーネの死を告げる箇所」（須賀二〇〇　三四）における作者ギンズブルグの「沈黙」に着目する。そして『家族の会話』から次のような文が引用される。

社長は自分の部屋にレオーネの写真を掛けていた。うつむき加減で、眼鏡が鼻のうえで少しずれていて、黒くて濃い髪、頬には深いえくぼの刻まれた、女性のような手をした彼の写真であった。レオーネはドイツ軍占領下の凍てつくような二月のある日、ローマのレジナ・チェッリ刑務所のドイツ棟で亡くなったのだった。（ギンズブルグ一九八五　二〇三）

次は、この引用に対する須賀のコメント。

レオーネの肖像を壁に掛けたのはジュリオ・エイナウディであって、彼女自身ではない。そんなところに、ナタリアの忌避が読み取れるだろう。そして、淡々と、彼の無残な死が告げられるのだが、この文章が読者の心を打つのは、最後の“un gelido febbraio”（引用者註　凍てつく二月のある日に）という換喩的な表現によってである。作者は、そのこと自体ではなくて、彼が死んだ朝の冷たさをつけくわえることによって、彼女自身の恐ろしさを告げ、この文章を叙情的にむすぶのである。（須賀二〇〇七　三五）

もうひとつ、「夫の死」をあつかった別の箇所も須賀と一緒に読みたい。まずは『家族の会話』からの引用。

ローマにたどりついて私たちはやっと胸をなでおろし、私はこれでふたたび幸福な日々が戻ってきたと信じた。信じるだけの材料がそろっていたわけではないのだけれど、とにかく私はそう信じた。私たちの住所はボローニャ広場の近くだった。レオーネは地下新聞を主宰していて家にはほとんどいなかった。私たちがローマについて二十日目に、彼は逮捕された。そしてそれが別れだった。（ギンズブルグ一九八五　二一二）

この引用に対する須賀のコメントは以下の通り。

アブルッツォの流刑地から、たいへんな苦労をして子供たちといっしょに、「私」は、レオーネの待っているローマに着く。その「ほっとした」(tirai il fiato) から“felice”(引用者註　幸福な) という形容詞を経て、ローマの緊迫した生活を語ったあと、作者は、「彼には二度と会わなかった」(e non lo rividi mai più) という、これ以上みじかくなり得ない表現で、夫との永劫の分かれを読者に告げている。しかし、決定的に感情を伝えるのは、felice に対しておかれた、最後の“mai più”(引用者註　もう二度と) という絶望的な副詞句で、あとはすべて「行動で構築」され、感情のはげしさは、「省略」で表現されている。(須賀二〇〇七　三五)

「省略が、他のどのような叙情的形容よりも、深い悲しみと強い衝撃を表明しうることを、ギンズブルグは知っていた」(須賀二〇〇七　三六) と述べる須賀がギンズブルグから学んだことはなにか。まず、みずからの悲しみを他者の追悼の身振りに託して語ること。次に、情景描写を登場人物の感情の「換喩的な表現」として用いること。そして、行動 (あるいは饒舌で表層的なおしゃべりの言葉) のみを叙述することによって、その下にある心情を想起することであった。この論文が書かれたのは一九九五年だが、ここで指摘された表現方法は、実は須賀の特に初期の作品、『ミラノ　霧の風景』(一九九〇年) や『コルシア書店の仲間たち』(一九九二年) に、しばしば効果的に使われている。

須賀がエッセイを書いたのは、日本オリベッティの広報誌『SPAZIO』に寄稿したのが最初だが、その一番はじめの、つまり「作家」須賀敦子の誕生を告げるエッセイ「チェデルナのミラノ、私のミラノ」(一九八五年) を読めば、ギンズブルグに学んだ「省略」が既に用いられていることがわかる。引用するのは、「夫が死んでしばらくのころ」とさりげなく始まるエピソードである。菓子店に立ち寄った「私」に、レジの女性が夫の名を言って「私」が彼の妻ではないかとたずねる場面。

私がうなずくと、彼女の目はたちまち涙でいっぱいになった。まだお若かったのにあんなに急に亡くなるなんて、と彼女は言った。いい方でした。私はほんとうによくしていただいた。一度あなたにお目にかかってそれを言いたかった、と。老女と言ってよい年頃のその女性の言葉はどういうことか悲しみにあふれていて、私には思いがけなかった。（須賀二〇〇六Ａ 二）

突然涙ぐんだ見知らぬ「彼女」を「私」が戸惑いながら見ているという構図。ここでは他者の哀悼の身振りによって、そこに傍観者として立ち会う妻、すなわち「私」の悲しみがより強く喚起される。

感情そのものに言及しないという書き方は、同じく『ミラノ　霧の風景』に収録されたエッセイ、「遠い霧の匂い」のエピソードも同様である。「私たち」はローザという古典学者の友人を招いて食卓を囲む。霧が深いので、ローザは弟に車で迎えに来てもらうことになっていた。だが、ローザの弟、テミはなかなか現れない。

とうとう、ローザは窓を開け、霧の流れる外気に当たりながら、細い首を伸ばして、テミの車が来るはずの交差点の方角をじっと見透かしていた。

テミが、その週末、ピエモンテ地方のアルプス山脈までグライダーに乗りに行っていたこと、ローザを迎えに来るのはその帰りだったことを、彼女はその夜、私たちに言わなかった。それで、来ない、来ないと心配しているローザを、きっと急に都合が悪くなったのよ、と平気な顔でなぐさめて、彼女

のために タクシーを呼んだ。
翌日の新聞で、私たちはテミの操縦していたグライダーが、山に衝突して墜落し、テミが行方不明になったことを知った。生存の可能性は全くないという。雪が深くて、春まで事故の現場には登れない、と新聞は報じていた。（須賀二〇〇六A　一八―一九）

事故を予感している友人の不安、それを「平気な顔でなぐさめて」しまった「私たち」が事故を知ったときの衝撃と悲しみ、それらすべては出来事の外面をなぞるようにして描かれ、登場人物たちの心理については言葉にされない。読者はこの抑制された描写ゆえに深く心を揺さぶられることになる。さらに、文の最後に置かれた、結びの「雪が深くて、春まで事故の現場には登れない」という言葉は、ギンズブルグの『家族の会話』からの引用「凍てつく二月のある日に」と同じように、悲しみの深さ、絶望感とやりきれなさを表現する。

『ミラノ　霧の風景』最後を飾る「アントニオの大聖堂」では、夫の葬儀の場面が描かれる。これ以上はないほど哀切なこの場面も、「省略」によって構成され、「私」の悲しみは、他者の悲嘆の身振りによって表現される。

棺が教会から運び出されるというときに、アントニオだ、とだれかが言った。周りにいた人たちが道をあけたところに、アントニオが汗びっしょりになって、立っていた。手には半分しおれかけたエニシダの大きな花束を抱えていた。きみが好きだったから、そう言ってアントニオは絶句した。（須賀二〇〇六A　一八四）

葬儀に駆けつけ「汗びっしょりになって」立っている友人。手に持っている「半分しおれかけた」花束は、大切な人の死を前にした友人の打ちひしがれる様子を「換喩的に」表現しているかもしれない。と同時に、読者は、テクストには書かれていない、そこに立ち尽くしていたはずの「私」の心情はいかばかりであったかと想像し、胸を締め付けられることになる。アントニオの「きみが好きだったから」という唐突な言葉もまた、その言葉の下に言語化できない悲しみの深い海があることを強調しているだろう。

このようにして、須賀は、その創作的な執筆活動のはじめにおいて、ギンズブルグ『ある家族の会話』から悲しみや痛みの語り方を学んだ。ギンズブルグが用いたいくつかの方法を抽出し、それらをうまく混ぜ合わせ、自らの創作に使っていった。ギンズブルグの文体について須賀が指摘した特徴は、『ミラノ　霧の風景』、『コルシア書店の仲間たち』においては須賀自身の執筆物のところどころに、かなりはっきりと見られる。しかし、『ヴェネツィアの宿』以降、それらはあまり明白な形では現れなくなってゆく。ギンズブルグから学んだ方法を既に自家薬籠中のものとして使いこなす須賀が、文体をさらに洗練させていったということなのだろう。まさに、ギンズブルグの語りの様式を「自分のもっとも近いところに引き寄せておいてから、それに守られるようにして自分の文体を練り上げ」ていったのである。

三．エルサ・モランテと木村由美子・中山エツコ・北代美和子

二〇世紀を代表する女性作家として、ナタリア・ギンズブルグと並んでかならず名前が挙がるのが、エルサ・モランテである。しかし、その作風はギンズブルグとは対照的で、ギンズブルグが、家庭内のおしゃべ

りといった私空間の言葉をつなぎ合わせ、自身も属するイタリアの知的中流階級における家族の姿を「淡々とした筆遣い」（中山　五六七）で語るとすれば、「うそつきのエルサ」（須賀二〇〇六B　五三六）であるモランテは、例えばデビュー作『嘘と魔法』*Menzogna e sortilegio*（一九四八年）で、登場人物たちの激しい感情と大仰な身振り、彼らの栄枯盛衰を「十九世紀小説の趣をもつ絢爛たる筆致」（中山　五五三）で縦横無尽に描き出したように、その言葉の力で読者をすっかり魔法の国へ運び去ってしまうような作家である。

モランテは一九一二年にローマで生まれた。小学校の教師をしていた母親が娘の才能を見込んで原稿を出版社に持ち込んだことがきっかけで、十三歳頃から子ども向け雑誌に作品を発表し、原稿料を得るようになった。十八歳で家を出て自活するが、経済的には苦しく、さまざまな雑誌に、子ども向けの童話、大人向けの小説、さらにジャーナリスティックな記事まで、ありとあらゆる文章を書いて生計を立てた。その頃新鋭作家として注目を浴びていたモラヴィアと出会って一九四一年に結婚。一九四八年に長編小説第一作目にして最高傑作と目される『嘘と魔法』が発表される。以降、時間をかけてじっくりと大長編小説を書くようになる。一九五七年には『アルトゥーロの島』*L'isola di Arturo*を発表、ストレーガ賞を女性で初めて受賞した。一九六三年にはそれまでの短編小説を集めた『アンダルシアの肩掛け』*Lo scialle andaluso*が発表された。その後、一九七四年の『歴史』*La storia*は第二次世界大戦に翻弄されながらもなんとか生き抜こうとする庶民の姿を描いて大ベストセラーとなった。モランテの翻訳者でもある中山エツコによれば、「現在でもモランテといえば一般には特に『歴史』の作者として知られている」（中山　五五八）。モランテ最後の作品は一九八一年の『アラチェーリ』*Aracoeli*である。

モランテの作品は、過去に、『アルトゥーロの島』（『禁じられた恋の島』、大久保昭男訳、河出書房、一九六五）と『歴史』（『イーダの長い夜　ラ・ストーリア』、千種堅訳、集英社、一九八三）、それに童話『三つ編みカテリーナの素敵な冒険』が翻訳されている。しかし、それ以外は翻訳と紹介がない状態が長く続いた。しかし、近年になって、二〇〇八年に長編小説『アルトゥーロの島』が中山エッコの新訳で出たのにつづき、二〇〇九年には短編集『アンダルシアの肩掛け』が北代美和子によって全訳された。また、二〇一八年にはそれまでに未訳であった『嘘と魔法』が同じく北代美和子の翻訳によって世に出ることになった。エルサ・モランテの受容については、この近年の紹介ラッシュがどのようにして起こったのかということを書きたい。

最近の活発な紹介の舞台裏をのぞくと、そこにはひとりの編集者がいることがわかる。それは、須賀敦子を担当していた木村由美子（河出書房新社）である。木村は、須賀敦子の最後の長編作品『ユルスナールの靴』の編集にたずさわり、その後、全八巻・別冊一巻からなる『須賀敦子全集』を編纂した。また、ベストセラーとなった「池澤夏樹＝個人編集　世界文学全集」にも関わっている。

図4　エルサ・モランテ『嘘と魔法』
（北代美和子訳、河出書房新社）

須賀敦子は、そのエッセイにおいて、回想とイタリア文学の紹介とを交互に織りまぜて書き、それらは渾然一体となってひとつの世界を形成した。そこで須賀の文章に魅了された読者は、須賀が紹介するイタリア文学の世界にもまた惹かれたはずである。『嘘と魔法』を訳した北代美和子は、「モランテの壮大な長編小説『歴史』と『嘘と魔法』を読んでみようという気になったのは、確かに須賀さんのエッセイ「ゲットのことなど――ローマからの手紙」がきっかけだった」（北代　一一八）と述べている。同じようにして編集者の木村もまたモランテの翻訳を出版することを考えたようである。

そこで、木村は、まず、新訳による『アルトゥーロの島』を池澤夏樹による世界文学全集の一部として世に送り出した。翻訳は、かつて須賀敦子が木村に紹介した中山エツコが担当した。中山はヴェネツィア大学の講師を務め、翻訳ではカンポレージ、ランドルフィ、プラーツ、エーコなどの重量級の作品を手がけている。『アルトゥーロの島』が収められた巻には、合わせて須賀訳によるギンズブルグ『モンテ・フェルモの丘の家』も入っているが、巻末に収められた中山による「解説」および「年譜」は、ふたりの作者の生涯と作品について正確かつ詳細な情報を提供している。

次に、木村は、モランテの短編集の出版にもこぎつける。この短編集の全訳を手がけたのは、北代美和子である。フランス語の翻訳家として数多くの翻訳書を出した北代は、そのあいだにイタリア語も学び、イタリア語翻訳にもたずさわるようになっていた。先の中山エツコもそうだが、北代美和子もモランテの作品を愛読していて、特に『嘘と魔法』については「出版の可能性を度外視しても、この本を日本語にしたい」（モランテ二〇一八　四〇六）と思っていたという。だが、大部の『嘘と魔法』の翻訳出版は、なかなか実現に至らなかった。一方で、木村は「女性作家で良い作家がいるのに、翻訳が古い。新訳で読める本を作りたい」と女性作家の作品を集めた文学全集の企画を立て、その中に『嘘と魔法』の翻訳を入れようと考える。企画は順調に進展し、全集の編者を誰にするかが問題となる。このとき、編者に「須賀敦子」を立ててはどうかという案が、社長の小野寺優から出たという。こうして、池澤夏樹が「監修」、不在の作家、須賀敦子を「編者」とする文学全集「須賀敦子の本棚」が誕生し、そのうちの一冊として、モランテの最高傑作とも言われる『嘘と魔法』が日本に初めて紹介されることになった。膨大なページ数におよぶこの作品を翻訳したのも、北代美和子である。

ここで時間を一九四八年まで巻き戻してみる。エルサ・モランテは最初の長編『嘘と魔法』を書き上げ、当時エイナウディで働いていたナタリア・ギンズブルグに送ったところである。ギンズブルグはこれを編集長のチェーザレ・パヴェーゼに手渡すだろう。小説はエイナウディから出版される。ギンズブルグはモランテを高く評価していたから、自分の作品を訳した須賀敦子にもそれを語る。須賀は、後にエッセイの中でモランテについて書く。須賀のエッセイを読んだ北代美和子や木村由美子がモランテに関心を抱く。そして……。モランテのテクストは、このようにして、モランテからギンズブルグ、ギンズブルグから須賀敦子、須賀敦子から木村由美子、さらに中山エツコ、北代美和子へと引き継がれて、日本の読者に届くことになった。モランテがギンズブルグに最初の原稿を送ってから、半世紀後のことである。

四．ダーチャ・マライーニと望月紀子

モランテやギンズブルグより一世代若く、彼女たちを「私の母」と呼ぶダーチャ・マライーニは、先述した二人の作家よりもさらに強く「女性であること」を意識した書き手である。言葉によって戦うフェミニストであるマライーニは、詩、小説、戯曲、脚本、ルポルタージュといった、多岐にわたる作品をとおして、それまで語られることのなかった人々の物語を繊細な感性で汲み上げる。そして、男尊女卑の社会で虐げられてきた女性をはじめとして、社会から排除されてきた人々――虐待される子ども、同性愛者、精神病患者、受刑者――に言葉を、また尊厳を与えようとする。歴史小説的な枠組みの中で女性の精神的な自立を謳う小説『マリアンナ・ウクリーアの長い人生』*La lunga vita di Marianna Ucrìa*（邦題『シチーリアの雅歌』）

や、あるいは、過去の文学作品を女性の視点から読み直し書き直した戯曲『メアリー・ステュワート』*Maria Stuarda* に代表される一連の作品は、彼女の後に登場するイタリアの女性作家たちに少なからぬ影響を与えており、イタリア文学の世界に新しい道を切り開いた。

ダーチャ・マライーニは一九三六年フィレンツェに生まれたが、二歳のときに、人類学者の父フォスコに連れられて家族と共に日本へ移住している。一九四三年夏、イタリアが連合国に降伏すると、サロ共和国に忠誠を誓うことを拒んだマライーニ一家は名古屋郊外の強制収容所に送られ、その後約二年間、極度の飢えのために衰弱し、精神的にも追い詰められることになる。強制収容所での過酷な生活に打ちのめされた一家がイタリアへ帰国するのは一九四六年である。マライーニは十代後半から友人と文学雑誌を立ち上げたり、作家のアルベルト・モラヴィアが始めた雑誌「ヌオヴィ・アルゴメンティ」に短編小説を寄稿したりした。一九六二年には、十七歳の時から温めてきた長編小説『バカンス』*La vacanza* を出版する。このとき、出版社は、モラヴィアの序文を付けることを条件に出版を承諾した。翌年には第二作目の『不安の季節』*L'età del malessere* によって権威あるフォルメントール賞を受賞する。しかし、モラヴィアが審査員の一人であったため、受賞は激しい批判にさらされる。六〇年代半ばからは演劇活動に精力を傾けると同時に、ジャーナリストとしても仕事をした。その中で、ブラックパンサー党のキャスリーン・ク

図5　ダーチャ・マライーニ『シチーリアの雅歌』（望月紀子訳、晶文社）

リーバーにインタビューをしたことが転機となって、それまで「漠然と女であることに絶望していた」（望月二〇一五A 二三五）マライーニは、以降、社会的弱者や女性の権利といったことに目を向けるようになったという。

一九七三年には女性だけの劇団「ラ・マッダレーナ」を立ち上げ、さまざまな実験的な舞台を上演した。一九八〇年には戯曲『メアリー・ステュアート』を発表する。この作品は、「シラーの戯曲の自由な翻案」という副題をもち、イングランド女王エリザベス一世とスコットランド女王メアリーの関係を、女性同士の嫉妬や裏切りといった従来の（主に男性による）解釈とはまったく異なる視点で描きだした。一九九一年には魔女裁判にかけられた一六世紀の詩人ヴェロニカ・フランコ（一五四六‐一五九一）についての戯曲が発表されるなど、「神話や歴史上の女性たちの読み直し」（望月二〇一五A 二三九）作業はマライーニの重要なテーマとなる。

小説も旺盛に執筆し、一九八一年には書簡体小説『マリーナへの手紙』*Lettere a Marina*（邦題『別れてきた恋人への手紙』）、一九八五年には歴史検証と小説との間にあるような作品『イゾリーナ』*Isolina*（邦題『イゾリーナ　切り刻まれた少女』）を発表した。また、一九九〇年に発表された、一八世紀シチリアを生きた聾啞《ろうあ》の伯爵夫人の物語、長編小説『マリアンナ・ウクリーアの長い人生』は大ベストセラーになる。一九九三年の『バゲリーア』*Bagheria*（邦題『帰郷　シチーリアへ』）は前作の舞台であるシチリアのバゲリーアを回想した端正なエッセイである。九七年には小説『それだけでいとおしい』*Dolce per sé*（邦題『思い出はそれだけで愛おしい』）が出版された。二〇〇〇年代になってもマライーニの執筆意欲は衰えていない。

現在、私たちがダーチャ・マライーニの作品を日本語で読めるのは、望月紀子の仕事のおかげである。望月は一九八三年に「ダーチャ・マライーニの世界——女性形の文学を目ざして」（望月一九八三）という論

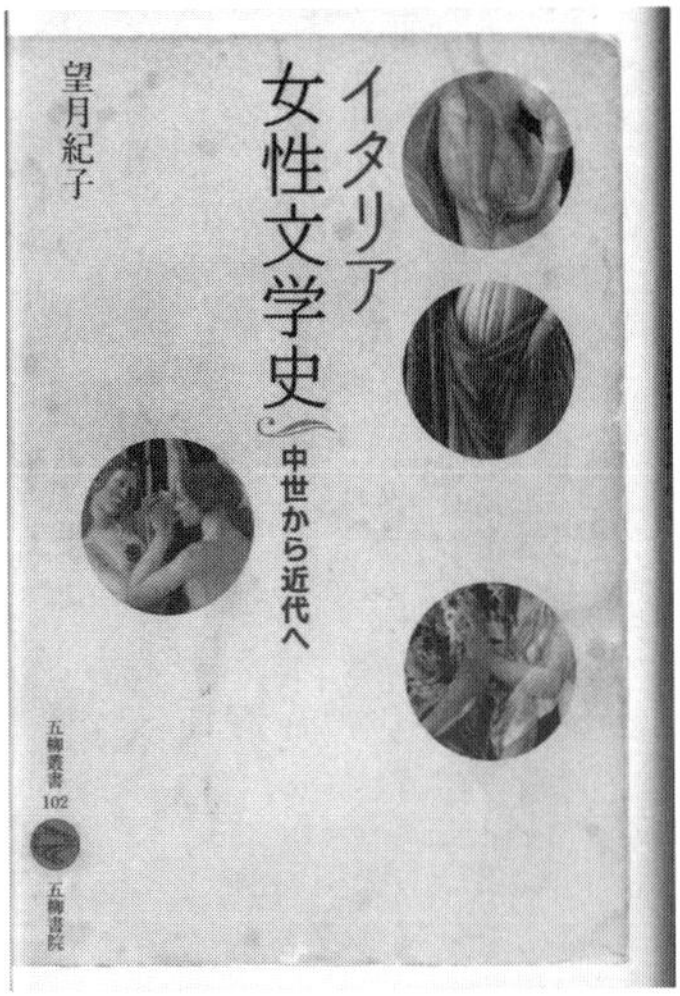

図6　望月紀子『イタリア女性文学史――中世から近代へ』（五柳書院）

文でマライーニについて紹介した後、一九九〇年に『メアリー・ステュアート』を翻訳したのを皮切りに、『マリアンナ・ウクリーアの長い人生』、『バゲリーア』、『イゾリーナ』、『マリーナへの手紙』を次々に翻訳した。また、二〇一五年にはダーチャ・マライーニの評伝『ダーチャと日本の強制収容所』を発表した。この評伝は、マライーニの『バゲリーア』（一九九三）、『神戸への船』*Nave per Kobe*（未邦訳、二〇〇一）に加えて、妹トーニの著書、母トパーツィアの日記に材を得て、マライーニ一家の強制収容所生活を描き出したものである。強制収容所での生活については既に父フォスコが彼の著書の中で語っているが、この評伝においては、マライーニ家の女性たちの視点から描かれているところが興味深い。また、ここで望月は一九八三年の論文で述べたことをさらに発展させて、ダーチャ・マライーニにとって「人の自由を奪って閉じ込める牢獄の存在とそれからの解放」（望月二〇一五A 二三二）が、作家としてもっとも重要なテーマとなっていること、またその根源には日本での強制収容所体験があることが指摘されている。

　望月紀子の仕事は、マライーニ紹介だけにとどまらない。マライーニがフェミニズムの旗手としておこなってきた、過去の女性たちに新たな光を当てる作業に呼応するようにして、二〇一五年に『イタリア女性文学史　中世から近代へ』を発表した。これは「驚くほど多様な才能が詰まっている」（望月二〇一五B 八）イタリアの女性文学を、アッシジの聖キアラ（一一九四―一二五三）から、一八世紀ナポリでパルテノペア共和国樹立のために活動し絞首刑となった詩人のエレオノーラ・フォンセーカ・ピーメンテル（一七五二―一七九九）まで紹介するという、たいへんな労作である。

五．そのほかの女性作家たちの翻訳紹介

ダーチャ・マライーニは二〇世紀を代表するイタリアの女性作家たちを「私の五人の母」と読んで敬意を捧げていた。その五人――アンナ・バンティ（一八九五―一九八五）、ラッラ・ロマーノ（一九〇六―二〇〇一）、エルサ・モランテ、アンナ・マリア・オルテーゼ（一九一四―一九九八）、ナタリア・ギンズブルグ――のうち、バンティとロマーノに関しては、残念なことに日本への紹介がほとんどない。ただし、ロマーノに関しては、越前貴美子が論文を書いている（越前 二〇一九）。オルテーゼについては、一九九三年に発表された大作『悲しみの鶸』*Il cardillo addolorato* を、イタリア文学者の村松真理子が翻訳している。ナポリを舞台とし、リアルと幻想が交差しているような独特の雰囲気の中でミステリーが展開するこの小説は、不思議な美しさを放っている。

最後に、二一世紀のイタリアの女性作家たちとその紹介についても触れておこう。特筆すべきは、二〇一九年に発表された短編小説のアンソロジー

図7　アンナ・マリア・オルテーゼ『悲しみの鶸』（村松真理子訳、白水社）

『どこか、安心できる場所で――新しいイタリアの文学』(コニェッティ他、二〇一九年)である。編者によれば、イタリアの「いま」を表現する文学を紹介するために、「できるだけいろいろな世代や多彩なキャリア、多様な背景の作家を選ぶ」(コニェッティ他　三二六)ことを心がけ、作家も翻訳者も男女比をほぼ等しくしたという。同時代の作家を紹介しようという翻訳プロジェクトはこれまでも試みられてきたが、紹介される側・する側の多様性に配慮した企画は今回が初めてであろう。ヘレナ・ヤナチェク(一九六四-)、イジャーバ・シェーゴ(一九七四-)といった、現在活躍中の、多様なルーツをもった女性作家たちが紹介されている。アンソロジーであればこそ紹介できたような実験的な短編小説も含まれているところが、この本の面白さである。

図8　パオロ・コニェッティ他著『どこか、安心できる場所で――新しいイタリアの文学』(関口英子他訳、国書刊行会)

最近は、女性作家によって書かれ、幅広い年代が楽しめる作品が何冊か翻訳出版されている。例えば、児童文学の分野ではイタリアを代表する作家となっているビアンカ・ピッツォルノ(一九四二-)。児童文学作品はイタリア文学者の長野徹が主に紹介と翻訳をしてきたが、ピッツォルノが二〇一八年に書いた「大人向け」の小説、『ミシンの見る夢』*Il sogno della macchina da cucire* は、お針子の少女がその職人技によって経済的にも精神的にも自立していく姿を描いた心躍る物語で、中山エツコが訳出している。同じくピッツォルノの作品『あたしのクオレ』*Ascolta il mio cuore* を訳した翻訳家の関口英子は、科学的な啓蒙書からピランデッロやプリモ・レーヴィといった文学作品まで、幅広い翻訳を手がけてきたが、近年では、ドナテッラ・ディ・ピエトラントニオ（一九六二―）『戻ってきた娘』*L'Arminuta*、キアラ・カルミナーティ（一九七一―）『十三枚のピンぼけ写真』*Fuori fuoco* といった同時代の女性作家の作品の紹介にも力を入れている。

　小説以外のジャンルについても触れておきたい。イラストレーターのエリーザ・マチェッラーリのグラフィック・ノベルで、芸術家の草間彌生の半生を描いた『KUSAMA――愛、芸術、そして強迫観念』（二〇二一年）は栗原俊秀によって翻訳された。また、アウシュヴィッツ強制収容所の体験を証言するリリアーナ・セグレ『アウシュヴィッツ生還者からあなたへ　14歳、私は生きる道を選んだ』（中村秀明訳、二〇二一年）には、セグレの最後の証言がインタビューと共に収録されている。

　これらの作品はどれも、多くの人に読書の喜びを与えると同時に、読者を新たな思考へと向かわせるものである。翻訳家の関口英子は、イタリア語で書かれた文学の奥深く魅力的な世界を、ごく一部の文学ファンを越えて、より多くの人に知ってほしいと考えて仕事をしているという。今日の閉塞感に満ちた日本社会において、外国文学を読むことは、新しい視座を得るための貴重な体験でもある。遠く離れた、歴史も文化もまったく異なる土地イタリアで女性の作家たちが綴った言葉は、魑魅魍魎が跋扈する島国に閉じ込められている私たちを、より自由で公平で豊かな世界へといざなっている。

図9　ビアンカ・ピッツォルノ『ミシンの見る夢』（中山エツコ訳、河出書房新社）

【参考文献】

オルテーゼ、A・M『悲しみの鶸』（上下巻）村松真理子訳、白水社、二〇〇〇年。

北代美和子「シチリアの海、須賀敦子、そして『嘘と魔法』」『文藝別冊 須賀敦子の本棚』河出書房新社、二〇一八年、一一六―一一九頁。

カルミナーティ、C『十三枚のピンぼけ写真』関口英子訳、岩波書店、二〇二二年。

ギンズブルグ、N『拝啓ミケーレ君』千種堅訳、早川書房、一九八三年。

――『ある家族の会話』須賀敦子訳、白水社、一九八五年。

――『マンゾーニ家の人々』須賀敦子訳、白水社、一九八八年。

――『モンテ・フェルモの丘の家』須賀敦子訳、筑摩書房、一九九一年。

――『わたしたちのすべての昨日』望月紀子訳、未知谷、二〇一四年。

――『夜の声』望月紀子訳、未知谷、二〇一六年。

――『町へゆく道』望月紀子訳、未知谷、二〇一六年。

――『小さな美徳』望月紀子訳、未知谷、二〇一七年。

――『須賀敦子の本棚3　小さな徳』白崎容子訳、河出書房新社、二〇一八年。

越前貴美子「ラッラ・ロマーノにおける言葉と視覚イメージの相関」『イタリア学会誌』イタリア学会、六九巻、二〇一九年、九五―一一七頁。

コニエッティ、P他『どこか、安心できる場所で――新しいイタリアの文学』関口英子・橋本勝雄・A・ラオス編、国書刊行会、二〇一九年。

須賀敦子『須賀敦子全集　第一巻』河出文庫、二〇〇六年A。

――『須賀敦子全集　第二巻』河出文庫、二〇〇六年B。

――『須賀敦子全集　第六巻』河出文庫、二〇〇七年。

鈴木敏江「哀しみは、あのころの喜び」『文藝別冊［追悼特集］須賀敦子』河出書房新社、一九九八年、二三八‐二四一頁。

セグレ、L『アウシュヴィッツ生還者からあなたへ　14歳、私は生きる道を選んだ』中村秀明訳、岩波書店、二〇二一年（岩波ブックレットNO. 1054）。

武谷なおみ「言葉の森の放浪者」『須賀敦子全集　第六巻』河出文庫、二〇〇七年、三九四‐四一二頁。

ディ・ピエトラントニオ、D『戻ってきた娘』関口英子訳、小学館、二〇二一年。

中山エツコ「解説」『池澤夏樹＝個人編集　世界文学全集Ⅰ‐12』河出書房新社、二〇〇八年、五四七‐五七一頁。

ピッツォルノ、B『ラビーニアとおかしな魔法のお話』長野徹訳、小峰書店、二〇〇〇年。

――『ポリッセーナの冒険』長野徹訳、徳間書店、二〇〇四年。

――『木の上の家』長野徹訳、汐文社、二〇〇六年。

――『赤ちゃんは魔女』杉本あり訳、徳間書店、二〇一〇年。

――『あたしのクオレ』（全二巻）関口英子訳、岩波少年文庫、二〇一七年。

――『ミシンの見る夢』中山エツコ訳、河出書房新社、二〇二一年。

マチェッラーリ、E『KUSAMA――愛、芸術、そして強迫観念』栗原俊秀訳、花伝社、二〇二一年。

マライーニ、D『不安の季節』青木日出夫訳、角川書店、一九七〇年。

――『バカンス』大久保昭男訳、角川書店、一九七一年。

――『メアリー・ステュアート』望月紀子訳、劇書房、一九九〇年。

――『シチーリアの雅歌』望月紀子訳、晶文社、一九九三年。

――『帰郷　シチーリアへ』望月紀子訳、晶文社、一九九五年。

――『イゾリーナ――切り刻まれた少女』望月紀子訳、晶文社、一九九七年。

――『別れてきた恋人への手紙』望月紀子訳、晶文社、一九九八年。

——『おなかの中の密航者』草皆伸子訳、立風書房、一九九九年。

——『思い出はそれだけで愛おしい』中山悦子訳、中央公論新社、二〇〇一年。

——『ひつじのドリー』望月紀子訳、未来社、二〇一六年。

望月紀子「ダーチャ・マライーニの世界——女性形の文学を目ざして」『海』一九八三年新年特別号、中央公論社、一九八三年、三八二–三九二頁。

——『ダーチャと日本の強制収容所』未来社、二〇一五年A。

——『イタリア女性文学史——中世から近代へ』五柳書院、二〇一五年B。

モランテ、E『禁じられた恋の島』大久保昭男訳、河出書房新社、一九六五年。

——『三つ編みカテリーナのすてきな冒険』安藤美紀夫訳、学習研究社、一九六六年。

——『イーダの長い夜　ラ・ストーリア』（全三巻）千種堅訳、集英社、一九八三年。

——『カテリーナのふしぎなお話』河島英昭訳、岩波書店、二〇〇二年。

——『アルトゥーロの島』中山エツコ訳、『池澤夏樹＝個人編集　世界文学全集I–12』河出書房新社、二〇〇八年。

——『アンダルシアの肩掛け』北代美和子訳、河出書房新社、二〇〇九年。

——『須賀敦子の本棚４　嘘と魔法・上』北代美和子訳、河出書房新社、二〇一八年。

——『須賀敦子の本棚５　嘘と魔法・下』北代美和子訳、河出書房新社、二〇一八年。

Ginzburg, N., *Opere*, vol. 1, Milano, Mondadori, 1986.

——, *Opere*, vol. 2, Milano, Mondadori, 1992.

Maraini, D., *Romanzi e racconti*, Milano, Mondadori, 2021.

Morante, E., *Opere*, vol. 1, Milano, Mondadori, 1988.

——, *Opere*, vol. 2, Milano, Mondadori, 1990.

Ortese, A.M., *Il cardillo addolorato*, Milano, Adelphi, 1997.

第二部

思想

第五章

中世から初期人文主義まで

星野　倫

一．はじめに

本章では、中世から初期人文主義の時代にイタリアの地で哲学・思想・宗教の分野に大きな足跡を残した五人の人物をとりあげる。他方、日本において彼らの受容を中心的に担った人物――単に一時的な関心からではなく自らの仕事の核にその受容を位置づけた人物――をそれぞれ一名ずつ選び、都合五組を軸として叙述を進める。托鉢修道会「小さき兄弟会」の創始者・聖フランチェスコと京都学派の流れを引く精神史家・下村寅太郎、スコラ哲学の頂点をなすトマス・アクィナスと一九六〇―七〇年代の京都大学中世哲学研究室を牽引した山田晶、『帝政論』で雄渾な政治哲学を提示した『神曲』の詩人ダンテと京大イタリア会の大賀寿吉、イタリア人文主義の先駆けとされる詩人ペトラルカと日本のペトラルカ研究を代表する近藤恒一、市民的人文主義者コルッチョ・サルターティとフィレンツェ人文主義の包括的研究を目ざした根占献

一、以上五組一〇名の仕事を見てゆくことにしよう。

二．聖フランチェスコ――下村寅太郎

フランチェスコ会の創始者アッシジの聖《サン》フランチェスコは、一一八二年、イタリア中部の山上都市アッシジの裕福な織物商人の家に生まれた。家業を継ぐ準備のため少年時代よりラテン語・フランス語を学習させられたが、本人は流行りの服を着て気前よく散財する陽気な青年で、吟遊詩人が歌う騎士道詩の影響のもと戦場に立つことを待ち望んでいた。やがて勃発したアッシジ対ペルージャの戦いに参加し、一年間の捕虜生活ののち帰郷、さらに大病を患う。スポレートで神の声を聞き、ようやく彼の目は内面に向かった。

洞窟での黙想や貧しい人々への喜捨を続けるうちに、当初は貧しいハンセン病者に施しをしながらも彼らに触れることのなかったフランチェスコは、差し出された病者の手に喜んで接吻するようになる。息子の行動に腹を立てた父親が自分の与えた全ての金品を返却するよう求めた時、フランチェスコは司教の前で開かれた法廷で、着衣を含む父から受けたすべてを返し、自分の父は天上の主であってこの男ではないと宣言する。こうして一二〇七年早春、フランチェスコは生家を捨て無一物の生活に入った。アッシジ郊外サン・ダミアーノやポルチウンクラの野に立つ壊れた礼拝堂を修復して拠点とし、リヴォ・トルトの粗末な小屋に住んで、貧者に施すのではなく自らが貧者となること（神への自由としての清貧）を実践するために托鉢し、説教した。

短期間のうちにフランチェスコのもとには青年たちが集まって来て、イタリア各地に宣教の旅を始める。一二一〇年には教皇インノケンティウス三世に拝謁し、フランチェスコの「小さき兄弟会」は修道会として

口約認可を受けた。一二一二年、アッシジの貴族の娘で一八歳になる聖《サンタ》キアラが、最初の女性の弟子として参加する。以後教団は急速に発展し、国外や辺境の地にまで宣教活動を拡大する。フランチェスコ自身、十字軍に同行して東へ向かい、スルタンに面会してキリストの福音を説いた。

しかし、一二二〇年に病に冒されイタリアに戻ったフランチェスコを待ち受けていたのは、数千人規模に膨れ上がった「小さき兄弟会」会員間の齟齬軋轢だった。増加した知識人会員は托鉢と無所有の生活を定めた戒律の緩和を求めた。憔悴したフランチェスコは、教団運営を実務派の弟子エリアに任せ、闘病に専念する。一二二四年、トスカーナ東部ヴェルナの深山で聖痕を受けるが病いよいよ篤く、それでも詩「被造物への讃歌」を作って兄弟たちに与え鳥や蟬に説教したという。一二二六年一〇月三日夕刻、聖人はポルチウンクラで歿した。

＊

一五四九年鹿児島に到着したイエズス会士フランシスコ・ザビエルに四〇年以上遅れ、一五九三年、四名のフランチェスコ会士が日本に来た。秀吉の庇護のもと京都・四条堀川に修道院・教会・病院を建設、多くの日本人が清貧の教えに従って活動した。しかし一五九六年末、秀吉はキリスト教弾圧を決意、京都・大坂で宣教師・信徒を捕縛

図1《蟬に話しかける聖フランチェスコ》、サンタ・マリア・デッリ・アンジェリ聖堂外庭、アッシジ郊外（撮影筆者）

の上、長崎に送り二六名を磔刑に処した（日本二六聖人）。内二三名が、フランチェスコ会士であった。長い禁教と鎖国の時代が去り、近代日本で聖フランチェスコへの関心が高まったのは大正時代のことである。急激な近代化のはらむ矛盾を自覚した青年たちの中には、白樺派の理想主義のもと生活の一新をめざした「新しき村」のように、奢侈や虚飾を排し清貧を求める者たちがいた。イタリアの聖人の伝記として一九一六年に新潮社から出版された『聖フランシスの小さき花』（久保正夫訳）は、若者たちの支持を得て版を重ねる。

当時、京都大学哲学科に在籍し西田幾多郎や田辺元に学ぶ学生だった下村寅太郎（一九〇二―一九九五）もまた、『小さき花』を通じて聖フランチェスコに親しんだ一人である。下村は生来のセンチメンタリズムを克服するため、あえて数理哲学を研究テーマに選んだ。数学基礎論、科学論、数理的分析を用いた哲学史研究（ライプニッツなど）を専門としながらも形式主義、公理主義には向かわず、「精神史」と彼が呼ぶ人間的営為の歴史として数学史、科学史を記述し、東京文理科大学（戦後は東京教育大学）でそれを講じた。

下村にとって大きな転機となったのは、一九五六年に出かけた最初のヨーロッパ旅行である。下村は現地での経験を正面から受けとめ、それを出発点としてあらためて文献に向き合い、本格的研究の形をとった著作を一つ一つ完成させてゆく。こうして、聖フランチェスコ、レオナルド・ダ・ヴィンチ、ミケランジェロらの人物、ウルビーノなどの都市、さらにイタリア・ルネサンスの全体像を、「精神史」として探求していった。『アッシシの聖フランシス』（南窓社、一九六五年）は、そうした下村の文化史研究の達成の一つである。

『アッシシの聖フランシス』は、アッシジ訪問を機縁に『小さき花』を再読した印象から始まる。かつて素朴な純情の書と見えた聖人伝が、随所に聖人の苦悩、弟子との齟齬軋轢のエコーを響かせていることに下村は驚く。フランチェスコ伝を文献学的に調べてみると、チェラーノのトマスが著した迫真の『第一伝記』・『第二伝記』が禁書扱いされ、ボナヴェントゥラの平板な『大伝記』が唯一の公式フランチェスコ伝とされていったこと、それに反発する一四世紀初めの厳格派の立場からラテン語で書かれた『行伝』をさらにイタリア語に訳したものが『小さき花』であったことがわかる。下村は『第一伝記』・『第二伝記』ほかの初期資料に依拠してフランチェスコ伝を再構成し、弟子たちのプロフィールを確定する作業を行った上で、「フランシスの『こころざし』」としてフランチェスコの思想（より正確には実践原理）を整理する。それは、一衣一縄以外の一切を所有せず、「貧しさ」においてキリストと使徒の生活を実践的に模倣する（ただし生きる糧を得るための労働と托鉢は許される）という一点に尽きる。この無一物・無所有という実践原理は、個人だけではなく教団全体にも課せられる。キリストが会堂を持たなかったようにフランチェスコの教団は修道院をもたず人々の中へ入ってゆくべきだとされた。何一つ持たないことで一切が与えられる。所有物を守るための武器も法律も必要がなくなる。貧しさゆえの「自由」がそこにある。

図2　下村寅太郎

最終章は、「フランシスと哲学」である。フランチェスコの哲学というものはない。彼はキリストに倣う自らの実践の原理を示しただけだ。だがやがて、フランチェスコ会はドミニコ会と並び諸大学で講壇哲学の担い手となる。フランチェスコ会士の哲学とは何であったか。パリ大学で急進アリストテレス主義（シゲルス）・穏健アリストテレス主義（トマス・アクィナス）と並ぶ一派をなしたフランチェスコ会士ボナヴェントゥラの立場は伝統的なアウグスティヌス主義で、彼の神秘主義はフランチェスコの直接経験の純粋性とはほど遠い学者の神秘主義である。むしろ、オックスフォードのフランチェスコ会士たち、ロバート・グロステスト、ロジャー・ベーコン、ドゥンス・スコトゥス、ウィリアム・オッカムらの体系破壊的で直接経験を基礎に置く思想の系譜——これこそがイギリス経験論の源流である——の内に、直接経験を手離さない聖人の姿勢の継承が見出される。以上が下村の結論である。

三　トマス・アクィナス——山田晶

スコラ哲学の大成者トマス・アクィナス（一二二五頃—一二七四）は、ローマとナポリのあいだにあるロッカセッカの城で領主の息子として生まれた。五歳からモンテ・カッシーノのベネディクト会修道院で初等教育を受けた後、一二三九—四四年には、ナポリ大学に学ぶ。そこでドミニコ会〔フランチェスコ会と並ぶ托鉢修道会〕に参加した。息子の選択を知って激怒した家族はトマスを故郷に呼び戻し、二年間実家に軟禁する。しかし、彼の堅固な意志を見て、会への復帰を許した。以後、トマスはパリおよびケルンでアルベルトゥス・マグヌスに学ぶとともにその助手を務め、一二五二年以降『命題集』〔前世紀のペトルス・ロンバルドゥスによる神学教科書〕講師として、一二五六—五九年には神学部正教授として、パリ大学の講壇に立った。この第一次パリ時代には『命題集註解』『ボエティウス「三位一体論」註解』などを書いたほか『対異教徒大全』の執筆も開始している。一方で、大学から托鉢修道会を排除しようとするサン＝タムールのギョームらの攻撃に遭い、防御の論陣を張った。

一二五九年秋にイタリアに戻ったトマスは、オルヴィエートで教えながら『対異教徒大全』を完成させ、一二六五年にはローマで教授職につき、主著『神学大全』に着手する。時代は、一二世紀ルネサンス（イスラムおよびビザンティンを介した古代文化復興運動）を経て、アリストテレス復活が進んだ時期だった。トマス哲学のプロジェクトとは、アリストテレス哲学を基礎とした哲学的論証を積み重ねてゆくことで、啓示による信仰上の真理と同じ結論が理性によってもまたもたらされること（信仰と理性の調和）を示すことだった。『神学大全』は第一部で神の本質・三位一体・天使と諸々の被造物および人間の創造を論じ、第二部では理性的被造物としての人間がいかにして神に向かうかを、第三部では救済者キリストを扱う。全部で五一二の問いに対し逐一明快な答えを与える形で展開される神学入門書である。

『神学大全』第一部を書き終えたトマスは再びパリで二度目の正教授職につき（一二六八–七二年）、アリストテレスの註解執筆と並行して『神学大全』第二部を完成させる。この時期のパリ大学はパリ司教タンピエによる急進アリストテレス主義（アヴェロエス主義）断罪の時期で、トマスもその論争的環境の中に身を置かざるをえなかった。彼が最終的にイタリアに戻りナポリに腰を落ち着けるのは一二七二年のことである。そこで正教授として教育活動にたずさわりつつ、アリス

図3　カルロ・クリヴェッリ《聖トマス・アクィナス》、1476年、ロンドン・ナショナルギャラリー

トテレス註解執筆と『神学大全』第三部の完成をめざす。だがそれは未完に終わり、一二七四年三月七日、ローマの南フォッサノーヴァで帰天した。

*

トマス・アクィナスを頂点とし「スコラ哲学」と総称される中世キリスト教哲学は、近代以降、無味乾燥な瑣末主義にとらわれた中世の遺物と見なされ、ヨーロッパでさえ再評価と本格的研究が始まったのは一九世紀終わりのことであった。東京帝国大学で一八九三年から一九一四年まで二一年にわたって西洋哲学を講じたラファエル・フォン・ケーベル博士（一八四八―一九二三）は、小冊子『神学及中古哲学研究の必要』（教学研鑽和仏協会、一九一〇年）で、学生たちの中世哲学嫌いは甚だしくキリスト教に関する初歩的知識さえもちあわせておらず、現状打破のため東大で中世哲学史講義を始めたい、と述べている。やがてケーベル博士の薫陶を受けた学生の中から、岩下壮一（一八八九―一九四〇）が登場する。岩下は東大の卒業論文「アウグスチヌスの歴史哲学」を仏語で書き将来を嘱望されたが、ヨーロッパ留学中、ローマのドミニコ会系アンジェリコ大学でトマス・アクィナス講義を聴いて霊感に打たれカトリック神父となって帰国、戦前日本のカトリック教会の精神的指導者となった。学術的な主著は没後編集の『中世哲学思想史研究』（岩波書店、一九四二年）である。

ケーベル博士の思いは、彼に学んだあと京都に移った西田幾多郎（一八七〇―一九四五）・九鬼周造（一八八八―一九四一）らを介し、やがて山内得立（一八九〇―一九八二）・高田三郎（一九〇二―一九九四）らの中世哲学研究者を生む。一九四七年に哲学・哲学史第六講座（中世哲学史）ができると、京都大学は日本の中世哲学研究の中心の一つとなった。

山田晶（一九二二―二〇〇八）もまた、京都大学で山内得立の中世哲学史講義によって初めてトマスにふれた一人である。しかし、学徒出陣を目前にした山田は、アウグスティヌスの切実な自己探求の方に親しみを感じた。海軍に応召し何とか無事に復員、京大大学院の特別研究生としてアウグスティヌス研究を続けたが、やがて京都大学で山内教授やプリオット神父らが始めた『神学大全』の研究会に参加するようになる。ヴェンサン・マリ・プリオット神父（一九〇三―一九七八）はカナダ出身のドミニコ会士で、オックスフォードでトマスを学んだ後、一九三三年に来日し仙台で宣教に従事、一九三九年以降は京都大学でアジア宗教史を研究した。戦後、一九四六年には、京都市上京区梶井町に聖トマス学院を開いてトマス研究の拠点とし、自身も一九四七年から一九六七年まで、京都大学文学部講師として中世哲学の研究講義や演習を担当する。山内・高田両教授とプリオット神父との間では『神学大全』全訳の刊行という壮大な事業が計画されており、山田晶はそのもっとも若い戦力として、一九五〇年から一九六五年までの間、トマス学院で下訳作成に従事した。一九五一年以降は大阪市立大学に職を得ていたが、授業があって大阪に出向く日以外は全日トマス学院に通い詰め、第一部からはじめて、やがて第二部・第三部も並行して下訳を作っていった。高田三郎監訳として創文社から刊行が始まったのは一九六〇年五月（第一巻は初刷五〇〇部）

図4　聖トマス学院玄関、京都市上京区（撮影筆者）

で、全四五巻（三九冊）が完結したのは山田没後の二〇一二年九月のことであった（第二部・第三部の翻訳の進行、全巻の完結には稲垣良典が大きく寄与した）。

山田は一九六五年に京都大学助教授、六八年に教授となり、八五年まで中世哲学史講座を担当した。彼の「中世哲学史講義」は、完璧に準備されたノートを逐一読み上げ学生はそれを全文筆記するという形式のもので、哲学・哲学史専攻の学生全員の必修科目であったため、名物講義として思い出を共有する卒業生は多い（山田晶『中世哲学講義』全五巻、知泉書館、二〇二一－二二年として刊行）。また、創文社版とは別に独自の『神学大全』翻訳を中央公論社「世界の名著」シリーズから刊行、第一部二六問までの部分訳ではあるが豊富な註と丁寧な解説をそなえた有益な版となった。さらに山田は、トマスの「存在」概念がアリストテレス的な形式的実体にとどまらない「全存在」totum esse を包みこむものである点に注目して、ハイデガーの存在論に通底する問題意識をもって専門的なトマス研究を推し進めた。研究書としては、『アウグスティヌスの根本問題・中世哲学研究第一』（創文社、一九七七年）、『トマス・アクィナスの《エッセ》研究・中世哲学研究第二』（同、一九七八年）、『在りて在る者・中世哲学研究第三』（同、一九七九年）、『トマス・アクィナスの《レス》研究・中世哲学研究第四』（同、一九八六年）の四部作を完成、一般書としては『アウグスティヌス講話』（新地書房、一九八六年）〔一九九五年に講談社学術文庫版として再刊〕が広い読者を得た。

四　ダンテ――大賀寿吉

ダンテ・アリギエーリ（一二六五－一三二一）は、日本ではもっぱら『神曲』（および『新生』）の詩人として受けとめられている。しかし欧米では、哲学史上に位置を占める哲学者としても扱われる。インターネッ

ト版哲学事典 *The Stanford Encyclopedia of Philosophy* や、フランスを代表する中世哲学史家アラン・ド・リベラ『中世哲学史』を開けば、そこにダンテの名を見いだすことができるだろう。ダンテの哲学的著作として重要なものは二つあって、『神曲』執筆以前にイタリア語で書き始められ結局未完に終わった『饗宴』は啓蒙的な百科全書的作品だが、他方、『神曲』と並行して執筆されたラテン語論攷『帝政論』は完成にもたらされ、ダンテの死後すぐに流布しはじめた本格的な政治哲学の書であった。

『帝政論』は、三巻に分かれる。第一巻では帝政の必要性を哲学的に論証する。家と家の争いを調停するには一つ上の審級の都市が必要であり、都市と都市の争いを調停するには上位審級として国家が必要であるのと同様、国家と国家の調停には最高審級である皇帝が必要であり、その皇帝が保障する平和のもとではじめて、人類は自らの本性である知性を全面的に現実化することができる、というのがダンテの信念である。

図5　エンリコ・パッツィ《ダンテ像》、1865年、フィレンツェ、サンタ・クローチェ教会前（撮影筆者）

第二巻ではその帝権が他ならぬ古代ローマの帝権（それがシャルルマーニュを経て、「神聖ローマ皇帝」に継承されていると当時は考えられていた）であることの正統性を歴史的に検証し、最後の第三巻では、神は地上の幸福を実現するための政治的指導者として皇帝を、天上世界をめざす霊的指導者として教皇を置いたのであって、皇帝権と教皇権はおのおの神によって直接に根拠づけられたものだとする両権力論の立場を政治神学的に証明する。現実政治の場面では皇帝を中心に「地上の幸福」が追求されるべきであり、教皇は霊的指導者にとどまり財貨や政治権力を求めるべきではないとする『帝政論』の主張は、『神曲』の政治的側面と密接な連関をもつ。

＊

一九〇八年、開設三年目の京都帝国大学文科大学に、西洋文学第二講座（英文学）教授として上田敏が着任した。彼は、西洋文学一般に通じ、イタリア文学についてもダンテ『神曲』を授業でとりあげた。上田は一九一六年に早世するが、以降も京都大学における『神曲』講義は、厨川白村《くりやかわはくそん》によって引き継がれ、やがて文科大学周辺のイタリア文学を愛好する学者グループが形成されてくる。その中心になったのが、民間ダンテ学者・大賀寿吉であった。大賀は一八六五年岡山に生まれ、一五歳のとき、岡山教会で新島襄より洗礼を受けてキリスト者となり、一八八一年同志社英学校に入学する。同志社中退後は、神戸の貿易会社で働きながら実地に英語を学び、やがて、洋薬の輸入事業を始めようとしていた武田長兵衛商店（現・武田薬品工業）に入社、以後亡くなるまで武田薬品に幹部社員として勤務した。業余の時間は教会活動とダンテ研究にあて、収集したダンテ研究文献は没後京都大学に寄贈され「旭江文庫」と名づけられている。大賀はそれらのダンテ文献を、『神曲』翻訳に従事していた山川丙三郎や中山昌樹に貸し与え、またイタリア学学徒・黒田正利を支援、さらに一九一九年一二月には、ダンテに関心をもつ京都大学文学部の濱田耕作（考古学）、坂口昂（西洋史）、新村出（言語学）らの教授たちと「伊太利亜会」を組織し、学生をもまきこんで学内で研究会や語学講座を開催、その活動は昭和初期まで続いた。

大賀寿吉のダンテ受容の特徴の一つに、その早い段階から『帝政論』に積極的に言及してきた点がある。

『帝政論』邦訳が中山昌樹訳『ダンテ全集』の一冊として出版されるのは一九二五年のことだが、大賀はその一〇年前の一九一五年の時点ですでに『帝政論』について論じている。京都大学附属図書館所蔵の旧大賀蔵書（旭江文庫）中には、一九一五年以前に刊行された一七点の『帝政論』（ラテン語版、羅伊対訳、独訳、英訳）が含まれるが、そのうちヴィッテによるラテン語校訂版とオーレリア・ヘンリーによる英訳の二冊には広汎な書き込みが残り、早い段階で『帝政論』に目を通していたことを窺わせる。

一九一五年七月四日付『大阪朝日新聞』付録第二面に「ダンテの帝政論 ― 生誕六百五十年に際して」と題して掲載された大賀の論攷は、冒頭「未回復のイタリア」Italia irredenta を取り戻せと叫んでその年五月にオーストリアに宣戦布告し世界大戦に参戦したイタリア人が「その主義をダンテの神曲に見出す」のは正当か、との問いを掲げるところから始まる。そして、ダンテの時代の政治状況を解説した上で、『帝政論』各巻の内容を詳細に紹介し、最終的に次のように結論づける。

> 彼は全世界に唯一の大帝国が建設せられて、永遠の平和が来り、基督の同胞主義が実行されんことを祈ったのである。彼のギベルリニ主義は唯これだけである。然れば五百年の後に至りて伊太利亜が統一された時に、其統一の開祖として彼の名が唱えられたが、彼は迷惑を感じたであらう。彼は道徳と正義と慈愛の権化なる皇帝

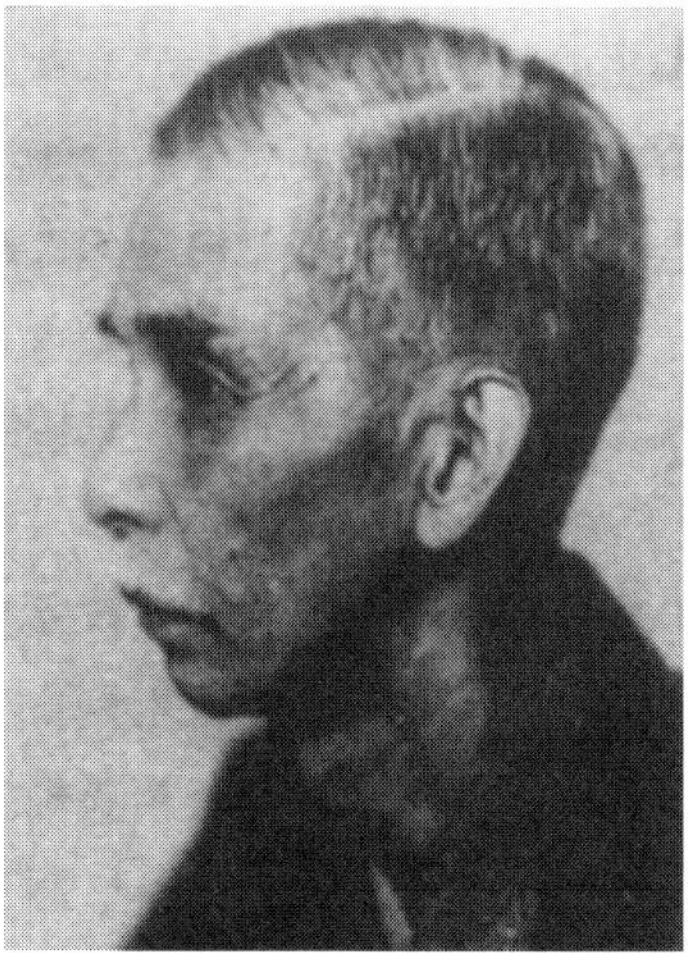

図6　大賀寿吉

が出現して、人類を地上の幸福に導き、以て彼等の為に来らんとする世の幸福の味を彷彿せしむることを希《こひねが》ふたので、凡ての伊太利亜人を一帝国の下に統一するなどいふことは夢想だも為さなんだのである。

イタリア民族主義が担ぎあげるようなナショナリストとしてのダンテは虚像であって、ダンテの「皇帝」とは、一民族、一国家に属するものではなく人類全体に対応する普遍的な国際政治機構を指す、という正確な理解の萌芽がここにはすでにあらわれている。七年後の一九二二年に『開拓者』に載せた「ダンテの『帝政論』と現代の平和運動」は、従来の大賀の主張を、第一次世界大戦後の世界情勢の文脈のなかで再度明確に語り直すものである。その結論部で大賀は次のように述べる。

彼〔ダンテ〕の皇帝は何等一人を指したるものにあらず。無論我儘なる専制的皇帝にあらずして、道徳と正義と慈愛の権化、至上最高の法の把持者であって、其帝国とは今日の語にていへば世界唯一の最高等法院、或は国際政府といふべきもので、決して暴力を以て他の国家を威嚇征服せんとするが如きものではない。ロード・ブライスは『帝政論』は神聖羅馬帝国の墓標であるといったが、私は国際政府の預言であるといひたい。

エルンスト・カントーロヴィチ（一八九五―一九六三）『王の二つの身体』（一九五七年、〔小林公訳、平凡社、一九九二年〕）が後に示すことになる、生身の一人格としての王と政治的機関としての王という中世王権の二重性の主張を先取りするかのような大賀の解釈は、きわめて卓抜なものであったと言うべきであろう。

五．ペトラルカ——近藤恒一

ダンテの次世代にあたる詩人フランチェスコ・ペトラルカ（一三〇四–一三七四）は、ダンテと同じ亡命フィレンツェ人（グェルフィ白派）であった父親のもとアレッツォで生まれ、やがて父について新たに教皇庁の座となった南仏アヴィニョンに移る。モンペリエおよびボローニャの大学で法学を学んだものの、関心の対象はむしろキケローやウェルギリウスなどの古典作家であった。そこで、生活のために聖職禄を確保した上で、孤独のうちに隠遁して読書や思索、執筆に没頭する道を選ぶ。一三五三年までは、断続的なイタリア滞在はあったものの生活の基本はプロヴァンスに置いた。その後、最終的に母国に帰ることを選択、ミラノ、パヴィア、パドヴァ、ヴェネツィアなど北イタリア各地を転々とした後、一三六九年にパドヴァに近いアルクワに山荘を建て、そこが終焉の地となった。

図７　アンドレア・デル・カスターニョ《ペトラルカ（連作「高名な人々」部分）》、1450年頃、フィレンツェ、ウフィツィ美術館

ペトラルカの代表作とされるのは、恋人ラウラに思い焦がれると同時にその自分を自罰的に内省する俗語詩を集めた『俗語断片詩集』（通称『カンツォニエーレ』）である。だが実際には、『カンツォニエーレ』と叙事詩『凱旋』を除けば、ペトラルカの作品のほとんどはラテン語で書かれている。モデルとなったのは二人のラテン語著述家であった。

青年時代から親しんだキケローは共和制ローマ末期の文人・政治家・哲学者で、壮大な学校的体系を打ち立てるのではなくやさしい語り口で哲学を語る「友情について」「老年について」「義務について」などの哲学的作品を残し、また、弁論や書簡の形で思索の跡を後世に伝えた。ペトラルカは折りに触れて修道院や教会の書庫に古写本を探索し、キケローの弁論や書簡を発見、彼の古典ラテン語を自家薬籠中のものとするとともに、自身も哲学的対話篇や綿密に編成された浩瀚な『親近書簡集』『老年書簡集』などを執筆・編集した。さらにペトラルカがモデルとしたもう一人のラテン語著述家が、四―五世紀に活動した教父アウグスティヌスである。一三三三年、知己となったアウグスティヌス修道会の神学者ディオニージ・ダ・ボルゴ＝サン＝セポルクロから贈られた小型本のアウグスティヌス『告白』に強い衝撃を受けた詩人は、自己を内観することから全ての思索を始めるという、アリストテレス哲学とは異なる哲学のやりかたに開眼し、自己をめぐる省察を、書簡体エッセイ「ヴァントゥウ登攀記」（『親近書簡集』四巻・一）や、自身とアウグスティヌスの対話という形式で書かれた『わが秘密』に結実させてゆく。これらは、アリストテレス風の講壇哲学とはまったく異質なルネサンス・人文主義的哲学のさきがけとなった。

＊

日本のイタリア文学研究・教育の場におけるペトラルカの扱いは、長く『カンツォニエーレ』に限られてきた。そんな中で、ペトラルカの膨大なラテン語著作の山に哲学的観点からアプローチしようとしたほとんど唯一の研究者が近藤恒一（一九三〇―）である。近藤は、京都大学哲学科に学び広島大学でイタリア哲学の研究・教育を始めたばかりであった清水純一（一九二四―一九八八）（のち、京都大学文学部イタリア語イタリア文学専修教授）のもと広島大学で研究を開始、ボローニャ、フィレンツェに長く留学した後、東京学芸大学教授をつとめた。一九八四年にそれまでの研究を『ペトラルカ研究』（創文社）にまとめマルコ・ポーロ賞を受賞、一九八七年同書で京都大学から博士号を得る。

『ペトラルカ研究』の研究姿勢は、同書「まえがき」に鮮明に述べられている。

一三世紀と一七世紀という偉大な体系の時代にはさまれたルネサンス期は、哲学体系という観点からみれば、おびただしい群小哲学者たちの活躍した時代であった。かれらのうちひとりとして、トマスやデカルトやスピノザに比肩しうるような体系的構築をなしえた者はいない。いな、かれらの多くは、体系と呼べるようなものすらもたなかった。ところが、これはしばしば、かれらの自覚的に企図するところでもあったのである。じっさい、かれらは意図的に、スコラ哲学の「大全《スンマ》」という論理的叙述形式をしりぞけ、親しい人間どうしのあいだでの語りかけという叙述形式をとった。つまり、書簡体や対話体という形式をとった。このような叙述形式を流行させるうえに決定的役割を演じたのは、ほかならぬペトラルカだったのである。（近藤 ii）

図 8　近藤恒一『ペトラルカ研究』
創文社、1984 年（撮影筆者）

ルネサンス哲学の最大の弱点に見えるものこそ、

まさにルネサンス哲学の最大の美点なのである。この時代の人文主義者 umanista と呼ばれる思想家たちは、あらゆる関心を人間の問題に収斂させ、人間にかかわること（フマニタス〔人文知〕）の研究に自らを捧げた。このような開かれた総合的な学を志向した者たち（ペトラルカはその嚆矢である）を理解するためには、哲学・自然科学・文学といった狭量な分類の枠組みを取り払い、作品の論理体系ではなく著者の内面の肉声をしっかりと聴きとることが最重要である、というのが近藤の研究姿勢である。

このようなスタンスに立って『ペトラルカ研究』で近藤が展開する議論のテーマは、ペトラルカにおけるヒューマニズムの形成と発展である。第一部のペトラルカの自己形成をめぐる研究では、少年期のキケローとの出会い、法律を学ぶため赴いたボローニャでの修辞学・古典文学・俗語文学との出会いと研究、リウィウス復元の試みや古典収集活動を通じた文献学的探求への情熱、アウグスティヌス『告白』との出会いを経て到達した古典的ローマとキリスト教的ローマの統一の上にフマニタス研究を位置づけるヒューマニズムの構想、といった論点が手際よくまとめられ、具体的にペトラルカの思想的形成を追いかけてゆく。それを受けた第二部「ペトラルカの思想」では、ペトラルカ思想の内容的中心にはモラリスムとしてのヒューマニズムがあり、それはアリストテレスよりもプラトンの伝統につながるものであること、アヴェロエス批判や自然学批判は急進的アリストテレス主義への批判を動機としたものであることなど、いくつかのトピックスをめぐる専門的な分析を緻密に進めている。近藤自身は、取りこぼしている論点も多く包括的な研究にはなり得ていないと謙遜しているが、全体としてペトラルカの思想的営為をめぐる基礎研究として傑出した書であると言えよう。その後も近藤は岩波文庫を中心に、ペトラルカのラテン語の書簡や対話篇の翻訳を着々と進めてきた。

六．コルッチョ・サルターティ――根占献一

ペトラルカに端を発したイタリアの人文主義運動は、フィレンツェを中心に大きな展開を見せる。フィレンツェの初期人文主義（一四世紀末–一五世紀前半）は、その担い手が市の書記官長であったコルッチョ・サルターティ（一三三一–一四〇六）やレオナルド・ブルーニ（一三六九–一四四四）ら、古典研究への情熱と市民活動への情熱が一つに合わさった人々であったことから、通常「市民的人文主義」と呼ばれる。ペトラルカの人文主義には、隠遁生活の中で古代人と対話し自己を見つめなおす孤独志向が強く、また、言語としてはラテン語に限られていたのに対し、市民的人文主義者たちは都市の市民活動の渦中で自らのフマニタス研究を鍛えた。古典ラテン語の枠をこらして乾坤一擲の外交文書を書き上げる日々を送る一方で、ラテン語に限らずギリシア語の文献にまで研究範囲を広げたのである。

そのような市民的人文主義の第一世代をなすコルッチョ・サルターティは、ボローニャ大学で法学を学んだ後、トスカーナ諸都市で公証人や書記官長を務める一方、ペトラルカとの文通やボッカッチョとの交友を通じて人文主義運動に開眼、ボッカッチョの亡くなった一三七五年にはフィレンツェの書記官長に就任し、以後三一年間その要職にあった人である。その間、政治家サルターティの文化的貢献として特筆されるのが、一三九七年、ビザンティンの学者マヌエル・クリュソロラスをフレンツェ共和国に招聘して、当地の大学に本格的なギリシア語講座を開設したことである。ギリシア語に関しては、一三六〇年から足掛け三年にわたって、ボッカッチョの働きかけでギリシア語に精通したカラブリア人レオンツィオがフレンツェ大学に招かれ、ホメロスを講じるとともにその二大作品のラテン語訳を作成した先例があったが、その時の受講者はボッカッチョを含めわずか三名だった。しかし、今回のサルターティ肝入りの新講座にはレオナルド・ブ

ルーニをはじめ多数の聴講者が詰めかけ、彼らはやがてギリシア語文献の本格的な翻訳者として育ってゆく。こうして一五世紀フィレンツェには、その前半にはアリストテレス、後半にはプラトンを中心に、ギリシア文化受容の大きな花が開いたのである。

サルターティ自身の著作としては主にラテン語で書かれた論攷と書簡が残っており、特に書簡が重要とされる。論攷の代表的作品である『僭主論』は、カエサルを暗殺したブルータスとカシウスを地獄最下層に置いたダンテ『神曲』の判断は正しいかという、パドヴァの一学生の問いへの回答である。コルッチョは、法によらない傲慢な簒奪者に対する市民の暴力的抵抗の正当性を認めつつ、一方カエサルに関しては、彼はローマ帝国内の無益な抗争を収束させた功績ある指導者で、彼に恩義のある人間たちによって裏切られた、と暗殺の正当性を否定し、ダンテの立場を擁護した。サルターティは、フィレンツェを攻撃するミラノの僭主に対してはあくまでフィレンツェの市民自治を守ろうとした人であるが、一方で、ダンテが唱えた最高調停者としての普遍的帝政という中世の思想にも理解を示していたのである。

図9　マザッチョ（フィリッピーノ・リッピ補筆）《テオフィルスの息子の蘇生と司教座の聖ペテロ（部分：伝コルッチョ・サルターティの肖像）》1426-1427年、フィレンツェ、サンタ・マリア・デル・カルミネ教会

サルターティを含むイタリア人文主義の早い段階での受容者であった清水純一は、早くも一九六〇年に、通史として名高いエウジェニオ・ガレン『イタリアのヒューマニズム』（原著一九五二年、清水純一訳・創文社版・一九六〇年）を翻訳出版し、一九七八年には弟子のペトラルカ研究者・近藤恒一と連名で、中世から現代までのイタリア哲学史の概説である「イタリア哲学」を発表した（『哲学研究大系3〈哲学史編〉』二四五─三五八頁）。

*

一方ガレンと双璧をなす形で、英語圏におけるイタリア・ルネサンスの権威とされたP・O・クリステラー『イタリア・ルネサンスの哲学者』（原著一九六四年、佐藤三夫監訳・みすず書房・一九九三年）を翻訳した佐藤三夫・根占献一・伊藤博明・伊藤和行のグループは、石坂尚武らを含め「ルネサンス研究会」を組織し、研究会活動を積み重ねた。その中で、当初ロレンツォ・デ・メディチ研究から出発してやがてフィレンツェ・ヒューマニズム全体の包括的研究をめざし、二〇〇四年早稲田大学に提出された博士論文「フィレンツェ・ルネサンスの世界――ヒューマニズムとプラトニズムの研究――」に結実させたのが、根占献一である。論文は、『フィレンツェ共和国のヒューマニスト――イタリア・ルネサンス研究』および『共和国のプラトン的世界――イタリア・ルネサンス研究続』（いずれも創文社、二〇〇五年）の二冊に分けて出版された。

一五世紀後半フィレンツェのプラトン主義サークルの中心人物フィチーノを扱う後者に対し、前者は一四世紀末─一五世紀前半フィレンツェのいわゆる「市民的人文主義」を通覧する研究である。しかし根占は、戦後ヒューマニズム研究における「共和主義的精神に立った市民的人文主義VSメディチ家の僭主支配に寄り添ったプラトン・アカデミー」という図式に疑問を呈する。サルターティは確かに、敵国ミラノのヴィスコンティ家当主ジャンガレアッツォ当人が「フィレンツェの騎兵一千騎はコルッチョの書き物ほど自分を傷つけなかった」と語ったほど、その古典ラテン語のレトリックを駆使してミラノの僭主を攻撃する政治書簡を書き続けたが、同時にその政治的激動の只中で、ギリシア語教育を振興し古典読者を育成したのだった。他方フィチーノもまた、決して共和制的自由への希求を手放した人ではなく、激しい政治対立と明日をも知れぬ経済変動の只中で「ソクラテス的・プラトン的愛」を求めたのである。根占の論述は、戦後第一世代研究者の二項対立図式を超えて、新世代の積み重ねた具体的研究を踏査し、レトリック・書記局・自由概念といったキーワードで議論を束ねながら、一歩一歩前進してゆく。歴史的研究対象の読み替えは常に、それをとらえる歴史認識の改変というメタレベルの更新を伴うので、叙述は一筋縄ではいかない入り組んだものとならざるを得ない。しかし本書は、近年の欧米文献を徹底的に渉猟した重厚な研究として、日本のイタリアルネサンス人文主義研究にマイルストーンを打ち立てたのである。

　その後の根占の活動で特筆すべきは、ルネサンス研究会の関西例会の中心として活動した京都の石坂尚武と並んで、東京での研究会を長期にわたって支え続けた点であろう。そこからは、研究分野・所属大学・世代を横断する多くのルネサンス研究者が育っていった。

図 10　根占献一『フィレンツェ共和国のヒューマニスト―イタリア・ルネサンス研究―』創文社、2005 年（撮影筆者）

【参考文献】

『聖フランシスの小さき花』久保正夫訳、新潮社、一九一六年。

大賀寿吉「ダンテの帝政論――生誕六百五十年に際して――」大阪朝日新聞、一九一五年七月四日号付録、一頁。

――「ダンテの『帝政論』と現代の平和運動」『開拓者』一七巻一号、一九二二年、六五―七三頁。

近藤恒一『ペトラルカ研究』創文社、一九八四年。

サルターティ、C「僭主論」米田潔弘訳、池上俊一編『原典　イタリア・ルネサンス人文主義』名古屋大学出版会、二〇一〇年、九五―一三〇頁。

清水純一、近藤恒一「イタリア哲学」、下村寅太郎ほか編『哲学研究大系３〈哲学史編〉』河出書房新社、一九七八年、二四五―三五八頁。

下村寅太郎『アッシシの聖フランシス』南窓社、一九六五年。

ダンテ・アリギエーリ『帝政論』小林公訳、中公文庫、二〇一八年。

根占献一『フィレンツェ共和国のヒューマニスト――イタリア・ルネサンス研究――』創文社、二〇〇五年。

ペトラルカ、F『ルネサンス書簡集』近藤恒一訳、岩波文庫、一九八九年。

――『わが秘密』近藤恒一訳、岩波文庫、一九九六年。

ボナツィ、A「日本におけるトマス・アクィナス」『英知大学キリスト教文化研究所紀要』二三、二〇〇七年、一七―三四頁。

蒔苗暢夫他編『京のキリスト教――聖トマス学院とノートルダム教育修道女会を訪ねて――』「文化の航跡」刊行会、二〇一二年。

山田晶編『世界の名著　続５　トマス・アクィナス』中央公論社、一九七五年。

ヨルゲンセン、J・J『アシジの聖フランシスコ』永野藤夫訳、平凡社ライブラリー、一九九七年。

第六章

ルネサンスと近世

フランチェスコ・カンパニョーラ

一．はじめに

本章では、二〇世紀の日本人思想家によるイタリア史やイタリア哲学の重要な概念の象徴的・政治的利用を分析する。それは、厳密にはイタリア思想の受容史に関する研究ではなく、イタリアの哲学文化とそのイメージの変容の可能性を追究するものである。そこで、日本における近世イタリアの哲学・文化研究が、現代世界の政治的・存在的運命について多義的な言説を生み出すことができた三つの事例を紹介する。

本章は三部構成となっており、まずは林達夫の有名な戦間期ルネサンス解釈からはじめる。次に、戦時中のマキャヴェッリの翻訳者であった大岩誠の特異な知的軌跡を解明している。最後に、論争を引き起こした転向者のひとりであった清水幾太郎と、ジャンバッティスタ・ヴィーコの曖昧な思想との関係について分析する。

二、林達夫とルネサンス

ルネサンスという単語は、多種多様なイメージを喚起させるものである。例えば、フィレンツェのメディチ家の宮廷、レオナルドとミケランジェロの絵画、カッリ calli と呼ばれるヴェネツィアの小道や均整を重視したトスカーナとローマの宮殿。あるいは、ヴァッラ、フィチーノ、ピコ・デラ・ミランドラ、マキャヴェッリといった文人・思想家、ペトラルカやベンボの文学作品。さらには個人主義、世俗主義、文献学、古典、遠近法、近代性といった一連の概念。いずれにせよ、ルネサンスという単語はその中心にイタリアのイメージを内包しているといってよい（また逆に、イタリアという単語がルネサンスのイメージを内包しているとも言えるだろう）。

さて、上に列挙したものはすべて、確かに特定の時代と特定の場所に起源をもつものなのだが、いくつかの文化的特徴に基づいた時代区分として「ルネサンス」が定義されたのは、実のところは、一五世紀のことでも一六世紀のことでもない。専門家を除く一般の人間に広まっているルネサンスという概念は、一九世紀の歴史学――特にジュール・ミシュレ（一七九八―一八七四）――の影響下に生まれたものなのである。そもそも「ルネサンス」は、そのミシュレが作り出した用語であり、その後、一九世紀の後半に、ヤコブ・ブルクハルト（一八一八―一八九七）やウォルター・ペイター（一八三九―一八九四）をはじめとする研究者によって整理された概念である。そしてこの両者は、日本におけるルネサンス概念の受容においても、極めて重要な役割を果たしていた。

わが国では、ルネサンスを示す歴史的概念（訳語）は、明治維新とほぼ同時期に現れる。例えば「復興時代」（元良＝家永、三木＝棚橋）である。なかでも「文芸復興」という用語が、一九世紀末頃になって徐々に定着し始め、二〇世紀の初めにはルネサンスを表すための標準的な表現になった。またその頃、フィレンツェのアリナリ社製のものなど、写真集の輸入が開始されている。イタリアのルネサンスは、その時代の日本の文化的想像空間の一部をなすようになっていたのである。そこから、ルネサンスという単語が隠喩的・範例的に使用されるようになるのは自然な流れであったと言ってよいだろう。このことは、特に歴史哲学の分野で重要な意味を持った。なぜなら、そこでルネサンスと、そしてあらゆる精神的および文化的再生の原型とみなされ始めたからである。ルネサンス概念は近代性の源泉と、一九二〇年代後半から一九三〇年代前半にかけて成熟した。一九三〇年代初頭、マルクス主義から「転向」し日本浪漫派の主要人物となった林房雄（一九〇三―一九七五）を始めとする知識人たちが、新たな「文芸復興期」の概念を提唱し始めた。それによって、未完成の明治維新が完成され、文学や芸術の再生を通じて、西洋近代の諸悪から日本が浄化されるというのである。それは、イデオロギー的にはロマン主義的傾向を帯びた言説であるとも言え、三木清（一八九七―一九四五）や戸坂潤（一九〇〇―一九四五）など、当時の日本を代表するさまざまな知識人による反論を浴びたものでもあった。

「文芸復興期」に関する議論が展開されていたこの時期に、一冊の革新的な著作が現れた。一九三三年に出版された林達夫（一八九六―一九八四）による論文集『文藝復興』（各章を構成する論文は一九二八年からさまざまな媒体に掲載された）がそれである。林は、外交官の息子として東京に生まれ、六歳までシアトルに暮らした後、両親がボンベイ（現ムンバイ）に引っ越したとき、福井の祖父母に預けられた。国際文化と地方の伝統との間で育てられた林は、成人すると京都大学に入学し、西田幾多郎（一八七〇―一九四五）、田邊元（一八八五―一九六二）、深田康算（一八七八―一九二八）の指導のもとで哲学を学んだ。しかしその後、林は京都学派から離れて、出版業界に進んだ（戦時中、岩波書店の主要な雑誌である『思想』の編集長を務

図1　林達夫

めた）。
『文藝復興』の特徴は、歴史的現実の象徴的な横断性および普遍性に関する深い考察であり、それは「ルネサンス」の成立条件としてありうべき種々の事柄を包括的に検討するものである。そして、これらの理論的および方法論的考察は、昭和時代の超国家主義的潮流に対する林の反発と密接に関連したものと考えられる。

林は、オスヴァルト・シュペングラー（一八八〇—一九三六）——シュペングラーは、『文藝復興』において引用された数少ない作家の一人であった——に言及し、理想の精神への従属という命題を提示している。シュペングラーは、イデエンゲシヒテ Ideengeschichte（理想史）とゼーレンゲシヒテ Seelengeschichte（精神史）という二つの用語を用いて、この議論を展開したのであった。当時、ルネサンス文化については、すでに長らく歴史学的な議論が行われていたが、林はそうした議論に加わるにあたり、シュペングラー的二分法に基づいて不連続主義の立場を示したのであった。

林によれば、思想史の見地からは中世とルネサンスの間に隔たりはない。そのことは、宗教的諸傾向を例にとるとよく分かる。なぜなら一方では、中世においても、唯物論者、懐疑論者、異端者、そして無神論者が多く存在し、また他方では、仮に世俗主義の一定の観念がルネサンスまでにさかのぼることができるとすれば、それはただ啓蒙主義風の疑わしい観点からのみ可能だからである。それにもかかわらず、林によれば思想史――相互に関連したいくつかの発展を通して進行する意識的思想の歴史――の裏では、「新しい生命」の「感情」の奥底で無意識の革命がうごめいているという。林は、こうした兆候の基に、「個人主義」の出現などのルネサンスの特徴を構成するいくつかの例を提示するのである。

ブルクハルトの思想を受け継いだ林にとって、つまるところルネサンスは、生命に対する態度としての「感情」によって浮かび上がるものなのである。林の立場（『文藝復興』）は、「かくして我々はルネサンスの時代思潮について語るためには、先づどうしてもいはゆる『時代精神』について若くは新しい生の感情、生活意識、心的態度について語らなければならないのである」という自身の言葉で要約することができる（林一九三三一九二）。

『文藝復興』の続く箇所においては、歴史の哲学（普遍性を帯びたメタ歴史）と哲学の歴史（歴史）の間に位置するこうした林のルネサンス概念が、鋭い筆致で説明されている。林はまず、初期キリスト教ヨーロッパ文化の基準であった「聖人」の形象がいかにして消滅したのか、あるいはもっと一般的に、世俗を超越し普遍性を志向する中世的世界観がいかにして終焉を迎えたのかという問題を取り上げる。そして林は、そうした「没落」が歴史の流れの中にあっていかに生じるかを明らかにしようとする。いわく、超克されるべき時代遅れの思想が消滅するにあたって、それに敵対する新しい思想が同時に展開される必要はない――そうなる可能性はあるにしても――というのである。つまり、ある一つの時代が破滅を迎えるという事態は、それにとって代わるような思想が意識的に形成されて新たな原則として提起されたときに生じる、というわけではないのだ。そうではなく、歴史とその精神は、すでに述べたように、観念の領域というよりも感情の素材なのである。こうして、『神曲』のパオロとフランチェスカは、一四世紀の世界を支配する理念的・倫理的枠組みの中では永遠の天罰を避けることはできないにもかかわらず、フランチェスカに対するダンテ（一二六五―一三二一）の態度は、断罪ではなく同情によって特徴づけられる、という事態が生じえたわけである。またそれと同様の事例は、最初の近代人と定義されたペトラルカ（一三〇四―一三七四）が『わが秘密』*Secretum* において自分の対話者および裁判官として聖アウグスティヌスを選んだという事実のうちにも見出だすことができる。さらにその後一世紀を経て、聖人の理念の回復を目標としたサヴォナローラ（一四五二―一四九八）が、ルネサンスを代表する画家ボッティチェッリ（一四四五―一五一〇）に参照されたという事態も、同様の観点から理解することができよう。それでは、林の思想において決定的な役割を果たしているはずの不連続性は、いったいどこに見出されるのだろうか。林が示唆するに、それは、ルネサンス的人間が抱いた欲望、願望そして意志の中に探し求めるべきである。

　ルネサンスの不連続性は、複数性として現れる。林は、市民の潜在的自由と主権者の（超越的秩序からの）自律の原理――これは後に丸山眞男（一九一四―一九九六）らが政治的近代性の基本的な原則に据えたものでもある――を強調している。だが彼は、これらの要素自体が中世とルネサンスの決定的相違点であるとは思っていなかった。それらが出現する条件のうちにのみ、政治的な観点から近代の起源を辿ることができると言うのである。あるいは、歴史が直線的に流れるのを妨げることとなった真のターニングポイントは、国民国家の分裂性のうちに見出すべきだと言ってもよい。国民国家と都市共和国とが、帝国の普遍的・超越的な秩序から抜け出し、もはや神の都市ではなくそれ自身のうちに参照点を見出すようになったとき、これこそが政治的な観点から見た際の「再生」の瞬間である。以上から、二つの帰結が導き出される。一）政治的目的は内面化されていく。新しい国家、新しい共和国は外的・超越的な目的をもちえない。二）中心を失った複数性の世界において、原理主義の余地はない。こうした枠組みにあっては、異端さえも相対化され、その普遍性という絶対的性格――異端はカトリシズム（＝普遍主義）に対立しつつその補完的な役割を果たしていた――を失ってしまうのだ。

一五から一六世紀にかけての「復興時代」は、必要な役割を果たすべきひとつの精神史の中に位置づけられつつそこで必要とされる役割を果たしており、それゆえその精神史の普遍的な価値を有する部分である――このような理解をする歴史主義の一派がいた。これに対して、林は意見を異にした。それどころか、ルネサンスはつまるところある条件の隠喩であり、そのかぎりにおいて無限に繰り返す事象である、とさえ考えていた。この数年後には、花田清輝（一九〇九―一九七四）も無数のルネサンスの存在をみとめ、それはあらゆる場所、あらゆる時代の文化史にも見出すことができると述べることになる。ルネサンスを、回復として、すなわち長く深刻な病気を経たのちの新たな生命として、理解する――これは、生命にかかわるもののうち、最も独創的な形を有する比喩だといえよう。林はこうした観点から、「ルネサンス」は人類の歴史のあらゆる部分――旧約聖書、タルソスのパウロ、すべての宗教――において見出すことができる、と考えた。それゆえルネサンスは、人間の宗教の起源のうちにさえ潜む想像上の一般概念を具現化したものだというのである。

したがって、林の研究は神話と歴史の関係について重要な貢献を果たすものであり、その点では同時代のエーリヒ・アウエルバッハ（一八九二―一九五七）やエルンスト・カッシーラー（一八七四―一九四五）らのそれと同種のものだといえる。シュペングラーらの残響も無視できるものではないが、林に決定的な影響を与えたのはブルクハルトであった。そして『文藝復興』は、その時代の国際的な文化の流れに掉さす著作になっている。

だが『文藝復興』は、日本の軍国主義的傾向に対する抵抗を示す作品でもある。その点では、羽仁五郎の同時代のルネサンスに関する著作（『マキャヴェリ君主論 その歴史的背景』や『ミケルアンヂェロ』を参照）と変わることはない。林自身、『文藝復興』以降の自らの文化的・実践的活動を、抵抗の一形態とみなしていた（渡邊 七七―一二〇）。世界的に見たとき、林のこのような姿勢は、思想史の観点から、一九三〇年代に見られた全体主義の拡大に抵抗する人文主義的精神傾向の一例として理解されうる。こうした抵抗運動の国際的傾向は、例えば一九三六年七月にパリのメゾン・ドゥ・ラ・ミュチュアリテ Maison de la mutualité で開催されたアンドレ・ジッド（一八六九―一九五一）率いる反ファシスト知識人の会議にも見出すことができる。と同時に、林の思想における個人の、つまりは人間の、擁護は、いくつかの際立った特徴を有していた。特筆すべきは、林の言説が思想的混交性と文化的摂取の方向に発展していったことであろう。林の思想は、日本の知識社会のうちに位置づけたとしても、欧米の知識人と照らし合わせたとしても、非常に特殊な経験の産物であったということができる。

しかし、ここで留意しなければならないのは、『文藝復興』を政治的抗議の書として読んだのは、主に戦後の知識人だったという点である。敗戦直後、林の著作は日本の市民的・道徳的再建のマニフェストとなった。そしてそれと同時に、『文藝復興』がそれまで有していた大正時代の「教養主義」などの戦前文化的経験との関連が忘れ去られてしまったのだ。林門下の高瀬善夫（一九三〇―一九九九）が回想するところによれば、林が「鎌倉アカデミア」において教鞭をとった際、彼の講義の主要なトピックの一つはまさにルネサンスであった。こうした文脈において、ルネサンスは、かのヒューマニズムの、さらには戦後日本の言語空間の中心にあった主観の、歴史的な起源でもあったと言えるだろう。林を敬慕した戦後知識人のうちに丸山眞男がいることも、けっして偶然ではない。

こうした文脈の変化に伴って、林のルネサンスはイタリアおよび西洋とのつながりをますます失っていくことになる。他国文化と自国文化の関係について、林の見解は明らかである。「作庭記」と題された論文において、林は、自ら愛した庭園造りの比喩をもって次のように表現した。すなわち、ある特定の土壌に関して考えると、原産植物が最も適しているとは必ずしも言えず、逆に輸入された植物が不可欠な部分となり、環境の改善さえもたらす可能性がある（林一九三九 四五八–四六四）と。林がこうした「混交」を文化的・精神的成長をもたらす肯定的素因として評価したことは、藤沢にある彼の田舎家の構造そのものに見られる。藤沢の家屋については、林自身が比喩的な意味をもつ論文（林一九三九 四五五–四五七）に述べていたことを思い起こされたい。その家屋は、まずは日本の伝統的な農家の素材を用いて建てられたが、その後、内外ともに改築されて、ルネサンスのタウンハウスの様相を呈するものとなった。林のルネサンスをまとめるならば、倫理的・市民的・宗教的な価値の上からも、その外的なイメージの観点からも、彼はルネサンスを、比喩的に表現し、普遍的に捉え、そして適合化していったといえるだろう。その後、彼の影響力は、時間の経過とともに減少していったとはいえ、一定の文人・研究者たちにとっては変わらず重要なものであり続けている。その中には、イタリア・ルネサンスの革新的な解釈を提示した岡田温司（一九五四–）がいる。

図２　林達夫の家

三．マキャヴェッリと大岩誠

マキャヴェッリの著作が日本に紹介されたのは、一八八六年、パリ駐在の外交官である永井周衛（一八四四–一八九五）が、*Il principe* を『君論』の題名で翻訳したのがはじめである。永井の翻訳の背後には、明治の政治家で憲法起草者の井上毅（一八四三–一八九五）がいた。井上は翻訳・出版の計画を主導するとともに、マキャヴェッリの著作に長い序文を執筆している。井上は、明治時代日本の知的・政治的活動の中で、最も重要な人物の一人であった。岩倉具視（一八二五–一八八三）、江藤新平（一八三四–一八七四）、伊藤博文（一八四一–一九〇九）など、政治的地位の高い人物を通じて、井上は影響力を行使している。また、井上は近代日本の社会組織や慣習、教育制度に大きな影響を与えた。彼は、相互に補強し合う政治と哲学を駆使して、明治憲法上の帝国主義を正当化する試みに生涯を捧げた（Khan 217）。

永井の翻訳と同じ年に、やはり *Il principe* の翻訳が、『経国策』のタイトルのもとに、杉本清胤により出版されている。数年後の一九〇二年には、桐生悠々（一八七三–一九四一）と豊田多賀雄が編集した第三の日本版が出版された。そして一九〇六年、外交官・政治家の林董（一八五〇–一九一三）が、歴史家ティトゥス・リウィウス（紀元前五九–紀元後一七）の『ローマ建国史』の最初の一〇巻に対するマキャヴェッリの解説書 *Discorsi sopra la prima deca di Tito Livio* を初めて訳出したのだ。マキャヴェッリの最も理論的で体系的な著作であり、共和制の価値観に触発され、より有名な『君主論』とは相対的な矛盾をはらんでいる。その中でマキャヴェッリは、古代ローマやあらゆる住民の運勢と退廃を、普遍的な歴史学と人間学の原理から考察しているのである。

ニッコロ・マキャヴェッリは、近代日本の成り立ちにおいて、他のヨーロッパの思想家と比較するとあまり目立たない存在だが、まずエリートに、次に一般論壇に近代的な政治意識を形成したという点では、極めて重要な役割を果たしたといえる。マキャヴェッリは、欧米列強が形成する新しい国際関係の世界における政治行動のマニュアルとして読むことができるのである。こうした文脈では、井上毅のような人物が、マキャヴェッリの教義を支配者の耳に囁く仲介役（立場によって助言者、または堕落者）となる。

戊辰戦争後の日本では、欧米の主要な思想・哲学的概念の習得が、実地への応用および適用を目指したプロジェクトとして推進されたが、その主要な目標は、そうした外部の哲学的な理想や理念の実現そのものではなかったのである。福澤諭吉（一八三四－一九〇一）や西周（一八二九－一八九七）のような知識人や改革者にさえ（特に彼らの晩年において）、西洋の理想が望ましいと判断されたのは、それが日本に国力をもたらすと考えられたからであった。だが、マキャヴェッリの特殊性は、強力な官僚の手中にある隠然たる権力の道具であったことにあると言える。その意味で、このイタリアの思想家は、単なる社会政治的な機能の理論家である以上に、意思決定者の心に現実主義的言語を語りかける道具ともなり得る存在である。マキャヴェッリが政治の実践的なマニュアルになり得るということは、その後もずっと続いている。しかし、二〇世紀の最初の数十年間のマキャヴェッリ受容は、国内および国際的な状況の変化に適応していた。第一次世界大戦後の世界的な民主化の進展は、マキャヴェッリに備わる「政治的現実主義の理論家」としての「アウラ」を吹き消すことなしに、彼の教えとされるものを政治の領域の外へ連れ出し、主に学術的な議論という形で世論に開かれたものにした。その意味で、日本におけるマキャヴェッリ研究の発展は、より広範な国際的潮流の一部であると言える。特に、ハインリヒ・フォン・トライチュケ（一八三四－一八九六）からフェリックス・ギルバート（一九〇五－一九九一）へと続く、同時代ドイツとの類似性が強い。

この長く多面的な時代において、マキャヴェッリが描いたルネサンス期のフィレンツェとイタリアは、日本の隠喩として解釈される可能性を有していた。同時に、彼が紹介された明治時代と同様、マキャヴェッリは常に西洋の政治行動とその価値観の「虎の巻」であり続けた。つまり、マキャヴェッリの著作は、「西洋」の政治文化を文字にしたものと、大多数の学者と政治家はみなしていたのである。しかし、年月とともにマキャヴェッリの歴史的・理論的理解が深まり、彼についてのより複雑な著作が出版されるようになった。特に一九三〇年代から一九四〇年代前半にかけては、あらゆる角度からマキャヴェッリに関する研究が大きく進展した。日本におけるイタリア・ルネサンス研究の先駆者である大類伸（一八八四―一九七五）の論文（大類一九三八）や、西田幾多郎の短いが重要な哲学的評論（西田一九四二）は、たがいに大きく性質を異にする貢献であったとはいえ、いずれもマキャヴェッリをめぐる議論の変遷をたどる上で見過ごせない価値をもっている。同じ頃、マルクス主義の歴史家羽仁五郎（一九〇一―一九八三）の著作『マキャヴェリ君主論その歴史的背景』（一九三六年）が出版されたが、これも非常に重要である。実際には、この本の内容のうちマキャヴェッリに捧げられているのは一部だけであって、むしろイタリアの思想家が置かれた時代背景が詳しく説明されていることから、近代日本の歴史的展開との類比で読むことも可能である。

このような文化的風潮の中で、マキャヴェッリのより正確な新訳が必要とされたのである。また、まだ日本語になっていない重要な著作は、すべて翻訳する必要があった。その任務を引き受けたのが、多賀義彦の筆名で活躍した大岩誠（一九〇〇―一九五七）である。

一九三三年、滝川事件の勃発当時、大岩誠は京都帝国大学の助教授であった。大岩の同僚である滝川幸辰（一八九一―一九六二）は、トルストイにおける政治・社会情勢と犯罪の関係について講演した後、文部大臣鳩山一郎（一八八三―一九五九）にマルクス主義を唱えたとして罷免された。そして、京都大学の法学部全員は、その同僚と連帯して、辞表を提出したのである。その後も、大岩は政治理論家、歴史家として活動を続けた。特に、東南アジアや南アジアでの政府論や独立運動について執筆した。一九三七年、思想上の理由で投獄された後、戦時中は満鉄調査部に勤務した。

『君主論』が収録された第一巻の序文で訳者自身が述べているように、大岩は全六巻の『マキャヴェッリ全集』を刊行することを目指していた。しかし、けっきょくそれは実現せず、一九四〇年から一九四一年にかけて四巻が発行されただけであった。

大岩は、日本の政権と敵対的な立場にあったとまでは言えなくとも、体制派の批判者であったことはしばしば指摘されている（例えば、Ikeda や Hattori など）。だからこそ、彼は自国の政治行政を批判するために、マキャヴェッリの著作を匿名で出版したと言われている。しかし、急ぎ足で単純な解釈を採用することなく、当時の日本の知識層においてマキャヴェッリの翻訳出版がどのような意味をもっていたかをよく検討しておくべきである。現代ヨーロッパ政治を扱った『新社会設計図』（一九三六年）や『南アジア民族政治論』（一九四二年）などの著作に目を向けて、大岩の複雑な思想を総体的に捉えることも重要だろう。特に、大岩の満鉄調査部での仕事と植民地時代のアジアの政治・社会情勢への関心も考慮しなければならない。

まず、太平洋戦争前夜の文化状況の中で、大岩の翻訳がどのように受け止められていたかを分析することから始めよう。例えば、後にルネサンスに関して何度か文章を執筆し、フォスコ・マライーニ（一九一二―二〇〇四）と共同作業を行うことになる鹽見高年は、大岩訳の第一巻の書評を書くにあたって、この著作がいかにヨーロッパとその政治行為を理解するためのツールであるかを、冒頭から強調している。このような、ヨーロッパ政治の「読み解き方」解釈の鍵の探求は、欧州の国が再び戦争を始めた際には特に重要な意味を持ったと思われる。鹽見が言うように、ヨーロッパは、ヨーロッパ人の日本に対する態度を「非道義的」であったと考えている多くの日本人から、「複雑で怪奇的」なものと定義されていた（鹽見 二九二）。しかし鹽見は、大岩の翻訳が、ヨーロッパは複雑な現実ではあるが、けっして怪奇なものではないことを示す役割を果したたと指摘する。マキャヴェッリはヨーロッパの政治理念の原点であったからこそ、マキャヴェッリに関する知識はまさにこの複雑さを理解するための道具であった。

これは、大岩自身が訳書各巻の前書きと後書きに記した主張の一つでもある。大岩は、とりわけ『ローマ史論』の前書きにおいて、数世紀にわたるヨーロッパの政治的現実に対するこのようなマキャヴェッリの思想が果たす解釈の機能を、模範的に示している。大岩はこの文章の中で、西洋の政治史に深く属し、ローマ文明に端を発する本質的な原理をたどっているのである。大岩は、浪漫主義やレオポルド・フォン・ランケ（一七九五―一八八六）に端を発するドイツの伝統から影響を受けつつ、古代ギリシャを東方の文明とみなしている。その後、古代ローマ人はギリシャ文明を引き継ぎ、変化し、政治的な意味で西洋を構造することになる。こうした解釈は、安田與重郎（一九一〇―一九八一）の『日本の橋』（一九三六年）における古代ローマの詩的描写との共通点があるかもしれない。

大岩によれば、すべての「野蛮」な民族に受け継がれ、近代における北ヨーロッパの政治を支配するようになった古代ローマおよび「西洋」の第一原理は、「覇権」または「覇道」である。覇道とは、階層的関係を受け入れないことによって特徴づけられる道である。この意味で、君主が民意の発露であり、かつ、「同等者中の筆頭」である以上、覇道は「民主的」である。それはまた、継続的な征服と同化を促す覇権的な政治原理でもある。大岩は、この空想を「皇道」をめぐる言説と対立させる。彼は、新しいアジアを構築する上で、この二つのビジョンを対照させるだけでなく、相互の対話が必要であると考えている。そのためには、マキャヴェッリの知識が不可欠である。マキャヴェッリは、西洋政治の本質的な原理の近代的翻訳、つまりその原理の覚醒的 Entzauberung 解釈と表現しているからである。言い換えれば、大岩のマキャヴェッリは植民地主義の理論的「父」であるとも言える（大岩一九三六／二四三）。

しかし、大岩のマキャヴェッリは、単に一九四〇年代の強権的な超国家主義的レトリックの産物でもなければ、彼個人のアジア主義的信念の結晶でもない。大岩は『君主論』のあとがきで、欧州列強の政治的実践を理解することは、あくまで翻訳の「第二の」目的であると言明している。第一の目的は、マキャヴェッリの理論の普遍的な側面を把握することである。大岩は、政治的行為とその原因を記述し理解することを目指した近代科学的技術としての政治学をマキャヴェッリが創始したと考えている。その意味で、彼はこう言っている。

複雑奇妙の政治動向を冷厳な科学的認識によって其の実相を把握することが急務であり、皇国独自の政治社会すなわち一君萬民の厳然たる政治事実を在りのままに認識し、これによって日本政治諸科学の確立、深化、完成に努めるのが刻下の要務であるがゆえに、われらはニッコロの著述によって科学精神をいかに活動せしむべきかを会得しようとするのである（大岩一九四〇／二四二）。

このように、大岩にとってマキャヴェッリは、ルネサンス的イタリアの文脈の政治的表現であり、いわば古代ローマ人の言葉を近代ヨーロッパのアクセントでもって語っているのである。しかし、彼はまた、国内および国際政治を普遍的な科学の観点から考えることを可能にする方法論の発見者でもある。日本が東アジアの中で正当な地位を占めるためには、政治の力学を科学的に理解することが必要である、と大岩は指摘する。

大岩のマキャヴェッリ論は、一九四〇年代日本の政策決定者のメンタリティと認識論の枠組みに対する潜在的な批判である。しかし、大岩のマキャヴェッリは、単に人間と政治の事象を冷静に観察しているわけではない。彼は常に頑固な共和主義者であり、古代ローマ人の誇り高き子孫であり、そして何よりも愛国者であることに変わりはない。マキャヴェッリが、その哲学的原理の多くを同じ古代ローマの歴史家であるギリシャのポリュビオスから学びながら、ローマの美徳と権力の弁明者であるリウィウスを主要著作の主題に選んだことは、けっして偶然ではないと大岩は指摘する。

近代政治学の原点と本質、そして有能で毅然とした行動家を体現するマキャヴェッリは、果たして歴史学の産物に過ぎないのだろうか。大岩は、先に言及した明治時代のマキャヴェッリ解釈者の足跡を、彼なりに辿っていると言えるかもしれない。ひょっとしたら大岩は、伝記的なレベルで自身とマキャヴェッリを同一視していたのではないか。『君主論』が収録された巻のあとがきを読むと、そのようにも思えてくる。その中で大岩は、マキャヴェッリが提唱したイタリア統一のための君主像が、半島のさまざまな支配者たちの我欲や欲望といかに対照的であったかを強調している。一方で、私たちはそこに、アジアにおける日本帝国主義に対する批判を読みとることもできるだろう。当時の日本政府の政策は、大岩が提唱する、アジア主義的かつ反植民地的な政策とは鋭く対立していた。他方、政治的な理由で「公職」を追放された学者、愛国者、科学者であるこのマキャヴェッリは、大岩誠の経歴を考えると、理想的なモデルであったとは言えないだろうか。

厳密には知的歴史の域を出たこうした問いに対して、明確な答えを提供することは難しい。確かなことは、大岩が自分の研究において政治学の父として描いているマキャヴェッリは、単に道徳から切り離された現代の権力論者ではないということである。大岩のマキャヴェッリは、かつて丸山眞男が、超国家主義に対する自由主義的な批判の枠組みで思い浮かべたような思想家ではないのである。彼を理解するためには、戦後日本の知識人の再解釈を超えて、戦間期と戦時中の大岩の全著作に目を向けるべきである。

大岩は、一九三六年の『新社会設計図』の中で、すでに政治的な嗜好をほのめかしていた。この著作は、一九三五年にアンリ・ド・マンが著した『労働計画の実践』*L'exécution du plan du travail* を要約したものである。付録では、ベルギーの社会主義政治家であり、経済計画論 planisme の理論家であり、ドイツ占領下においてナチスに協力したアンリ・ド・マンの政治理論が分析されている。一九四二年には、『南アジア民族政治論』が出版された。本書で大岩は、主にアジアにおける植民地状況や、日本が大陸で果たすべき政治的・軍事的役割について論じている。そのうちの一章はマキャヴェッリに捧げられ、「マキアヴェルリの理説とアジアの命」と題されている。この章で大岩は、マキャヴェッリについて自由主義的で「英米的」な読み方を無批判に受け入れている日本の知識人を明確に、そして厳しく批判している。彼は、「この日本に未だに残存する英米植民地学者の迷蒙について言ふべきことは多いが、ここにはただ、日本知識人が速かに植民地的教育をすて去り、尊厳なる国体の本義に基き、フイレンツェの此の學究の理論を究め、日本人の自覺に基く正しい評価に一歩前進すべきことを要求するにとどめる」と執筆している（大岩一九四二―五二―五三）。

大岩によれば、マキャヴェッリの真の精神は、イタリアとドイツという新しいファシスト国家によって体現された。これらの国では、西洋文化の個人主義が愛国心と結びついており、英米のリベラリズムのように堕落していないのだという。そうして、マキャヴェッリが示した覇道とは異なる道を歩み、天皇家の下に糾合する一族である日本人が、イギリスと他のヨーロッパの国々のアジアにおける圧迫を攻撃すべきである。そして、日本はこの復興するアジアの「君主」になることを使命としている。だから、大岩は、「マキアヴェルリはわれらの運命開拓に限りなき示唆を與へてゐるのである」と言って、論文を締めくくったのである（大岩一九四二―六七）。

四．ジャンバッティスタ・ヴィーコと清水幾太郎

清水幾太郎（一九〇七—一九八八）は、戦後日本において最も著名で、論争好きな公的知識人の一人であった。清水が現在記憶されているのは主に、左派的な政治的関与を放棄し、右翼的なナショナリズムに移行した「転向者」としてであろう。論争を招いた一九八〇年の著書『日本よ国家たれ——核の選択』では、日本が世界政治の舞台で真の独立を得るためには自国で核兵器を開発せねばならない、と主張した。そのような立場は、終戦直後に左翼の知識人および政治活動家としてキャリアを開始した清水からすると、矛盾であるように見えるかもしれない。

清水は、下層階級の住む東京の下町で生まれたが、東京帝国大学に入学して、社会学を学ぶことを選んだ。一九三〇年代、清水は、戸坂潤や三枝博音（一八九二—一九六三）といった哲学者によって設立された唯物論研究会に、短期間ながら参加している。唯物論研究会は一九三八年に国家当局によって解散させられたが、清水はその時すでにこの研究会を去っており、近衛文麿首相が後援するシンクタンク、昭和研究会の会員となっていた。当時、清水はマルクス主義の影響を受けてはいたものの、彼の思想に主な影響を与えたのはむしろ、オーギュスト・コント（一七九八—一八五七）やアメリカのプラグマティズム、ゲオルク・ジンメル（一八五八—一九一八）であった。清水は、昭和研究会に参加して以降、軍国主義をまったく受け入れなかったにもかかわらず、政権と戦争を支持した。これは清水の最初の「転向」と言えるが、彼はそれまでの基本的な考え、例えばリベラルな知識人への批判や「庶民」の関心に近い社会学の主張などを保持した。そして、それらが戦後の彼の知的トレードマークとなったのである。

敗戦後、ビルマへの派遣を終えて東京に戻った時、清水は日本の文化的・社会的再建において極めて重要

な役割を果たし始めた。一九四六年、二〇世紀研究所を設立し、そこには丸山眞男、福田恆存（一九一二―一九九四）、林健太郎（一九一三―二〇〇四）らの知識人が参加した。三年後、清水は、当時多くの知識人が不可欠と考えていた議論を促進すべく、平和問題談話会を主導する人物の一人になった。同時に、彼は社会活動家としてのキャリアを開始した。一九五〇年代を通じて清水は、憲法の形式などをめぐる知識人間の抽象的な議論が社会的に無益であるとの不満を募らせ、ますます「草の根政治」に集中するようになった。後になって戦後すぐの民主化闘争を振り返り、あれは思えば自分の「啓蒙時代」であったと語ったが、その時代にあっても彼は「民主主義の哲学」を批判し続けた。民主主義の哲学は、清水の意見では、個人と精神の領域における政治的自律という難問を解決する一方で、日常生活の具体的な問題には対処しないのである。

図3　清水幾太郎

清水は、政治・社会活動家として、市民の自己決定権を求める闘いにおいて、また米国と日本政府による日本人の生活への介入に反対する闘いにおいて、最も声高に発言した知識人の一人であった。彼は、一九五三年から一九五四年にかけて、内灘という小さな町に米軍基地を建設することに反対する抗議活動を支持し、積極的に参加したことで、メディアの脚光を浴びた。彼の政治活動は、一九六〇年の安保闘争敗北まで続き、その後、清水は日本の大衆社会に対する厳しい批判者になった。

清水の「転向」の時期は、彼の理論的により野心的な著作の一つである『現代思想』が出版された一九六六年を中心にして、安保闘争敗北の一九六〇年から学習院大学教授を辞任した一九六九年までの間に位置付けられるというのが、多くの清水研究者の見方である。この時期に、清水の全著作に通底する歴史と生命（経験）との関係というテーマは、目的論的歴史観への批判という形をとるようになった。そして政治的観点からすれば、この時期にまた清水は右翼の知識人とみなされるようになった。一九七〇年代、清水の政治的立場はますます保守的になり、社会秩序の積極的な体系として国民国家に目を向けた。一九八〇年に刊行された『戦後を疑う』は、こうした新たな態度の代表作である。

安保闘争敗北から「転向」以降の活動までの理論展開において、清水は特に近世イタリアの思想家ジャンバッティスタ・ヴィーコ（一六六八―一七四四）の影響を受けた。ヴィーコの生まれたナポリは、近世ヨーロッパの主要都市の一つではあったものの、ヨーロッパ大陸の知的なネットワークの中で徐々に周縁に追いやられつつあった。だからといってナポリは、アルプス以北との活発な文化交流を欠いていたわけではないし、主要な文化潮流から取り残されていたわけでもない。一七世紀後半、若き日のヴィーコが修辞学の教授として居を構えた頃のナポリは、長年にわたってヨーロッパにおけるデカルト哲学の中心地であった。ヴィーコも当初はデカルトの思想にいくらか共感していたが、しだいに対立する立場をとるようになった。ヴィーコの中心的な教義は、「真なるものとは作られたものである」verum factum という原理である。これは真理の基準を、デカルトの示唆したような観察や省察ではなく、作成とするものだ。

清水がジャンバッティスタ・ヴィーコを発見したのは一九三〇年代初頭、つまり、歴史哲学がまさに「時代精神」Zeitgeist であり、ヴィーコがこの学問分野の創始者の一人とみなされていた頃のことである。しかし、羽仁五郎や三木清といった学者に影響を及ぼしたその一九三〇年代のヴィーコに対しては、清水の興味は長続きしなかった。その哲学に真に惹かれるようになったのは、何年も経って、ヴィーコの『自伝』を読んでからである。ヴィーコの著作に対する清水の新しい態度は、一九三〇年代とは異なる文化的環境に関連して生じたものだろう。清水が発見したヴィーコは、一九六〇年代後半から一九七〇年代にかけて主にアメリカの学者によって展開された、歴史と科学との間の「方法論争」Methodenstreit の新たな解釈に影響されたものに違いない。清水がヴィーコについて執筆したのは一九七〇年代以降になってからであり、彼自身が「ヴィーコ復興」と呼んだ国際的な現象のまっただなかのことであった。ヴィーコについては、清水はとりわけ二つの著作、『倫理学ノート』（一九七二年）と『私の社会学者たち――ヴィーコ・コント・デューウィほか』（一九八六年）で論じている。さらに、一九七五年に出版されたヴィーコ『新しい学』の初の全訳の編集にも大きな役割を果たした。清水はその序文として「私のヴィーコ」と題する短い論文を書き、この論文は数年後『私の社会学者たち』に再録された。

一九七〇年代、清水はヴィーコ解釈を通じて、史的唯物論などによって歴史を図式化することに対する彼自身の不満を表明し、そしてまた、技術が人間の根本的に非合理的本性から出現するという彼自身の考えを主張した。特に後者は、『ジャーナリズム』（一九四九年）や『社会心理学』（一九五一年）以降の戦後の著作にも見られ、清水の思想全体を貫くテーマではあるものの、ヴィーコの影響のもとで新しい体系的な意味を帯びたのであった。

ヴィーコの名前が初めて登場したのは、『倫理学ノート』においてである。この著作で清水は、『現代思想』と同じく、近代性を生命の抽象的表象と具体的表象との対立として解釈した。この対立は、『倫理ノート』においては、近世の二人の哲学者に具現化されている。一方にはデカルトがおり、他方には彼の「敵」であるヴィーコがいる。この二人の哲学者の複雑な関係は、清水のヴィーコ解釈において注目すべき象徴的役割を果たしている。個人的なレベルでは、この関係は清水自身の「転向」の原型を表象している。より理論的なレベルでは、彼はこの二人の哲学者を、抽象対生命のダイナミクスの典型的な具現化とみなしていた。清水の主張はこうだ。すなわち、生命からの分離とそれに対する抵抗というダイナミズムの中で、デカルトとヴィーコは二つの異なる道の始点であり、この二つの道は繰り返し交差し、また衝突する。第一の道は、明るく輝く道であり、主流と言えるもので、まさに近代そのものとみなされるようになったものである。この道からすれば、近代とは技術と直線的進歩の神話を意味している。第二の道は、清水の述べるところでは、暗く狭いが一貫性を具えているという。清水は、ヴィーコをデカルトの敵として解釈することによって、このイタリアの哲学者の道にしかるべき地位を授けようとした。かくしてヴィーコは、清水が『現代思想』で取り上げた現代の科学的還元主義に対する戦いにおいて味方となった。清水自身、「ヴィーコがデカルトの敵であるならば、ヴィーコは私の味方ではないか」と述べている（清水一九九三第一八巻一九六）。

清水は、デカルト主義に対するヴィーコの知的関係を「転向」として定義した。それにより、この関係を、大衆社会を生み出した生命の機械化に対する抵抗の、純粋で首尾一貫した形として解釈しようとしたのである。清水の指摘するところでは、分析的方法による抽象が数と観念のネットワークによって現実を統御できるのは、それが「近似」によって機能するからである。だが、「リアリティとのタッチ」（清水一九九三第一三巻二四二）を渇望し、観念の世界の外にあるものを見たいと望む者は、「転向」の経験を経なければならない。そうして初めて、現実は深みをもつようになり、時間の中に位置づけられるようになる。このとき時間は、もはやからっぽの容器ではなくなり、経験の有意味な秩序になる。そのように清水は結論づける。

清水によると、デカルトが伝統的な思想にもたらした革命とは、「真理らしく見えるもの」verisimilitudoの役割を否定したことである。デカルトの世界では、知識は「明晰判明」な主観的認識と一致するような真理 veritas のみに基づいている。このような世界は、清水にとって、極端に狭い透明な世界にすぎないように見える。つまり、外界との実際の関連をもたずに精神の中で世界を理論化するという、個人（主義）的な主体の小さな領域ということである。それとは逆にヴィーコは、周知のごとく、その著書『学問の方法』（一七〇九年）で「真理らしく見えるもの」に重要な役割を与えた。さらに清水が主張するところでは、真理らしく見えるものと偶然性を受け入れる態度から帰結するのがヴィーコの「常識」senso comune（現在では基本的に「共通感覚」と日本語訳される）であり、これが人間の生活世界の経験を可能にするという。生活世界において人間が接しているのは、抽象と昇華というよりも、肉体を具えた存在としての自己と他者の具体的な問題と関心、ひとことで言えば経験、である。経験とは、時間と歴史を通じて、個人の良心＝意識が集団の良心＝意識と混ざり合う場である。それゆえ、清水にとって常識は、認識論だけでなく、倫理とも関係するものだ。

こうした文脈において、清水は「真なるものは作られたものである」という原理についてどのような見解を示しているだろうか。清水によると、ヴィーコが、『イタリア人の太古の知恵』（一七一〇年）で初めてこの原理を発表したとき、技術と現実の背後にある抽象理論の本質と機能を発見したという。幾何学的方法は、知ることはできるが単なる「フィクション」である世界を作り出す（この清水の「フィクション」は、日本の近代主義の主流である丸山眞男の思想と結びついた用語である）。そのようなフィクションの世界がもたらすのは、現実の世界についての蓋然的な知識のみである。ヴィーコは理論と現実とのこうした間接的なつながりを理解していた、と清水は述べる。このように、清水によれば、ヴィーコの思想は解釈の図式と現実の構造との間の存在論的一致という素朴な理論を克服している。神がリアリティの世界の王であるならば、人間はフィクションの世界の王である、というわけだ。

フィクションの世界こそが人間の知識の及ぶ存在論的領域であることになる。とはいえ、清水が指摘するには、デカルトに対立しながら依然として影響を受けていたヴィーコの存在者の論理の二極化は、『新しい学』にいたって覆されたという。ヴィーコの主著である『新しい学』では、人間の知識に開かれた第三の可能な存在秩序が登場する。すなわち、人間とその社会の世界である。この人間の知識に開かれた半透明な現実の根底には、たえず理論的な図式化から逃れる「曖昧や晦渋」がある。この曖昧で晦渋な根底を明確にしようとすると、言語の問題に巻き込まれる。これは、ヴィーコによる名高い哲学 filosofia と文献学 filologia（清水は「言語学」と日本語訳している）の区別に結びついている。かたや哲学は、真理の学として、普遍的なレベルで機能し、人間の歴史の一般法則を形成する。かたや文献学（言語学）は、確実性の学として、偶然のものと特異なものとに目を向ける。これらが一緒になって、ヴィーコの「新しい学」を形成している。清水の考えでは、新しい学を構成する知識の第二の形式である文献学（言語学）は、知性を現実の複雑さに結び付けたままにしておく。清水によると、非常に特殊な解釈ではあるが、このヴィーコ的な文献学（言語学）は「人間の選択が働く世界」、すなわち慣習、伝統、表現の結合をテーマとする社会科学に一致するという。つまり清水は、人生に意味を与えるのはそれが外的で偶然的な世界ととりもつ関係であるという、彼自身の理論的核心を、ヴィーコの思想に投影したのである。清水の結論は、社会生活の究極の価値を主体性に置く日本の近代主義および進歩主義に対して彼がしだいに発展させた反発を再確認するものでもあった。その解釈に従えば、哲学（形式的学知）と文献学（帰納的知識）を調和させるヴィーコの新しい学は、知識人とその知的対象との近代的区別をもたらすため、単純な反近代主義と人種主義の神話とを回避できるようにする。しかしそれは、知識人を人民の欲望の政治的解釈者に仕立て上げるものであった。こうした発想は、鶴見俊輔が強調したように、清水の戦前の思想にすでに現れていた。そして、そのような知識人の役割の政治的・社会的問題は今日では明白になっていると言っても過言ではないだろう。

ヴィーコに関する清水の研究が日本で直接に受け継がれることはなかった。死後長い間、清水の思想は批判され否定的に見られてきた。しかし、清水幾太郎の名前を責任編集者に冠した一九七五年の清水純一と米山喜晟による『新しい学』の翻訳のおかげで、ヴィーコの思想は日本で知られるようになった。他の多くの著者、とりわけ日本で最も重要なヴィーコの翻訳者・解釈者である上村忠男は、今でもヴィーコの研究を行っている。

【参考文献】

上村忠男『ヴィーコ――学問の起源へ』中公新書、二〇〇九年。

ヴィーコ、G『新しい学』（『世界の名著』六巻）、清水幾太郎編、清水純一、米山喜晟訳、中央公論社、一九七五年。

大岩誠『新社会説計圖』甲文堂書店、一九三六年。

――『南アジア民族政治論』万里閣、一九四二年。

――（多賀善彦名義）「あとがき」、『マキアヴェルリ選集　第一巻』（『君主論』）多賀善彦訳、創元社、一九四〇年。

大類伸「マキアヴェリと時代」、「マキアヴェリ『君主論』の一考察」『ルネサンス文化の研究』三省堂、一九三八年、三六一–四一四頁。

岡田温司「林達夫のシニカルな魅力――薫る大正時代の教養主義」『日本経済新聞』二〇二一年四月三日。

久野収編『回想の林達夫』日本エディタースクール出版部、一九九二年。

鹽見高年〈紹介〉多賀義彦訳「マキアヴェルリ君主論（マキアヴェルリ選集　第一巻）」『史林』二五―二、一九四〇年、二九二―二九三頁。

清水幾太郎『日本よ国家たれ――核の選択』文芸春秋社、一九八〇年。

――『清水幾太郎著作集』全一九巻、講談社、一九九二―一九九三年。

多賀義彦（大岩誠）訳『マキアヴェルリ選集』四巻、創元社、一九四〇―一九四二年。

西田幾多郎「国家理由の問題」『西田幾多郎著作集』岩波書店、第十巻、岩波書店、一九六五年、二六五―三三七頁。

林達夫『文藝復興』小山書店、一九三三年。

――『思想の運命』岩波書店、一九三九年。

羽仁五郎『マキャヴェリ君主論 その歴史的背景』岩波書店、一九三六年。

――『ミケルアンヂェロ』岩波書店、一九三九年。

マキアヴエリ『羅馬史論』林董訳、博文館、一九〇六年。

マキヤヴェリー『経国策』杉本清胤訳、集成社、一八八六年。

マキヤヴェッリ［マキヱヴヱリー］（尼果羅・瑪基亜威里）『君論』井上毅校閲、永井修平譯述、博聞社、一八八六年。

三木信近、棚橋一郎訂『万国歴史』陸軍幼年学校、一八九四年。

元良勇次郎、家永豊吉編『萬國史綱』三省堂、一八九二―一八九三年。

渡邊一民『林達夫とその時代』岩波書店、一九八八年。

Burckhardt, J., *Die Cultur der Renaissance in Italien. Ein Versuch*. Basel, Schweighauser, 1860.
Hattori, F., "La fortuna in Giappone delle opere politiche di Machiavelli dalla prospettiva di un traduttore giapponese dell'"Arte della

Guerra'", *Letteratura e Scienze*. Atti delle sessioni parallele del XXIII Congresso dell'ADI (Associazione degli Italianisti), a cura di A. Casadei, F. Fedi, A. Nacinovich, A. Torre, Roma, Adi Editore, 2021.
Ikeda, K., "Machiavelli in Giappone", *Lettere italiane* XXI:1 (1969), pp. 326-331.
Michelet, J., *Histoire de France (vol VII) au seixième siècle: Renaissance*, Paris, Chamerot, 1855.
Pater, W., *Studies in the History of the Renaissance*, London, McMillan, 1873.
Tagliacozzo, G., White, H.V., *Giambattista Vico: An International Symposium*, Baltimore, The Johns Hopkins University Press, 1969.
Vico, G., *De nostri temporis studiorum ratione*, Napoli, Felice Mosca, 1709.
———, *Principj di scienza nuova d'intorno alla comune natura delle nazioni*, Napoli, Stamperia Muziana, 1744.

第七章

新観念論から現代思想まで

國司　航佑

一．はじめに

ヴィーコ以降のイタリア哲学は、相対的に見て一種の停滞期に入る。もちろんそうした時代にも、重要な思想家がいなかったわけではない。例えば、国家統一運動の最盛期に新教皇主義の思想を提示して存在感を発揮したヴィンチェンツォ・ジョベルティ、神学者として啓蒙主義や共産主義に反発し新たな保守思想を確立させたアントニオ・ロズミーニ、ヘーゲル哲学を受容しナポリに新観念論の一派を築いたベルトランド・スパヴェンタなど、注目に値する思想家は少なくない。だが彼らは、今のところあくまでイタリア国内で重要視されるに留まっており、世界的な哲学者であるとは言いがたい。わが国においても、極めて限定的にしか彼らの思想は受容されてこなかった。

翻って二〇世紀のイタリアは、数多くの世界的哲学者を輩出した。本章ではまず、その中から最も重要と思われる三名、すなわちベネデット・クローチェ、ジョヴァンニ・ジェンティーレ、そしてアントニオ・グラムシを、個別に取り上げる。彼らの思想を受容した日本側の主要人物としては、芥川龍之介（クローチェの美学）、羽仁五郎（クローチェの自由主義歴史学）、三浦逸雄（ジェンティーレの哲学）、そして石堂清倫（グラムシの思想）を紹介する。こうして、三名のイタリア人哲学者と四名の日本人受容者を中心に四つのストーリーが語られることになる。

よく知られているように、イタリア思想界はグラムシ以降も多くの著名な哲学者を輩出し続けて現在に至っている。たが、現代思想についてはイタリア側の主人公を選ぶことはせず、それを総合的に紹介した二名の日本人研究者、上村忠男および岡田温司にスポットライトを当てた。彼らの業績を通じて、わが国における現代イタリア思想の受容状況を概観したい。

二．クローチェの美学と芥川龍之介

二〇世紀のイタリア哲学の主要な登場人物を数名選ぶとすれば、最初に挙げるべきはベネデット・クローチェを措いて他にない。クローチェは、一八六六年にアブルッツォに生まれ、一九世紀末から二〇世紀前半にかけて主にナポリで活躍した哲学者である。彼は、当時の学界において支配的であった実証主義に対抗しつつ「精神の哲学」なる独自の体系を築き上げ、美学、歴史学、倫理学、文芸批評等、多岐にわたる分野において絶大な影響力を誇った。そんなクローチェの最初の重要作品は、一九〇二年に上梓された画期的な美学書『表現の学および一般言語学としての美学』*Estetica come scienza dell'espressione e linguistica generale*（以下『美学』と略記）である。『美学』は、一方で哲学の対象を精神の活動に限定することで実証主義に対する強烈なアンチテーゼを打ち出しつつ、他方では「直観」（＝芸術）を論理的思考や実践的な活動から厳密に区別することにより「芸術の自律」という原則を理論的に裏付ける論考であった。その新しさはイタリア国外でもすぐさま大きな反響を呼び、まずはフランス語訳とドイツ語訳が、それぞれ一九〇四年および一九〇五年に、次いでダグラス・エインズリによる英訳 *Aesthetic, As Science of Expression and General Linguistic* が一九〇九年に刊行される。そして、この英訳が世界中で読まれるようになると、一躍クローチェは当代を代表するイタリア哲学者とみなされるようになった。

わが国においてはじめて読まれた彼の作品も、やはりエインズリ訳『美学』である。一九一二年頃、おそらく最初の受容者である夏目漱石が本作に触れた後、彼の門下生を始めとする学者・文人たちの間で読まれるようになり、大正時代に入ると一種のブームが生じるまでとなった。そこでは、阿部次郎、菊池寛、川端康成など、時代を代表する著名な作家たちがこぞってクローチェ美学に言及しており、とりわけクローチェの美学思想を要約した「芸術は表現である」という命題が好んで引用された。だが多くの場合、その受容は限定的あるいは表面的なものだったようである。例えば菊池寛は、クローチェ作品を実際に読んだことがなく、米国の文芸批評家スピンガーンの言説を通じて、間接的に受容したに過ぎなかった。

こうした表層的とも言えるクローチェ美学の流行の中にあって、おそらく最も真剣にクローチェ作品と向き合ったのは、不世出の短編小説家、芥川龍之介であった。近年、田鎖数馬をはじめ複数名の芥川研究者が、関連する問題をテーマにいくつもの論考を発表している。クローチェ美学が、芥川の文芸観に少なからぬ影響を与えていたからである。その全容はいまだ明らかになっていないようだが、これまでに分かっているところから芥川のクローチェ受容の一端を以下に紹介しよう。

日記「我鬼窟日録〔別稿〕」を参照するに、芥川が確実にクローチェ作品を読んだことが確認できる最初の日付は、一九一九年九月十日である。日記の当該ページには「クロオチェがエステティク」（芥川一九九八 一七）を読んだと記されており、これはエインズリによる英訳であることが分かっている。だが、直接的にせよ間接的にせよ、それ以前に芥川が既にクローチェ美学に接近していた、ということはほとんど疑う余地がない。一九一七年に発表された「はつきりとした形をとるために」という短い評論のうちに、芥川は以下のように書いている。

私の頭の中に何か混沌たるものがあつて、それがはつきりした形をとりたがるのです。［…］あなたがもう一歩進めて、その渾沌たるものとは何なんだと質問するなら、又私は窮さなければなりません。思想とも情緒ともつかない。――やつぱりまあ渾沌たるものだからです。唯その特色は、それがはつきりした形をとる迄までは、それ自身になり切らないと云ふ点でせう。でせうではない。正にさうです。この点だけは外の精神活動に見られません。だから（少し横道にはいれば）私は、芸術が表現だと云ふ事はほんたうだと思つてゐます。（芥川一九九六 四四 傍線引用者）

傍線を引いた箇所、すなわち「芸術が表現だ」という言い回しは、既に述べたように、クローチェ美学を象徴する命題として当時の文学者に好んで引用された文句であった。また、里見弴の文芸論に応答する形で一九一八年に発表した「或悪傾向を排す」においても、「よく人が云ふやうに、芸術は正に表現である。」（芥川一九九六 二八九）、「もう一度繰り返すと、芸術はまさに表現である」（芥川一九九六 二八九）、と文字通り繰り返しこの命題に言及している。

これだけであれば、当時流行していたクローチェの文句を援用しつつ、それに賛同の意を表明しているだけ――つまり表層的な受容――であるようにも見える。だが芥川の場合、「表現」という概念を厳密に定義しているという点において、他の作家と一線を画していた。

小手先の問題ではなくて、始めからある感じ方の相違である。技巧の有無ではなくて、内容の相違である。いや、技巧と内容とが一つになつた、表現そのものの問題である。（芥川一九九六 二九〇）

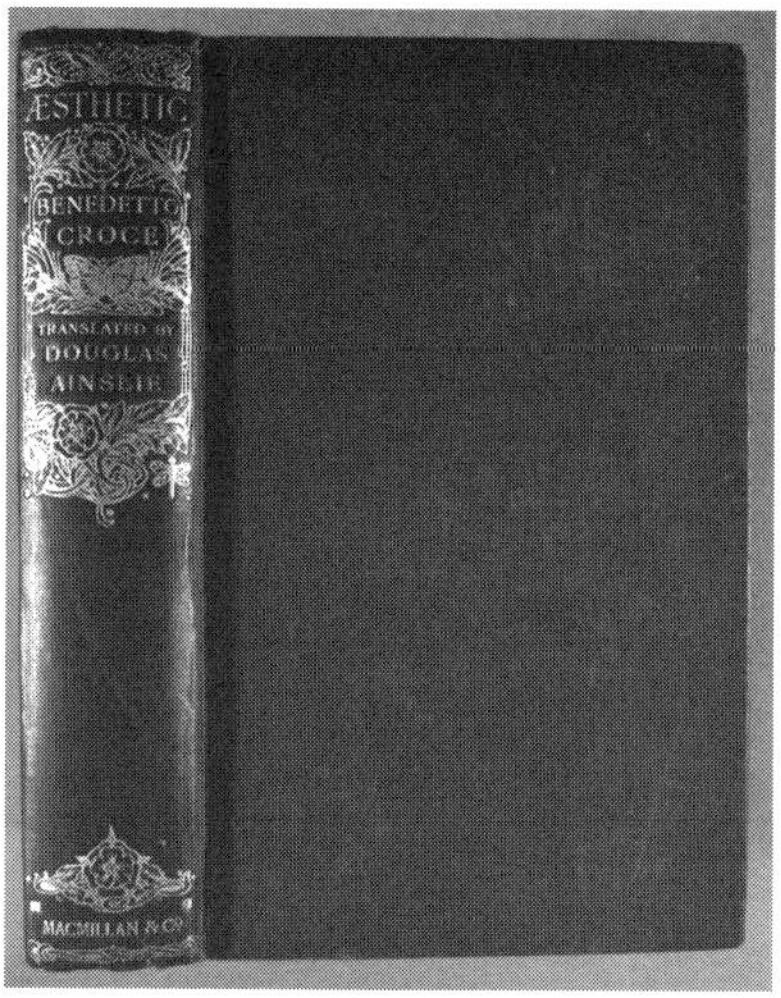

図１　芥川が所蔵していたクローチェ著『美学』、日本近代文学館所蔵（撮影：日本近代文学館）

芸術（文学）の評価において「表現」を絶対視するということは、ともすれば内容と形式のうち形式をより重視するという一種の形式主義に行きつきかねない。しかし、クローチェ美学の本来の要点は、なにより「直観」という認識行為と芸術的創造を同一視することにあり、決して、形式を内容に優先させることでもなければ、技巧に唯一の価値を置くことでもなかった。この時点の芥川は「直観」という単語を用いていないものの、言わんとするところはクローチェの「直観」をめぐる議論に近い。

先述の通り、一九一九年には芥川は『美学』英訳を確実に読んでいるのだが、その直後に発表した評論「芸術その他」において、クローチェ美学の影響が最も鮮明に表れている。芸術活動がいかに意識的であるか、創作行為において内容と形式はいかなる関係にあるか、といった問題群に対して、芥川はクローチェの議論をほとんどそのまま援用して答えていると言ってよい。ただしその際、芥川はクローチェの名を明示することはなかった。それは、「はつきりとした形をとるために」および「或悪傾向を排す」においても同様である。その裏にどういう意図があったかは不明だが、明らかにクローチェ的な見解を提示するにあたって、芥川がその名に触れることがなかったという事実は興味深い。

さてその後一九二七年、よく知られているように、芥川は自らの手でこの世を去ることになる。実のところ、彼のクローチェに対する関心は、死の直前に至るまで薄まることはなかった。だが晩年の芥川のクローチェ受容に関しては、先行研究の見解は一致していない。一方には、晩年の芥川が、初期の自身の文学観に対立するあるいは矛盾する見解を示すようになることを強調し、芸術と表現に関わる議論においても同様の自家撞着が認められると考える研究者がいる。そして他方には、初期の文学観と晩年のそれは決して相矛盾するものではなく、前者が（とりわけ「直観」概念を経由しつつ）深化して後者に至った、と解釈する研究者もいる。本章では、この問題に関して自説を提示することはできないが、それと関連する注目すべき事実を一つ紹介したい。それはすなわち、芥川が『美学』以降のクローチェ作品にも目を通していた可能性が非常に高い、ということである。というのも、芥川の所蔵本（日本近代文学館所蔵）の中に『ゲーテ』*Goethe* および『詩と詩にあらざるもの』*Poesia e non poesia* ―― いずれも英訳 ―― が存在しており、とくに前者にはいくつかの書き込みが認められるのである。また、評論「文芸的な、あまりに文芸的な」においては、「クロオチェのダンテ論」（おそらく『ダンテの詩』*La poesia di Dante* を指す）への言及がある。

奇妙なことに、わが国の知識人たちによってクローチェ美学が積極的に摂取された時期は、芥川が小説家

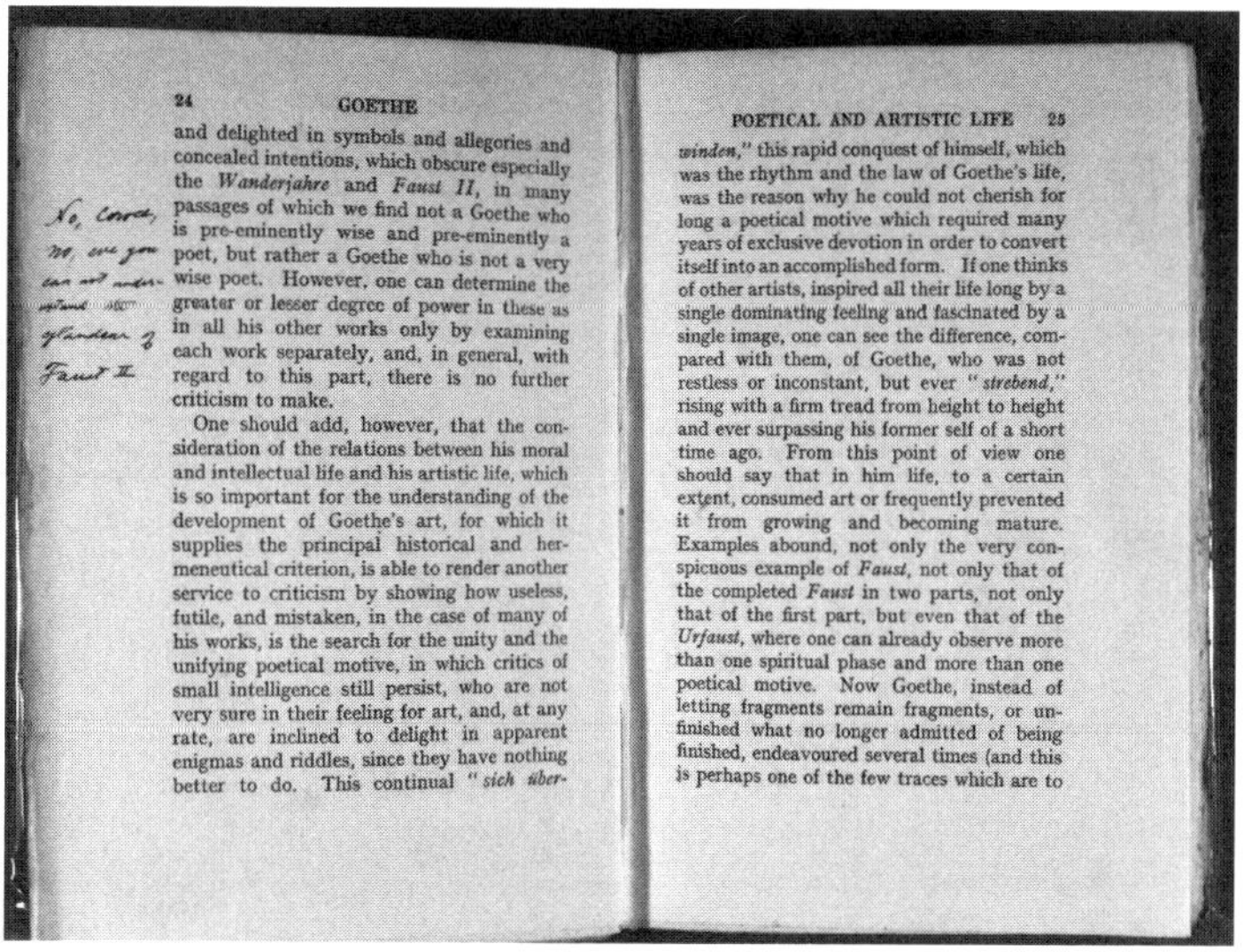

24 GOETHE

and delighted in symbols and allegories and concealed intentions, which obscure especially the *Wanderjahre* and *Faust II*, in many passages of which we find not a Goethe who is pre-eminently wise and pre-eminently a poet, but rather a Goethe who is not a very wise poet. However, one can determine the greater or lesser degree of power in these as in all his other works only by examining each work separately, and, in general, with regard to this part, there is no further criticism to make.

One should add, however, that the consideration of the relations between his moral and intellectual life and his artistic life, which is so important for the understanding of the development of Goethe's art, for which it supplies the principal historical and hermeneutical criterion, is able to render another service to criticism by showing how useless, futile, and mistaken, in the case of many of his works, is the search for the unity and the unifying poetical motive, in which critics of small intelligence still persist, who are not very sure in their feeling for art, and, at any rate, are inclined to delight in apparent enigmas and riddles, since they have nothing better to do. This continual "*sich über-*

POETICAL AND ARTISTIC LIFE 25

winden," this rapid conquest of himself, which was the rhythm and the law of Goethe's life, was the reason why he could not cherish for long a poetical motive which required many years of exclusive devotion in order to convert itself into an accomplished form. If one thinks of other artists, inspired all their life long by a single dominating feeling and fascinated by a single image, one can see the difference, compared with them, of Goethe, who was not restless or inconstant, but ever "*strebend*," rising with a firm tread from height to height and ever surpassing his former self of a short time ago. From this point of view one should say that in him life, to a certain extent, consumed art or frequently prevented it from growing and becoming mature. Examples abound, not only the very conspicuous example of *Faust*, not only that of the completed *Faust* in two parts, not only that of the first part, but even that of the *Urfaust*, where one can already observe more than one spiritual phase and more than one poetical motive. Now Goethe, instead of letting fragments remain fragments, or unfinished what no longer admitted of being finished, endeavoured several times (and this is perhaps one of the few traces which are to

図２　クローチェ著『ゲーテ』に加えられた芥川肉筆の書き込み①、日本近代文学館所蔵

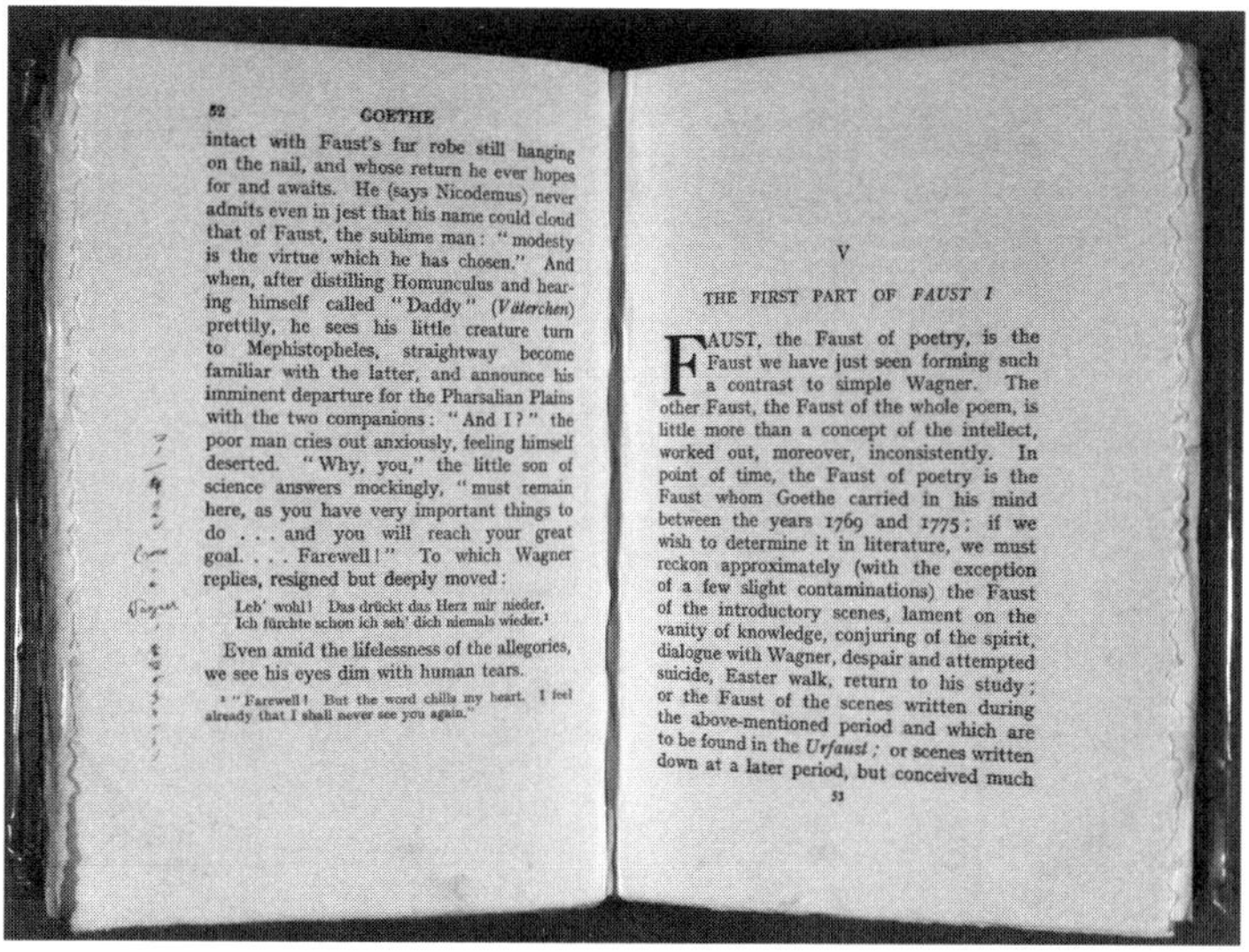

52 GOETHE

intact with Faust's fur robe still hanging on the nail, and whose return he ever hopes for and awaits. He (says Nicodemus) never admits even in jest that his name could cloud that of Faust, the sublime man: "modesty is the virtue which he has chosen." And when, after distilling Homunculus and hearing himself called "Daddy" (*Väterchen*) prettily, he sees his little creature turn to Mephistopheles, straightway become familiar with the latter, and announce his imminent departure for the Pharsalian Plains with the two companions: "And I?" the poor man cries out anxiously, feeling himself deserted. "Why, you," the little son of science answers mockingly, "must remain here, as you have very important things to do . . . and you will reach your great goal. . . . Farewell!" To which Wagner replies, resigned but deeply moved:

Leb' wohl! Das drückt das Herz mir nieder.
Ich fürchte schon ich seh' dich niemals wieder.[1]

Even amid the lifelessness of the allegories, we see his eyes dim with human tears.

[1] "Farewell! But the word chills my heart. I feel already that I shall never see you again."

V

THE FIRST PART OF *FAUST I*

FAUST, the Faust of poetry, is the Faust we have just seen forming such a contrast to simple Wagner. The other Faust, the Faust of the whole poem, is little more than a concept of the intellect, worked out, moreover, inconsistently. In point of time, the Faust of poetry is the Faust whom Goethe carried in his mind between the years 1769 and 1775; if we wish to determine it in literature, we must reckon approximately (with the exception of a few slight contaminations) the Faust of the introductory scenes, lament on the vanity of knowledge, conjuring of the spirit, dialogue with Wagner, despair and attempted suicide, Easter walk, return to his study; or the Faust of the scenes written during the above-mentioned period and which are to be found in the *Urfaust*; or scenes written down at a later period, but conceived much

53

図３　クローチェ著『ゲーテ』に加えられた芥川肉筆の書き込み②、日本近代文学館所蔵

として活躍した十数年におおよそ重なっている。大正期が終わり、一九三〇年に入ると、流行が過ぎ去ったかのように、クローチェの美学思想が言及されなくなっていくのである。

三、クローチェの自由主義歴史学と羽仁五郎

ベネデット・クローチェが二〇世紀のイタリアを代表する哲学者の一人、ではなくて二〇世紀イタリアの最大の哲学者だと言えるとすれば、それは彼が美学のみでなく歴史思想の分野においても革新的な功績を残したからである。

クローチェは『美学』執筆以前から歴史に関連する著述をいくつも発表していたが、歴史という認識のあり方を理論的および歴史的に考察し、全く独自の視点を打ち出したのは一九一〇年代後半に上梓された『歴史叙述の理論と歴史』*Teoria e storia della storiografia* においてである。同書は、『美学』、『実践の哲学』*Filosofia della pratica*、『純粋概念の学としての論理学』*Logica come scienza del concetto puro* に続く「精神の哲学」の第四にして最後の作品であり、まずドイツ語で出版され、その後イタリア語で刊行された。クローチェはそこで、歴史と哲学を同一視しつつ、歴史を人間の認識の問題として捉える独自の歴史主義を提示し、客観的な歴史を標榜した実証主義に対して強烈な批判を加えた。『歴史叙述の理論と歴史』は世界中に多くの読者を獲得し、その内容を端的に要約した「すべての歴史は現代史である」〔正確には、「すべての真の歴史は現代／同時代の歴史である」(Croce 2007 12　訳引用者)〕という命題も、現在に至るまで人口に膾炙している。

さて、その『歴史叙述の理論と歴史』の邦訳を一九二六年に上梓し、クローチェの歴史学を日本に紹介し

たのは、歴史家、羽仁五郎である。羽仁は、東京大学在学中に、知人からの紹介で新カント学派の歴史哲学に触れたところから、歴史学への興味を抱き始める。だが一九二〇年代、いざドイツのハイデルベルクに留学し、新カント学派の代表者であったハインリヒ・リッケルトに直接教えを乞う機会を得る頃には、彼らの思想にもはや満足できないようになっていたという。そしてそのハイデルベルクで偶然出会ったのが、「すべての歴史は現代の歴史である、というクロオチェの歴史哲学」（羽仁二〇〇一 一五〇）だったというのだ。なお当時の羽仁は、クローチェ作品のうち、『歴史叙述の理論と歴史』以外にも『実践の哲学』を既に読んでいたことが分かっている。

羽仁は一九二三年にドイツ留学を終えると、ヨーロッパ各地を旅行してから、船で帰国の途に就くことになるが、『歴史叙述の理論と歴史』の翻訳は、ハイデルベルクを去る前に既に開始されていたという（羽仁二〇〇一 一五〇）。その際、羽仁がまず底本としたのはドイツ語版および英語版であったが、一度訳文が完成した後、「原語［イタリア語］の版を基に修正を施した」（國司二〇一七 四一）という。その後、東京に帰って訳稿が完成すると、ハイデルベルクで知り合った哲学者三木清の援助を受けて、岩波書店から刊行することとなる。これは彼の学者としての最初の仕事であったが、学術的にも商業的にも大きな成功を収めた。こうして羽仁は、歴史学者として華々しいデビューを飾ったのである。

クローチェの歴史主義を取り入れた羽仁は、まず日本史の領域においてその理論の実践を開始した。だが、時間の経過とともに、羽仁の歴史主義はマルクス主義——本来これはクローチェ哲学と相容れないものである——に接近していくことになる。その傾向は、例えば『日本資本主義発達史講座』（野呂栄太郎編）に収録された明治維新に関する論考や、三木清とともに創刊した雑誌『新興科学の旗の下に』のうちに、如実に見て取れるものである。しかし、彼がマルクス主義に近づいた一九三〇年代は、同時にマルクス主義に対する弾圧が苛烈になり始めた時代でもあった。そして羽仁もまた、治安維持法違反のかどで一九三三年に逮捕されることになる。留置所を出た後、ファシズムに対抗する気持ちを強める一方、検閲の対象になりやすい日本史の研究から一旦離れることを決意する。そして、その代わりに彼が研究対象に選んだのは、イタリアの文化思想であった。マキャヴェッリとミケランジェロの研究を通じてルネサンスに近づいたのち、羽仁は再び現代イタリアの哲学者、クローチェに立ち戻ることとなる。そしてその成果がまとめられたのが、一九三九年に刊行され、一種の社会現象を巻き起こした著書『クロォチェ』であった。

図4　羽仁五郎『クロォチェ』

『クロォチェ』の中心的なテーマは、その革新的な美学理論でもなく、また画期的な歴史観でもない。そこには、学問を通じてアカデミズムとファシズムとに対抗し続けた市民的哲学者の生きざまが、もはや研究書と呼び難いほどに情熱的な筆致によって描かれているのである。羽仁はそこで、一九〇〇年代初頭から一九三〇年代に至るまでの主要なクローチェ作品に言及している。中でも彼は、『実践の哲学』、『イタリア史、一八七一年から一九一五年まで』*Storia d'Italia dal 1871 al 1915*、そして『一九世紀ヨーロッパ史』*Storia d'Europa nel secolo decimonono* の三冊に多くの紙幅を割いた。この三冊を分析するにあたって、羽仁は、クローチェ思想における自由主義と「学問の独立」の原則に特段の注意を払っている。それは、クローチェ当人が論じた内容でもあるが、それ以上に、日本の軍国主義への抵抗を続けていた羽仁がクローチェ思想のうちに読み取ったメッセージであった。

一九四〇年代に入り、国家権力による取り締まりが強化されるにつれて、羽仁の『クロォチェ』もまたますます存在感を増していく。クローチェは、ファシズム発祥の地であるイタリアにあって、独裁政権に頑として反対の意思を示し続けたほとんど唯一の哲学者であったが、その姿は、わが国で軍国主義に抵抗を続けていた人々の心の支えになっていたのであろう。クローチェ哲学の影響は、学者や知識人のみでなく、学徒出陣の対象となった大学生たちにまでおよんだ。『きけわだつみのこえ』に収録された遺書にも、密かに支持する思想としてクローチェの自由主義が、愛読書として羽仁の『クロォチェ』が、それぞれ一度ならず言及されている。

第二次世界大戦が終結すると、アメリカ文化が堰を切って流入し始めたわが国において、クローチェの抵抗の哲学が注目を浴びることは少なくなった。それでも、クローチェ生誕一〇〇周年の一九六六年を機にクローチェ思想の見直しの機運が高まり、北原敦、上村忠男などのイタリア思想の専門家によって、アカデミックな見地からクローチェ研究が開始された。今世紀に入ると、山田忠彰や倉科岳志などの登場によって研究は一段と進んだ。現在わが国のクローチェ受容は、再び活況を呈している。

四．ジェンティーレと三浦逸雄

クローチェとともに二〇世紀前半のイタリア思想界の双璧をなしたのは、シチリア出身の哲学者ジョヴァンニ・ジェンティーレである。ジェンティーレは、一八七五年にシチリア島トラパニに生まれると、一八九〇年代にピサ高等師範学校にて歴史、文学、哲学を学んだ後、一九〇〇年代初頭から、南イタリアのさまざまな大学で教鞭をとりつつ、哲学研究者としてのキャリアを開始している。その時期に絆を結び、その後イタリアの哲学界をともにけん引していくことになるのは、一〇歳ほど先輩のクローチェその人であった。一九〇三年、クローチェが評論誌『クリティカ』*La Critica* を創刊すると、ジェンティーレはその最も重要な協力者となる。『クリティカ』誌の誌上で、クローチェは文芸批評について、ジェンティーレは哲学史について、それぞれ連載を行った。両者は、実証主義という共通の敵を前に、協同して新観念論を打ち立てたのであった。

だがジェンティーレは、一九一〇年代から「行為的観念論」idealismo attuale を掲げて「思考」と「行為」の「一致」を論じるようになると、理論と実践の「区別」を重視していたクローチェから徐々に距離をとるようになる。一九二〇年に入ると、一方で哲学、哲学史、文化史などの分野で精力的に研究成果を発表しつつも、他方で政治の世界に足を踏み入れている。その後、ムッソリーニの理念に共鳴して国家ファシスト党に入党すると、ムッソリーニ政権において文化事業促進の任務を受け持つことになった。教育大臣としてジェンティーレが行った事業には、百科事典トレッカーニの編纂、古典教育を重視した教育改革など、特筆すべきものが数多くある（その影響は現在のイタリアまで続いている）。そして、ファシズムが世界に注目される存在になるにつれて、ファシズムの理論家としてジェンティーレの名もイタリア国外に知れ渡るようになるのであった。

さて、ファシズムを理論的に支えたと考えられるジェンティーレの思想は、その根幹に先述の「行為的観念論」があった。そして、彼がこの新たな理論を大々的に打ち出したのは、一九一六年に上梓した哲学書『純粋行為としての精神の一般理論』*Teoria generale dello spirito come atto puro* においてである。それまで主に哲学史に関わる研究を行っていたジェンティーレにとって、同書は初めての本格的な哲学理論の書だったと言える。

　ジェンティーレがそこで取り組んだのは、認識論および存在論における二元主義の克服という課題であった。ジェンティーレによれば、プラトン（のイデア論）によって、認識の主体である人間／個人と認識の対象（客体）である自然／世界とが分断されてしまって以降、アリストテレスからヘーゲルに至るまでのその後の哲学史は、この二つの要素を整合的に理解しようとするさまざまな試みの歴史であった。そして、ヘーゲルに代表される観念論こそが、こうした二元論の克服のために有効な弁証法的精神の理論を組み立てたというのである。だがジェンティーレは、ヘーゲルの弁証法さえもこの問題を解決するに十分ではなかったとみる。というのも、ヘーゲルの哲学に倣って「思考」**pensiero** の世界においてのみ事物を捉えることができると仮定したとすると、「自然」もまた「思考」の世界の中にのみ存在することになってしまう。その結果、「思考」しか存在しないか、「思考」以外が存在していたとしてもそれは認識不能であるか、のどちらかに帰着してしまう――つまり問題は解決していない――というのである。

　このアポリアを解決すべくジェンティーレが提唱したのが、ほかならぬ「行為的観念論」であった。「行為的観念論」の軸にあるのは、「思考」の再定義である。ジェンティーレ曰く、ヘーゲルの過ちは「思考」を過去分詞的／受動態的な「思考されたもの」**pensato** と理解しつつ精神の弁証法のメカニズムを構成したことにあった。ジェンティーレはそれに対して、「思考」を現在分詞的／能動的な「思考する思考」**pensiero pensante** と理解しつつそれを「精神」と同一視することによって、二元論を克服できると考えたのである。ジェンティーレのこの考えによれば、思考／精神は受動的なものでも過去のものでもなくなり、能動的かつ現在的なものでしかありえなくなる。つまるところ、ジェンティーレの哲学は「精神」を行為する「思考」として捉える哲学であり、それゆえ「行為的観念論」と名付けられたのである。

以上に説明したように、「行為的観念論」はそもそも哲学史を踏まえた哲学理論であり、実践的な問題を取り扱う思想ではなかった。だが、「思考」を能動的な概念と解する限りにおいて、「行為的観念論」は究極的には理論と実践を同一視するものであった。その点から、実践的活動と理論的活動とを厳密に区別したクローチェの思想とは、衝突せざるを得なかったのである。その後、ファシズム政権の樹立により、哲学者が自らの理論に合わせて行動を決定する必要に迫られた際、両者の対立は決定的なものとなる。一九二五年にジェンティーレが「ファシスト知識人たちの宣言」を発表すると、クローチェはいわゆる「反ファシスト知識人たちの宣言」を起草し正面からこれに反論したのであった。

ジェンティーレの哲学は、クローチェの場合に比べると、イタリア国外で特別な影響力を誇ることはなかったと言える。そしてそれは、わが国においても同様であった。思弁的な傾向の強い彼の著作が一般の読者を獲得することは難しく、また哲学の専門家があえてイタリアの近現代思想に注目することも少なかったから、それも当然のことだったのかもしれない。とはいえ、一九四〇年に日独伊三国同盟が締結されたのちもジェンティーレの思想は限定的にしか紹介されず、それに対して反ファシズムの哲学者であったクローチェの方がむしろ大いに読まれていた、ということはなかなか興味深い事実である。

さて、そんなジェンティーレの思想に早くから注目し、多くの研究論文と重要な翻訳書を物した人物がいる。わが国におけるイタリア文学研究の黎明期を支えた人物の一人、三浦逸雄がその人である。三浦のキャリアは必ずしも詳らかになっていないが、東京外国語大学の前身である東京外国語学校にてイタリア語を学んだ後、編集業に携わりながらもイタリア文学の研究を続け、日本大学などで教鞭をとっていたことが分かっている。『神曲』全訳を世に問うたダンテ研究者でもあったが、ひょっとすると一般に彼の名が知られているのは、なにより作家三浦朱門の父としてかもしれない。

三浦逸雄は、前項までに触れてきた芥川や羽仁とほぼ同時代の人物であったが、後者両名が英国やドイツの文化を経由してイタリア思想にたどり着いていたのとは異なり、彼はイタリア文学・思想の専門家であった。三浦の研究対象には、ダンテの他にも、クローチェ、パピーニなど同時代のさまざまなイタリアの文人がいたが、ジェンティーレもその一人である。三浦は、一九二四年に初めてのジェンティーレ論「ジェンティーレの新理想主義哲学」を『自然』誌に掲載して以来、さまざまな媒体に再三にわたってジェンティーレ研究を発表した。一九三〇年代後半になると、三国同盟締結への機運が高まる中で、ジェンティーレの教育論やファシズムの思想が日本に紹介されることがままあった。だが、大正期から第二次大戦後に至るまで、継続的にジェンティーレを紹介し続けたのは、三浦ただ一人であったと言っても過言ではない。

後年本人が振り返るところによれば、三浦が「ジェンティーレの新理想主義哲学」を発表したのは、関東大震災の影響で義兄の家に寄宿していた際のことであった。そのとき唯一手元にあったのが、なぜか、聖書、蕪村の句集、そして「ジェンティーレの風変わりな哲学」（三浦一九八〇 五五）の三冊だったという。「ジェンティーレの風変わりな哲学」が具体的にどの作品を示しているのかは明示されていないが、前後の文脈を見る限り『純粋行為としての精神の一般理論』を指していると考えてまず間違いない。いずれにせよ、こうしたある種の偶然の邂逅以来、三浦のジェンティーレに対する関心は徐々に高まっていく。そして、三〇年代には論考を四本発表し、一九三九年、ついに『純粋行為としての精神の一般理論』の日本語全訳を、『純粋行動の哲學』という表題の下に刊行することになるのである。

『純粋行動の哲學』は、シュミットやムッソリーニの著作とともに、叢書「世界全體主義体系」の一巻をなすものとして刊行されている。この事実からも明らかなように、同書の翻訳企画はイデオロギー色の強いものであった。翻訳に当たった三浦自身も、そのことを隠してはいない。前文「譯書のはじめに」にお

図5　三浦逸雄訳『純粋行動の哲學』

いて、彼は同書を「ジエンテイーレの考へと見るよりも、ファシスト全體の理念と見ても差支ないほどの一般性をもつている」（三浦一九三九　二）ものとみなし、それ故「ファシズムの思想を發出する培養基のやうな役割を現在も續けてゐる」（三浦一九三九　一）と述べている。もちろん、三浦のジェンティーレへの関心は、上に確認した通り一九二〇年代に既に芽生えていたものであったため、これをファシズムとの関連からのみ理解するわけにはいかない。ただし三浦は、「一四〔、〕五年も前から愛讀した本であつたが、これを翻譯しようと思つたことは一度もなかつた」（三浦一九三九　一）とも述べている。日独伊三国同盟締結前夜、ファシズム思想に対する関心の高まりが直接の契機となって日本語訳に着手した、と考えてよいだろう。

　いずれにしても、既に説明したように、同書は第一義的には理論書であり、そこからファシズムの行動原理を直接導き出すことは容易ではない。三浦自身、再び「譯書のはじめに」において、この作品は「實際は相當に難解で、一種の認識論のやう」（三浦一九三九　二）であり、ドイツ流の観念論に比べて「行動的な思惟は理解しにくい」（三浦一九三九　二）ところがあると率直に述べている。訳者にとって「相當に難解」だとすれば、読者にとってはより一層晦渋な思想と思われたはずである。現に同書は多くの読者をえることはなく、増刷されることなしに絶版となった。そしてそれ以降も、ジェンティーレの哲学がわが国において注目されることはほとんどなかった。二一世紀に入ってから中川政樹が一連の研究論文を発表しているが、研究者以外が論文を読む機会は限られている。今後、入門書や新たな翻訳書が刊行され、一般の読者が直接ジェンティーレの思想にアクセスできるような日が来ることはあるのだろうか。

五．グラムシと石堂清倫

クローチェとジェンティーレと同時代に生きながら、その死後、二〇世紀後半になってから、イタリア国内外に圧倒的な影響力を誇った人物がいる。サルデーニャ島出身の政治家・思想家アントニオ・グラムシがその人である。グラムシの生年は一八九一年なので、ジェンティーレより一〇歳ほど若く、クローチェから見れば次世代の人間といってよい。だがグラムシは、二人の先輩哲学者よりも早くこの世を去る。一九二六年にファシズム政権との対立から投獄され、その後、病弱の体で一〇年近くの獄中生活を余儀なくされたため、釈放後すぐ四十六歳の若さで他界してしまうのである。その短い生涯において、グラムシはもっぱら初期イタリア共産党のリーダーの一人として知られており、その革新的な思想が知れ渡るのは、死後しばらくしてからのことであった。それは、彼の思索が練られたのがまさに獄中であったからであり、その思想を記した草稿が『グラムシ著作集』*Opere di Antonio Gramsci* の一環として『獄中ノート』*Quaderni del carcere* という表題のもと公刊されるのが、一九四八年から一九五一年にかけてのことだったからである。そしてこの編集チームを指揮したのは、グラムシとともに黎明期のイタリア共産党をけん引したパルミーロ・トリアッティであった。

存命中のグラムシの共産主義は政治活動に直結したものであったが、『獄中ノート』に記されていたのはより理論的なマルクス主義の再解釈である。出版を意図していたわけではないため体系的な論述にはなっていないが、互いに絡み合ういくつかの重要な概念を軸にその独自の思想の功績を整理するとおおよそ以下の三点にまとめることができる。一）「ヘゲモニー」（覇権）の概念を再検討に付し、国家は、暴力による支配のみでなく、文化的な支配によっても統治されることを指摘した。二）歴史上の革命と階級闘争の分析を通じて、行動による能動的な革命（例えばフランス革命）と同様に、文化の浸透による受動的な革命（例えばブルジョワ社会の成熟）が存在していると主張した。三）クローチェに代表されるイタリアの歴史主義思想を批判的に受け継ぎつつ、マルクス主義を再解釈し、「実践の哲学」filosofia della praxis を提唱した。

こうしたグラムシの考察は、本来は理論的・歴史的なものであったものの、同時代の社会の分析に直結し、ひいては社会変革に向けた行動に容易につながる性質を有していた。例えばグラムシは、「ヘゲモニー」概念の再解釈を通じて、革命を暴力のみによって推し進めようとしたスターリンに対する強烈な批判を行っている。また例えば、受動的な革命の存在を重視することによって、社会変革における知識人の役割を強調し、彼らの自覚を促していたとも言える。こうしたグラムシの思想の在り方は、戦後、米ソ両陣営の間のイデオロギーの対立が先鋭化する中で大きな意味をもった。というのも、資本主義の孕む諸問題に批判的でありつつも、スターリンの強権的な共産主義にも与しないというような、ある種の中間的な立場に立つ者たちに、グラムシ思想が新たな行動指針を提示したからである。それゆえ、日本を含む西側国家において、とりわけ左翼系知識人たちに深い影響を与えることになったのであった。

わが国におけるグラムシ思想の本格的な受容は、『獄中ノート』を含む『グラムシ著作集』の初版がイタリアで公刊されてから一〇年ほど経過したのち、一九六〇年代に開始される。グラムシの哲学は、その実践的な特徴により、極めて多岐にわたる属性の日本人（日本共産党の関係者、大学教員、ジャーナリスト、学生など）によって受け入れられたのだが、そうした受容の複雑な動きにあらゆる面で密接に関わった人物の一人が、石堂清倫《いしどうきよとも》である。石堂は、一九二七年に初めて日本共産党に入党するも、当局による度重なる逮捕の末、一九三三年に「転向」を余儀なくされた。戦後、一九四九年に日本共産党に再入党し、政治活動とともにマルクスやレーニンの作品の研究・翻訳を精力的に行う。だがその後、権威主義的な傾向を強めた日本共産党に反発し、一九六一年に再び離党することになった。共産党を離れてなお、志をともにした中野重治らとともに社会変革運動を継続させたが、それと同時に、学問の場においても新たなマルクス主義解釈の可能性を模索し始めた。そこで石堂が最も大きな関心を寄せたのが、ほかならぬグラムシであった。

本人の述懐するところによると、石堂がグラムシの存在を知ったのは、戦後、マルクス主義関連の文献の入手が困難だった頃、友人の援助によって手に入れたイタリア共産党関連の文献にグラムシの名が言及されているのを見たからである。その後、トリアッティの指揮のもと『グラムシ著作集』が刊行され始めると、それを読むためにイタリア語の勉強を始めた。その断片的な叙述スタイルに苦心しながらも、石堂は時間をかけて少しずつ読み進めたと言う。そして一九六〇年代に入ると、前野良らとともに東京グラムシ研究会を設立し、自らも論文や翻訳を頻繁に発表しつつグラムシ思想の紹介を活発に行い始めた。

一九六一年には、『グラムシ著作集』初版の日本語抄訳である『グラムシ選集』の刊行が始まっている。全六巻におよぶこの浩瀚な翻訳集は、さまざまな研究者が携わる一大プロジェクトであった。山崎功の監修のもと、第一期（第一巻から第三巻まで）には代久二が、第二期（第四巻から第六巻まで）には藤沢道郎が、それぞれ編集を務め、全体を通じて十名近くの研究者が分担して日本語訳に当たった。『グラムシ選集』の出版において、石堂は第一巻に「解説」を寄せているが、彼の貢献はそれのみではなかった。山崎が「監修者あとがき」において繰り返し述べているように、陰ながらもこの企画を中心になって支えたのは、ほかならぬ石堂だったのである。

図6　石堂が所蔵していた校訂版『獄中ノート』、湘南大庭市民図書館所蔵

図7　湘南大庭市民図書館の外観。
羽仁五郎と石堂清倫の蔵書や草稿などが保管されている。

一九七五年、ヴァレンティーノ・ジェッラターナの編纂により『獄中ノート』校訂版が刊行された際も、石堂は大きな関心をもってこの校訂版の研究に取り組んだ。実のところ、初版においてはトリアッティの介入によりグラムシ思想が捻じ曲げられてしまったところがあったのだが、この校訂版の刊行により、グラムシ思想がよりオリジナルに近い形で読めるようになったのである。それ以来二〇〇一年に他界するまで、石堂のグラムシに対する関心が尽きることはなかった。石堂の生涯にわたって発表され続けたグラムシ研究――一方にグラムシの生涯と思想に関する評論や論文があり、他方にグラムシ関連の諸文献の日本語訳があった――は、おびただしい数におよぶ。

その間、石堂の影響を直接間接に受けて、片桐薫や松田博など傑出したグラムシ研究者が続々と登場し、わが国のグラムシ研究は一層の飛躍を遂げた。現在では、日本は世界のグラムシ研究の拠点の一つをなすまでになったと言ってもよいかもしれない。ただし、『獄中ノート』校訂版が刊行されてから四〇年以上が経過したのにもかかわらず、実はその日本語版全訳はいまだ第一巻のみしか存在していない（しかもその間、イタリアでは新たに国家版の刊行が始まってしまった）。その作業がさまざまな困難を伴うものであろうことは容易に推察できるが、数多くいるわが国の優れたグラムシ研究者によって校訂版の翻訳をぜひとも実現してもらいたいものである。

六．イタリア現代思想――上村忠男から岡田温司まで

クローチェ、ジェンティーレ、そしてグラムシがこの世を去った後も、イタリアは優れた哲学者を輩出し続けている。現代の思想家の評価はまだ定まっていないため、取り上げるべき哲学者を客観的に選定することは、不可能か、そうでないとすれば極めて困難な作業である。そこで本項では、現代のイタリア思想を総合的・俯瞰的に研究してわが国に紹介した二人の研究者、上村忠男と岡田温司の功績を概観し、そこからイタリア現代思想の全体像を浮かび上がらせることとしたい。

上村忠男は、一九四一年に兵庫県尼崎市に生まれ、現在に至るまで第一線で活躍し続けるイタリア思想・歴史の専門家である。上村は、一九六〇年代東京大学で国際関係論を学んでいるが、七〇年代に入ってから

イタリアの政治、思想、歴史に関する研究成果を活発に発表し始めた。その多岐にわたる研究対象の中心を占めるのはヴィーコ、クローチェ、グラムシといったイタリアを代表する大哲学者であり、上村はそれぞれの思想家について、わが国の第一人者であると言えるほどに多くの優れた業績を残してきた。だがそれと同時に特筆すべきは、それまであまり知られていなかったような現代のイタリアの思想家たちを次々とわが国に紹介してきたことである。その第一の集大成は、一九八九年に上梓された『クリオの手鏡――二十世紀イタリアの思想家たち』である。ここには、一九七〇年代からさまざまな媒体に発表されてきた論考や解説が収録されており、クローチェを筆頭に、その論敵でもあったガエターノ・モスカやヴィルフレート・パレート、クローチェの歴史主義を文化人類学に結び付け独自の思想を作り上げたエルネスト・デ・マルティーノ、そしてマイクロヒストリー microstoria という概念を提唱して一世を風靡した歴史家カルロ・ギンズブルグなどが取り上げられている。

『クリオの手鏡』刊行後、上村によるイタリア現代思想の紹介はより活発なものとなる。そしてこの時期には、ギンズブルグの翻訳や研究を精力的に発表しながら、現在最も大きな注目を集めているイタリアの思想家ジョルジョ・アガンベンの研究を開始している。上村の関心はこうしたビッグネームに限られることなく、戦後イタリアで大きな影響力を誇ったエンツォ・パーチやノルベルト・ボッビオから、現役の思想家であるマッシモ・カッチャーリやジャンニ・ヴァッティモにまで至る。そうした研究の成果の多くは、二〇〇七年に刊行された『クリオの手鏡』の増補新版である『現代イタリアの思想を読む』に収録されており、同書を通じて我々は、現代イタリア思想の全体像を把握することができる。

それ以降現在に至るまで上村の研究熱は全く衰えることを知らず、ヴィーコ、クローチェ、イタリア現代思想のそれぞれに関して、研究書と翻訳書とを矢継ぎ早に発表し続けている。なお、彼の主たる業績とは言えないものの、上村は一九世紀のイタリア思想（スパヴェンタ、ラブリオーラ、デ・サンクティスなど）に関する翻訳・研究も行っている。その点からも、わが国におけるイタリア哲学の受容において、上村が果してきた役割は唯一無二のものであると言ってよいだろう。

岡田温司は、一九五四年に広島県に生まれ、西洋の美術史と思想史という二つの分野の間を自由に行き来しながら、いずれにおいても質量ともに瞠目すべき成果を上げ続けている研究者である。岡田は一九七〇年代から一九八〇年代にかけて京都大学で美学美術史を専攻すると、在学中からルネサンス期のイタリアの絵画に関する研究論文を発表し始めている。イタリア思想に対する関心が強く芽生え始めたのはおそらく一九九〇年代末のことであるが、岡田の研究対象はまずアガンベンにあった。その後、一方ではカッチャーリ、トニ・ネグリなど同時代の著名な思想家にも関心の対象を広げ、また他方ではイタリア現代思想の総体に関する考察を開始している。そしてその成果をまとめて二〇〇八年に上梓したのが、『イタリア現代思想への招待』である。

全四章からなる同書を通じて、岡田は、アガンベン、ネグリ、カッチャーリのみでなく、ヴァッティモやロベルト・エスポジトなどその他の重要な現役の思想家をも取り上げ、それぞれの思想や作品を簡潔にまとめている。しかも同書は、ルイージ・パレイゾンやセルジョ・クィンツィオといった現代のイタリア思想の基盤を作り上げた一世代前の思想家をも紹介しており、その点からもイタリア現代思想を理解するために最適の見取り図を提供する作品だと言ってよいだろう。『イタリア現代思想への招待』刊行後も、岡田は翻訳と研究書の発表を通じて、アガンベンを中心とするイタリア現代思想を精力的に紹介し続けている。二〇一四年に『イタリアン・セオリー』を上梓し、アップデートされたイタリア現代思想の見取り図を我々に提供してくれたことは、記憶に新しい。

　ところで、上村と岡田が我々に描いてみせたイタリア現代思想の全体像には、それぞれ一つの顕著な傾向を見て取ることができる。それは、前者が歴史に特別なこだわりをもった思想家を多く紹介し、後者が美学を中心に据えてイタリア思想を理解しようとしている、ということである。もちろん、イタリア思想の起源が人文主義・ルネサンスにあり、ヴィーコからクローチェに連なるイタリア哲学の主流が「歴史」と「芸術（詩）」に特段の注目を払ってきたことに鑑みれば、彼らのアプローチは十分に妥当なものだと言えるだろう。しかも、両者が異なる視点から取り組んできたおかげで、我々はより立体的にイタリア現代思想を理解することができるようになっており、それは実に幸運なことと言ってよい。だがそれでも、本邦にいまだ紹介されていないイタリア思想の重要側面が存在していることも指摘しておかなければならない。一例を挙げるならば、二〇二〇年に惜しまれながらこの世を去ったエマヌエーレ・セヴェリーノは、イタリア本国では二〇世紀最高の哲学者の一人という評価が確立しているのにもかかわらず、わが国でほとんど全くと言っていいほど紹介されていない。こうした隙間を埋めて、より偏りのない形でイタリアの二〇世紀の思想を受容することは、今世紀の我々に課された課題なのかもしれない。

【参考文献】

芥川龍之介『芥川龍之介全集第三巻』岩波書店、一九九六年。

――――『芥川龍之介全集第二三巻』岩波書店、一九九八年。

石堂清倫「解説」、グラムシ、A『グラムシ選集』第一巻、山崎功監修、合同出版、一九六一年、三三五―三四四頁。

――『20世紀の意味』平凡社、二〇〇一年。

伊藤晃、亀淵迪、木村英亮他『偲ぶ石堂清倫』二〇〇三年。

上村忠男『クリオの手鏡――二十世紀イタリアの思想家たち』平凡社、一九八九年。

――『現代イタリアの思想をよむ』平凡社、二〇〇九年。

岡田温司『イタリア現代思想への招待』講談社、二〇〇八年。

――『イタリアン・セオリー』中央公論社、二〇一四年。

落合修平「〈意識的芸術活動〉説・再考――芥川龍之介の文芸観をめぐって――」『文芸研究』明治大学文芸研究会、第一四〇号、二〇二〇年、七五-九五頁。

國司航佑「第二次世界大戦下の日本におけるクローチェ思想の受容」『研究論叢』（京都外国語大学）、第八九号、二〇一七年、三九-五三頁。

國司航佑、片山浩史（編）『越境する学問――ベネデット・クローチェ生誕150周年記念シンポジウム論集』英名企画編集、二〇一八年。

グラムシ、A『グラムシ選集』第一巻―第六巻、山崎功監修、合同出版、一九六一-一九六五年。

志保田務、山田忠彦、赤瀬雅子『芥川龍之介の読書遍歴』学芸図書、二〇〇三年。

田鎖数馬『谷崎潤一郎と芥川龍之介――表現の時代』翰林書房、二〇一六年。

仁平政人『川端康成の方法――二〇世紀モダニズムと「日本」言説の構成』東北大学出版会、二〇一一年。

羽仁五郎『クロォチェ』河出書房、一九三九年。

――『私の大学』日本図書センター、二〇〇一年。

三浦逸雄「譯書のはじめに」、ジェンティーレ、G『純粋行動の哲學』白揚社、一九三九年、一-三頁。

――「ジェンティーレの行動的イデアリズム」『日伊文化研究』第一八巻、一九八〇年、五三-七三頁。

Croce, B., *Estetica come scienza dell'espressione e linguistica generale*, Milano-Palermo-Napoli, Sandron, 1902 (Croce B., *Aesthetic, as science of expression and general linguistic*, trans. by D. Ainslie, London, Macmillan, 1909).

———, *Teoria e storia della storiografia*, Napoli, Bibliopolis, 2007.（クローチェ、B『歴史叙述の理論と歴史』羽仁五郎訳、岩波書店、一九二七年）。

Ferrari, M., *Mezzo secolo di filosofia italiana*, Bologna, il Mulino, 2016.

Gentile, G., *Teoria generale dello spirito come atto puro*, Firenze, Sansoni, 1916（ジェンティーレ、G『純粋行動の哲学』三浦逸雄訳、白揚社、一九三九年）。

Gramsci, G., *Quaderni del carcere*, 6 voll., a cura di F. Platone, Torino, Einaudi, 1948-1951.

———, *Quaderni del carcere*. Edizione critica dell'Istituto Gramsci (4 voll.), a cura di V. Gerratana, Torino, Einaudi, 1975.

Ohara, K., Matsuda, H., *Gramsci Study in Japan: Our achievements and further problems*『立命館産業社会論集』第三十七巻第三号、二〇〇一年、一三五―一四六頁。

Viano, C.A., *La filosofia italiana del Novecento*, Bologna, il Mulino, 2006.

第三部

芸術

第八章

美術——美術史教育と美術史研究、コレクション、展覧会

石井　元章

一．はじめに

現在、イタリア美術といえば、ルネサンスを中心に数多くの作家が日本でも知られている。しかし、我々日本人は幕末の開国当初から現在のようなイタリア美術史の流れを知っていた訳ではない。本章では、美術史教育と美術史研究、美術品収集、およびイタリア美術展に目を向けながら、我が国においていわゆる「イタリア美術」の像がどのように形成され、展開したかを略述する。

二、美術史教育と美術史研究

二・一　工部美術学校での美術史教育と明治美術会

日本とイタリアの交流は、イタリア北部の養蚕地帯に微粒子病が流行したためにイタリア王国政府が日本の蚕種《さんたね》獲得に動いたことをそのきっかけとするが、同時に美術も文化交流の重要な中心となった。その端緒を開いたのが、一八七一年から一八七三年にかけて政府要人が欧米を視察に周った、いわゆる岩倉遣欧使節のイタリア王国訪問である。副使の伊藤博文に同使節ガイド（「接伴掛」）を勤めた東京駐箚イタリア公使アレッサンドロ・フェ・ドスティアーニ（Alessandro Fè d'Ostiani 一八二五–一九〇五）が働きかけたことにより、イタリア王国政府は教師の公募を行なう。その結果、一八七六年東京に設立された工部美術学校に、画家アントニオ・フォンタネージ（Antonio Fontanesi 一八一八–一八八二）、彫刻家ヴィンチェンツォ・ラグーザ（Vincenzo Ragusa 一八四一–一九二七）、予備科を教えることになる建築家ジョヴァンニ＝ヴィンチェンツォ・カッペッレッティ（Giovanni Vincenzo Cappelletti 一八四三–一八八七）の三人が派遣される。同校設立の最終目標は、欧米の同時代美術を日本に移植し、技術面での近代化を促進することであった。それは、明治政府の殖産興業政策と軌を一にする。日本の風土病である脚気に罹患したフォンタネージの跡を受けて、一八七八年にはプロスペロ・フェルレッティ（Propsero Ferretti 一八三六–一八九三）が、ついで一八八〇年にはアキッレ・サンジョヴァンニ（Achille Sangiovanni 一八四〇–没年不詳）が教鞭を執る（限元、河上）。他にも、「彫刻教師」のラグーザとは異なる「彫刻師」として「ガイヤルジ」が一八七九年に、「画学像科教師」として「ペロリオ」が一八八〇年に雇用された（工部省沿革報告　九八一）。

工部美術学校における授業の史料として、彫刻用解剖書やフォンタネージ口述による名画の入門書などがあるが、主に技術実務を説くものである（春木、ホンタネジー、ユネスコ東アジア文化研究センター）。しかしながら、開国当時の洋画家として名高い高橋由一（一八二八–一八九四）は、工部美術学校生徒との交流を窺わせる史料を残した。その中で「伊太利亜国画工『ギオットー』氏小伝」と題してジョットがボニファティウス八世の使者に真円を描いて渡した有名な逸話を紹介する（青木 三四二）。また、中江兆民が翻訳し、一八八三年一一月と翌年三月に刊行したウジェーヌ・ヴェロン（Eugène Véron 一八二五–一八八九）の『維氏《ゆう》美学』から抜き書きした史料が残されており、そこには「ラファエル」、「レオナールドワンシー」（レオナルド・ダ・ヴィンチ）、「ミケランジ」（ミケランジェロ）などの名前が見られるが、時系列に沿った記述とは言えない。これら中江の人名表記は、原著のフランス語を音訳したものである。

一八八九年に設立された日本初の洋風美術団体である明治美術会では、東京大学初代総長でもあった会頭渡邊洪基《ひろもと》（一八四八–一九〇二）や建築家辰野金吾（一八五四–一九一九）らが「演説」を行なったが、一般論に終始した（渡邊一八八九、一八九三、辰野）。

明治初期のエリートたちは、たとえ漢籍に造詣が深かったとしても、西洋文明に関する知識は比較的まだ少なかったのかもしれない。例えば、平民宰相として名高い原敬（一八五六–一九二一）は、裸体彫刻に対する嫌悪感をその日記の中で吐露する。原は在仏日本公使館外務書記官としてパリに赴任する際、一八八五年一一月三〇日にヴェネツィア港に到着し、日本名誉領事グリエルモ・ベルシェ（Guglielmo Berchet 一八三三–一九一三）と同地の美術学院で彫刻を学ぶ長沼守敬《もりよし》（一八五七–一九四二）（石井元章他）の出迎えを受けた。

長沼を案内として市中の見物に赴き先づPalais de Doge［総督宮］を見たり、往時ウイニス共和国の盛んなりし頃の建物なれば其結構申分なし。議場、裁判所を始めとして美麗なる彫刻、絵画等頗る多し、其一部を彫刻物陳列所に充て種々の彫刻物を陳列せり、余輩始めて欧州に至りたる者をして頗る異様の感を起さしむるは男女裸体の彫刻にて其隠所をも丸出したるのみならず鵞鳥の婦人と交合する者すら之あり。［中略］又サンマルク寺院を見る、彫刻、油絵等美観を極む、然れども例の裸体は余輩の目には寺院に不似合のもの、如く思はる（蓋し目に慣れざるの致す所にもあらん）。（原 二三八–二三九）

二．二　東京美術学校での美術史教育

一方、一八八七年に設立された東京美術学校では、一八九〇年に校長に就任した岡倉覚三（一八六三–一九一三）が、「美学、美術史」の授業を兼担した。岡倉はそれより前の一八八七年四月七日以降、当時専門学務局長であった浜尾新（一八四九–一九二五）、およびお雇い外国人として帝国大学で政治学の教鞭を執り、明治期の美術行政に多大な影響を及ぼしたアーネスト・フェノロサ（Ernest Fenollosa 一八五三–一九〇八）と共に、ヴェネツィアを皮切りにヨーロッパを周った。彼らの案内もした長沼は、東京美術学校のために岡倉が「写真屋で買ひ込む中にラファエルの下画のスケッチを版にした物に目をつけたのでこれは中々絵の鑑賞眼に富んだ人だと思つた」という感想を、岡倉の逝去に際して述べる（長沼一九一三）。

岡倉のヨーロッパ視察の体験やその間に買い求めた美術史書が、「美学、美術史」の一部をなす「泰西美術史」（岡倉）の講義を血肉あるものとしたことは充分考えられる。岡倉は英文の自筆ノート“Aesthetic”を残したものの、「泰西美術史」の授業の全容は、学生が取ったノートによって理解するほかない。

その内容は広汎に亘り、古代だけでもエジプトからローマまでを覆う。イタリア美術は「近世（千五百年即ち四百年前より今日迄）」の中で、「十五、十六世紀、復古時代（リネイサンス或はルネッサンスと云ふ。以太利の地に広がる。）」として扱う（同 二二五–二四七）。

「近世」の章の冒頭には、初学者に配慮して簡潔で的確なまとめが置かれる。一四五〇年から一五〇〇年頃までを「初期復古時代 Early Renaissance」、一六世紀を「高等復古時代 High Renaissance」、一七―一八世紀を「複雑時代 Bizarre」と呼び、現在とは少々異なる時代区分を示すものの、例えばフィレンツェ派のみに関しても「ルカ・デラ・ロビア」「ドナテロー」「アンドレヤ・ベロツキヨ」「ヂヨツト」などの作家について、それぞれ三、四行の解説を加えている。「リヨナルド・ダビンチ」については三〇行近く、「マイケルアンヂエロ」には約三頁を割いて細かく解説を加える。名前の表記から明らかなように、岡倉が基礎としたのは英語文献であり、これは昭和に入るまで他の研究者についてもほぼ変わらない。

いわゆる「美校騒動」で一八九八年三月に学校を追われた岡倉の跡を襲って「美学」「泰西美術史」の講義を担当したのは、文筆家として名高い軍医森鷗外（林太郎、一八六二―一九二二）であった。森は一八八八年九月に留学先のベルリンから帰国し、一八九一年二月下旬から嘱託を受けて東京美術学校で「美術解剖」の授業を行なった。翌年九月からは慶應義塾で講師として審美学を講じた。東京美術学校では一八九六年三月初旬から嘱託で、今度は「美学」「泰西美術史」の講義を担当する。それは、一八九九年六月に陸軍軍医監に任ぜられて勤務地小倉に赴くまで続けられた。「泰西美術史」の森の自筆ノートは残されていないものの、生徒であった彫刻家本保義太郎の「森鷗外講義ノート」が一八九八年の森の講義の様子を伝える（ただし未翻刻）。

二．三　岩村透の登場

明治三〇年頃、徐々に通史的な歴史叙述や作家のモノグラフ、研究論文が現れる。しかし、著者たちが基にした文献はなおも英語であったらしく、英語読みのカタカナ表記が散見される。その嚆矢が、文学雑誌

『文学界』に掲載された美文調の「チ、アノ、ベツェリオ（チ、アン）」と題するティツィアーノの簡単な略歴紹介である（志づ）。しかし、時代を画する論考は、翌一八九七年一一月に帰国直後の岩村透（一八七〇―一九一七）が『美術評論』に寄稿した「伊太利十五世紀の宗教画家フラ、アンジエリコ」である（岩村一八九七）。岩村は「史上に重要の位地を占め、技芸進歩の一大推動力たりし」ひとりだとして、フラ・アンジェリコの画業を認めた。岩村の出版年（一八九七）までにこの画家について書かれたモノグラフは伊仏独語が中心で、英語で読めたものはヴァザーリの英訳のみであった（Vasari）。

一九一七年の死に至るまでイタリア美術に関する知識の普及に尽力し、多大な功績を残した岩村に関する研究（一噌連、清見、中村、田辺徹、今橋）を基に、彼の略歴をまとめておく。

岩村透は一八七〇年東京小石川に生まれ、七歳で慶應義塾幼稚舎に入学した。一五歳の時に同幼稚舎を退学、小石川同人社を経て、東京青山英和学校に入学、英語学及び英文学を学ぶ。一八八八年一九歳の時に、絵画および美術に関する学術修業のためスペンサー教授に随伴して渡米、ペンシルヴェニア州ワイオミング・セミナー美術科に入り、絵画、解剖学、遠近法、美術学と美術史を学ぶ傍ら、イタリア語も修める。一八九〇年六月に同校を卒業し、九月にはニューヨーク市ナショナル・アカデミー・オブ・デザインに入学した。一八九一年九月に美術および美術史研究の目的で渡欧。ブリュッセル経由パリに入り、アカデミー・ジュリアンで絵画を学び、黒田清輝、久米桂一郎と知り合う。一八九二年六月から九月にかけて、イタリア王国を旅行し、各地で調査を行なう。一〇月にパリに戻り、翌月マルセイユ港を出航、同年末に日本に帰国した。

年明けの一八九三年一月明治美術会に入会、九月には母校青山学院の教授に就任、国学、英語学、フランス語を担当した。翌月から青山女学院で「美術歴史」を講ずる。翌年一〇月より明治美術会付属明治美術学校で美術史を講ずる。一八九六年九月、帰国していた黒田、久米と共に白馬会を設立する。一二月には森鷗外等と『美術評論』を発刊。一八九九年七月に森の跡を受けて東京美術学校より西洋美術史の講師を嘱託されるものの、翌年九月欧州美術視察のため依願退職。一九〇一年二月に帰国後、すぐに東京美術学校に復職し、美術史のほか、英語も講じた。東京帝国大学や京都帝国大学でも美術史の講義がなされていなかった時期に東京美術学校でその講義が行なわれていた。一九〇二年三月、『美術新報』を後援し、四月には東京美術学校教授に就任。一九〇九年九月『美術新報』の改善拡張を目指す画報社の委嘱により編集に携わる。一一月には日英博覧会の鑑査官を拝命、翌一九一〇年九月には、ローマ・トリノ二重万国博覧会出品鑑査委員を嘱託される。一九一三年慶應義塾文学部に美術史が開講されると、森林太郎の推薦を受けて講師となる。同年三月には国民美術協会を創設し、一〇月に『美術週報』を創刊、編集を主宰する。一九一四年四月から九月まで美術視察のため渡欧。翌一九一五年東京美術学校を休職、翌年三月休職満期と共に退官。一九一六年一一月『美術』創刊。一九一七年八月一七日死去（享年四八歳）。

国立国会図書館には岩村が講義を担当していた一九〇三年七月の年記のある『東京美術学校泰西名作集』が数点所蔵されている。岩村の授業の内容は古代ギリシアやローマの彫刻から近代の著名な絵画に至るまで幅広い（泰西名作集）。

岩村の執筆活動の中心は、彼の発案で画報社から一九〇二年三月に創刊された『美術新報』にある。署名はないがおそらく岩村の執筆に掛かると考えられる「発刊の趣旨」は、美術が「国の精粋」「国民の理想」「社会の趣味」「文明の光華」であるとしてその重要性を説き、明治維新以降に日本でも美術工芸が発達したのは社会の「慶福」ではあるが、「其技術を世界の藝術上に競はんと欲せば、宜しく東西洋の美術を統合融化し、以て日本一千年固有美術の精粋を闡《せん》発し、時代の精神を発揮せさるべからず」と言明する。東西の美術を融合して、時代の要請に合った新しい美術を生み出そうとする考え方は、ホイッスラー（James Abbott McNeill Whistler 一八三四–一九〇三）やジャポニスムの芸術活動と軌を一にするものである。その『美術新報』で、例えば坂井義三郎は「画聖ラファエル」と題した論考を五回に亘り掲載したが、ルネサンスを知らない読者を想定して「文藝復興期」を緒論として詳しく論じてから、画家の画業や歴史的位置について述べる（坂井）。このような態度は、それ以前の時代にはなかったものである。後述する矢代幸雄と児島喜久夫は、当初これに参加したが、すぐに辞めた（稲賀 一七）。

岩村の業績に話を戻すと、「芋洗生」のペンネームで初期に書いた短文「アッシ、の七日」（岩村一九〇三A）は、イタリア王国を旅した際に訪れた、聖フランチェスコ所縁のこの地に関する忌憚のない感想である。それに対して記念碑的な業績が、画報社から刊行された『西洋美術史要』である。本来当該書物は「絵画史」「彫刻史」「建築史」の三部に分かれ、それぞれが「以太利亜之部」とそれ以外のヨーロッパの国々の二編からなる、全体で六編の構成を取るはずであった（図1　本章の図版は二三五頁より掲載）。しかしながら、刊行されたのは「第一編絵画史以太利亜之部」（岩村一九〇四）、「第三編彫刻史以太利亜之部」（岩村一九〇五）、「第五編建築史伊《ママ》太利亜之部」（岩村一九一二）の三編のみである。これらのうち「彫刻史」は『美術新報』に「観堂学人」のペンネームで一四回にわたって連載された記事をまとめたものである（岩村一九〇三B）。

岩村はこれら三冊全てを英文の著作に基づいて執筆したことが知られている。「絵画史以太利亜之部」はラトガーズ大学教授ジョン＝チャールズ・ヴァン＝ダイク（John Charles Van Dyke 一八五六–一九三二）著 *History of Painting*（New York 1905）とバーナード・ベレンソン（Bernard Berenson 一八六六–一九五九）のヴェネツィア、フィレンツェ、北イタリアの画家に関する三部作が底本である（田辺徹 一五三–一六六）。「彫刻史以太利亜之部」のそれは、プリンストン大学教授アラン・マークァンド（Allan Marquand 一八五三–

一九二三）と同大教授アーサー・フロシンガム（Arthur Frothingham 一八五九―一九二三）の共著 *A Textbook of the History of Sculpture*（Michigan 1896）と考えられる。また、チャールズ＝カラハン・パーキンス（Charles Callahan Perkins 一八二三―一八八六）の著作も参考にしたと岩村は述べており、パーキンスの著作 *Historical Handbook of Italian Sculpture*（New York 1870）が岩村蔵書にある。「建築史伊太利《ママ》亜之部」はフロシンガムの著作に拠ると岩村は述べる。岩村は当時としては最新の英語テキストを底本にしていることが理解できる。

おそらく岩村の要請に応えて『美術新報』には岩村以外の人たちも専門的な論考を寄稿するようになった。帰国後、東京美術学校で彫塑の教鞭を執っていた長沼守敬は新古典主義彫刻の巨匠アントニオ・カノーヴァ（Antonio Canova 一七五七―一八二二）について論考を発表した（長沼一九〇四）。ついで、同年一一月には洋画家和田英作（一八七四―一九三六）がフラ・アンジェリコ（Fra Angelico 一三九五―一四五五）の作品を紹介した（和田）。この傾向は他誌にも波及する（上田、空山）。

『美術新報』は一九一二年八月一〇日に刊行した第一一巻一〇号を「ヴェニス号」と銘打ち、ヴェネツィアの街に捧げた。当号には麗しい水の都に関わりのある作家や研究者が東京美術学校関係者を中心に総動員された感がある。例えば、建築家大澤三之助（一八六七―一九四五）は「ヴェニスの建築」について、彫刻家白井雨山（一八六四―一九二八）は「ヴェニスの彫刻」について、洋画家吉田博（一八七六―一九五〇）は「画材としてのヴェニス」、洋画家中村不折（一八六六―一九四三）は「ヴェニスの壁画」について、洋画家久米桂一郎（一八六六―一九三四）は「カルパッチオ筆の聖女ウルスラ画伝」について寄稿した。この号は『西洋美術史要』のような通史ではないが、当時の日本の美術エリートたちがどのように干潟の美しい街と関わったかを彷彿させる、優れた選集である。岩村自身も執筆を続け、ピサネッロ（Pisanello 一三九五頃―一四五五）の彫刻家の側面に光を当てた優れた論考とイタリアのマヨリカ焼に関する記事を掲載した（岩村

一九一二、一九一六）。しかし、病を得た岩村の筆は滞り、後者マヨリカ焼の論考は（上）のみで終わった。七〇日の闘病生活の後、岩村は一九一七年八月一七日に逝去する（田辺徹　三八二–三九〇）。

二．四　一九二〇年代の美術史研究

岩村の死後、彼の蒔いた種は見事に花を咲かせ、後進が次々と著作を発表する（田辺孝次、西村一九二二、板垣）。

長沼守敬に刺激を受けて私淑し、後に彫刻から絵画に転向した洋画家寺崎武男（一八八三–一九六七）は、長沼や川村清雄と同様にヴェネツィア美術学院で学び、同時に商業高等学校（現カ・フォスカリ大学）で日本語を教えた。帰国後、寺崎は『美術』『中央美術』『みづゑ』『美の国』などさまざまな雑誌にヴェネツィアに関する記事を寄せる（参考文献に掲げた寺崎諸論文）。比較的短期間に執筆されたヴェネツィアに関する七つの記事は、一部重複する部分はあるにしても、テーマと論調が少しずつ異なり、読む者を飽きさせない。イタリアの愛国詩人で軍人でもあったガブリエーレ・ダンヌンツィオ（Gabriele D’Annunzio 一八六三–一九三八）と親交のあった寺崎の文学的才能を垣間見せる。

『美術』に寄稿した「水のヴェニスと芸術」はその総論とも言える記事で、ヴェネツィアの街の成り立ちや建築、美術を分かりやすく論じる（寺崎一九一七B）。サン・マルコ聖堂が「其性質は信仰の表現と云ふよりは、寧ろ富と栄華の誇りである」と指摘し、総督宮が「一見東洋即ち万里の長城の如き城壁的建築を、ゴシックの柱を以て飾りたる偉大なる観念を持つ建築物」と規定するのは、興味深い。ヴェネツィア派の色については「芸術的心理状態は、水の単純なるものより外に求むる事が出来ないから、其反動として芸術―殊に目を最も慰楽させる色彩によつたものである」と喝破し、「全体の調和即ち一種の甘きアトモスフェールの充ちて居る事は、水分多きヴェニスの空気の包和《ママ》せる状態より来るもの」と考えるのは、同地に一五年住んだ画家ならではの意見かもしれない。

続く四つの記事は、ほとんどが随筆の体裁を取る。その中には、イタリア美術に深く触れた寺崎らしい次のような記述が見られる。


伊太利の研究称揚するには、一二の伊太利の町を観たのみでは足りない。全伊太利に在る伊太利の美を語るものを観ねば、伊太利の美は、知り難い。個性に富むでゐるのは、この国の人の特徴である。然しながら、其と共に共同的観念にも富むで居て、小さ《ママ》町に接した村に於ても、その村の趣味と好みが表現されてゐる。（寺崎一九一八B　一五八）

イタリアに長く暮らした作家が、自らの言葉でそれを日本に伝えるようになったのが、岩村後の時代の大きな変化であると言えよう。

ここで忘れてならないのが、美術史家矢代幸雄（一八九〇－一九七五）の存在である。「戦前から戦後にかけ、欧米でも通用したほぼ唯一の日本人美術史家、否むしろ傑出した文化外交の達人」（稲賀　三）である矢代は、岩村が基礎文献としたベレンソンに師事して、世界で初めてボッティチェッリのモノグラフを英語で上梓したことで知られる。一九一二年に東京帝国大学英文科に入学し、一九一五年の卒業と同時に東京美術学校の講師となり、一九一七年に死去した岩村の跡を襲って、同校の西洋美術史担当教授となった。一九二一年に私費でヨーロッパに留学し、同年九月から文部省の留学生となる。ロンドンで松方幸次郎を訪ねた後、フィレンツェに赴き、ベレンソンに師事した。その四年後の一九二五年著名な *Sandro Botticelli* を刊行（Yashiro）。黒田清輝の遺産を基に美術研究所（現東京国立文化財研究所）を立ち上げ、イタリア美術に限らず、東西の美術に関する著作を数多く著し、美術史、文化界の東西交流の要となった。

『美術新報』は一般大衆啓発を目的とする論考の中心的な発表の場となり続けたが（三巴、田中）、他にも一九一五年から一九二九年まで刊行された月刊誌『中央美術』や、一九〇五年から今世紀に至るまで続いた『みづゑ』、一九二四年に創刊された『アトリエ』などにも同様の論考が発表され始める（三雲、摩寿意一九三九AB）。建築家岡田信一郎（一八八三－一九三二）は、当時まだあまり知られていなかったミケランジェロの建築家としての側面に光を当てた講演を一九一九年四月一八日に国民美術協会で行ない、その講演録が『中央美術』に掲載された（岡田）。他方、美術史研究者の西村貞（一八九三－一九六一）は、同じ雑誌に寄稿した「ヴェロッキヨと十五世紀美術」において、ジョットやマサッチョ、ドナテッロから説き起こし、彫刻家ドナテッロの正統な後継者としてアンドレア・デル・ヴェルロッキオ（Andrea del Verrocchio 一四三五頃－一四八八）を位置付けた（西村一九二六）。これは、ルネサンスのイタリア美術に関して五年前に刊行した『文芸復興期の美術』を短くまとめたものと考えてよい。

二．五　同盟関係への道

一九三〇年代後半から国際的に孤立を深めつつあった日本とイタリアは、それぞれの国益から接近して一九三七年日独伊防共協定を締結し、一九四〇年九月二七日に日独伊三国同盟が結成された。それと時を同じくして、伊学協会（一八八八年設立）、日伊学会（一九三七年設立）が併立していた両国間の交流団体は、一九四〇年七月一九日に日伊協会に一本化された（松田・渡邊 一二五－一二七）。ついで一九四一年一月に創刊されたその機関誌『日伊文化研究』は、イタリア美術研究の上で大きな貢献をなした。

創刊号には、東京駐箚イタリア大使ジャチント・アウリーティ（Giacinto Auriti 一八八三―一九六九）が「序文」を、政治家・美術史家の團伊能（一八九二―一九七三）が「創刊の辞」を寄せた。前者は「我国［イタリア］文化に対する大いなる関心を日本人研究者に惹起する目的」（アウリーティ）で当該雑誌が刊行されたと述べる。他方、後者は「我が国における此等イタリア諸文化の研究」が「今日の姿に於いては猶未だ充分であるとは言ひ難い」ため、「イタリア文化の凡ゆる領域、凡ゆる部門に亘る年一回の定期学術研究誌として、イタリア文化研究家の協力に依り、日本文化の伝統的立場よりイタリア文化の光輝を展開し、以つて日伊両文化に寄与する」（團）ことを目指したと雑誌の目的を語る。これに対して高村光太郎は、掲載論文の内容を評価しつつも、日伊学会やイタリアの「中部東洋及極東学会」（現 ISMEO）に関する情報に欠け、第三者にはわかりにくいと批判する（高村）。

『日伊文化研究』には、数多くの優れた論考が掲載されることになる（茂串、浜口、児島一九四二）。中でも、矢代が「天才」と形容し、東京大学で美術史を講じた児島は、その後も「ヴェロッキオの《聖母子像》」（第一二号）、「ヴェロネーゼ筆《レヴィの饗宴》」（第一三号）など専門性の高い論考を寄稿した（児島一九四三ＡＢ）。

『日伊文化研究』とほぼ同時期に、より一般的な大衆を対象として日伊両国で刊行された雑誌が *YAMATO* と『イタリア』である。一九四一年一月にイタリアの「日本友の会」によって創刊され、ムッソリーニ失脚後の一九四三年八月号を以て廃刊となった前者については別稿で述べた（石井二〇二〇）。ファシズムと日本軍国主義の連携をイタリア国民に訴えることを目的としたプロパガンダ的性格の強い雑誌であることは否定できないが、文化・美術面に関しては興味深い記事が多い。編集者三浦逸雄は創刊号の編集後記「編輯者の覚書」で当該雑誌を「月刊国策総合雑誌」であるが「その存立の上に確固たる文化的な立場を持つ」ためのものと規定し、「一国民の立場から、あくまでも国家行動に参与せんとすることを改めて宣明する」ものと言う。*YAMATO*の三ヶ月後に日本で刊行の始まった『イタリア』の創刊号で、みうらあやは「YAMATOの感触」と題する記事の中で、「本誌の僚誌」である*YAMATO*を、「従来の日本の海外向けの宣伝雑誌は、一様にその日本的性格の把握の上で、いつでも綺麗事ばかりやつてゐ」るが、*YAMATO*は「旧日本の残影が少ない」（みうら）と評価する。

他方、当の『イタリア』には政治色の強い記事が目立つ。中には『日伊文化史考　十九世紀イタリアの日本研究』の著者として名高い吉浦盛純の「天正使節に関する一古書翰」（一九四一年五月）と「支倉六右衛門の鼻紙」（一九四三年六月）、慶應義塾大学政治学教授で浮世絵蒐集家であった高橋誠一郎（一八八四–一九八二）の「伊太利亜と浮世絵」（一九四一年七月）などの論考も見られるが、美術史家による美術関連の論考は皆無である（吉浦一九四一、一九四三　高橋）。

この時期のイタリア美術紹介と研究は『日伊文化研究』が担っていたと言えるであろう。

三．美術品収集

明治初期には外交官や政治家、実業家、作家などがヨーロッパ滞在中に購入した作品を中心にイタリア美術コレクションが集積し、それが明治美術会や京都美術協会の展覧会に参考作品として出品された（東京国立文化財研究所　五–四四）（次々頁　表1）。彼らがもたらしたイタリアの作品の多くは当代作家のものである。

表1を見ると、例えば、一八八〇年から二年間ローマ駐箚特命全権公使であった旧鍋島藩主直大

（一八四六―一九二二）は、公使館書記官であった画家百武兼行（一八四二―一八八四）の作品のほか、公使館付で後に洋画家となる松岡壽の師チェーザレ・マッカリ（Cesare Maccari 一八四〇―一九一九）の水彩画《俳優》を明治美術会第二回展覧会に出品している。また、「コッサジーニ」筆《公園散歩ノ図》と「ベルトラ」筆《山水》の二枚の油画を明治美術会第一回展覧会に展示した。鍋島家ゆかりの品々を所蔵する財団法人鍋島報效会徴古館所蔵の「第三倉庫御道具帖」にはこれらに該当する可能性のある《野原油絵》や《西洋風景油絵》、および《山水（河舟）油画》といった記述が見出せる。しかし、現時点で同館に作品の所在は確認できない。

また、ヨーロッパを数度訪れた実業家岩下清周（一八五七―一九二八）は、「サビーヌ」の《美人ノ図》、「ラレデラ」の《秋景山水》と《夏景山水》、および「ランドルキ」の《河畔》（以上油画）と「ベルト」の《婦人愛花ノ図》（コンテ画）を第一回、第二回の明治美術会展覧会に出品した。岩下が背任横領罪で服役、出所後に静岡県裾野市に創立した温情舎小学校を引き継いだ聖心女子学院中学校・高等学校で調査したが、これらの作品の所在は確認できなかった。

工部美術学校で教鞭を執ったフォンタネージやカッペッレッティ、ラグーザ、フェルレッティ、サンジョヴァンニらの作品は、高橋由一や、同校に関わりの深い工部官僚山尾庸三（一八三七―一九一七）、大鳥圭介（一八三三―一九一一）、画家の中丸精十郎（一八四〇―一八九五）、小山正太郎（一八五七―一九一六）、彫刻家大熊氏廣（一八五六―一九三四）など多くの関係者が所有していた。また、お雇い外国人としてフォンタネージらより一年早く来日したエドアルド・キョッソーネ（Edoardo Chiossone 一八三三―一八九八）の銅版画《故大久保利通肖像》を出品したのは、洋画家平木政次（一八五九―一九四三）である。

実業家の渋沢栄一（一八四〇―一九三一）とイタリア語学者の伊東平蔵（一八五七―一九二九）、彫刻家長沼

表1　明治期収集のイタリア美術品一覧（明治美術会、京都美術協会出展作品）

所有者	作品の種別	タイトル	作家	出品展覧会	出品回	出品年
矢野文雄	油画	美人半身	伊国人ムナリーニ	明治美術会	第1回	1890
渋沢栄一	油画	農夫刈羊図	伊国人チーマ	明治美術会	第1回	1890
	油画	牧羊図	伊国人チーマ	明治美術会	第1回	1890
伊藤博文	油画	伊太利古画				
鍋島直大	油画	公園散歩ノ図	伊国人コツサジーニ	明治美術会	第1回	1890
	油画	山水	伊国人ベルトラ	明治美術会	第1回	1890
	油画	少女携琵琶図	百武兼行	明治美術会	第1回	1890
	水画	人物、京都《俳優　二図》	伊国人マツカーリ	明治美術会、京都美術協会	第2回	1891, 1901
	水画	人物、京都《俳優　二図》	伊国人マツカーリ	明治美術会、京都美術協会	第2回	1891, 1901
	油画	人物	百武兼行	明治美術会、京都美術協会	第2回	1891, 1901
岩下清周	油画	美人ノ図	伊国人サビーヌ	明治美術会	第1回	1890
	油画	秋景山水	伊国人ラレデラ	明治美術会	第1回	1890
	油画	夏景山水	伊国人ラレデラ	明治美術会	第1回	1890
	油画	河畔	伊国人ランドルヰ	明治美術会	第2回	1891
	コンテ画	婦人愛花ノ図	伊国人ベルト	明治美術会	第2回	1891
	木炭画	婦人花ヲ採ル図		明治美術会	第3回	1891
田中建三郎	水彩画	人物	伊国人マツカレー	明治美術会	第1回	1890
佐田清次	油画	古画肖像	伊国人某	明治美術会	第1回	1890
中丸精十郎	油画	農家黄昏	伊国人ニッテ	明治美術会	第1回	1890
	油画	山水	伊国人ポンタ子ジー	明治美術会	第1回	1890
佐々木長淳	油画	老婆骨牌ヲ以テ吉凶をトスル図	不詳	明治美術会	第1回	1890
	油画	美人半身	不詳	明治美術会	第1回	1890
	油画	少女折薔薇花図	伊国人ケルミーニ	明治美術会	第1回	1890
工科大学	銅製彫刻	不忍池夕陽図	伊国人ポンタ子ジー	明治美術会	第1回	1890
高橋由一	銅製彫刻	山水	伊国人ポンタ子ジー	明治美術会	第1回	1890

子爵田中不二麿	水彩画	秋景	伊国人カルランヂ	明治美術会	第2回	1891
	油画	ポムペー古跡ノ図	伊国人ウォルペ	明治美術会	第2回	1891
	銅製	銅像	ポムペー発掘物	明治美術会	第2回	1891
榎本武揚	油画	美人ノ図	伊国人ヂュレー（東文研資料は「ヂュシー」）	明治美術会	第2回	1891
子吉田清成	油画	埃及ノ景	不詳	明治美術会	第2回	1891
	油画	人物	伊国人シヨリー	明治美術会	第2回	1891
	油画	湖水ノ図	不詳	明治美術会	第2回	1891
	油画	山水	伊国人サルビ	明治美術会	第2回	1891
	油画	婦人遊乗之図	伊国人バガ子ツチ	明治美術会	第2回	1891
伊東平蔵	油画［スケッチ］	人物	伊国人チーマ	明治美術会	第2回	1891
	油画	景色		明治美術会	第5回	1893
長沼守敬	墨画	人物	伊国人セラフヰン	明治美術会	第2回	1891
				京都美術協会		1901
	油画	小額市街	伊人チーマ筆	京都美術協会		1901
吉富忠干	彫刻品	婦人像	ラグザー	明治美術会	第3回	1891
伯爵井上馨	グレペイン画	伊太利亜魚漁図	伊国人ミウリス	明治美術会	第3回	1891
	油画	海岸	伊国人ベルタシニー	明治美術会	第3回	1891
	油画	海岸	伊国人ベルタニー	明治美術会	第3回	1891
子爵山尾庸三	彫刻品	婦人肖像	旧工部美術学校教師伊国人ラグーザー	明治美術会	第3回	1891
	油画	肖像	伊国人サンジヨウァニー	明治美術会	創立十年紀念展	1898
	墨画	装飾	伊国人カペルチー	明治美術会	創立十年紀念展	1898
	彫刻石膏	半身像	伊国人ラグーザ	明治美術会	創立十年紀念展	1898
小山正太郎	油画	半身肖像	ホンタ子ヂー	明治美術会	第5回	1893
谷村一佐	陶器画	塑像之図	伊国フロレンス府スカファイ	明治美術会	第7回	1895
	陶器画	女優之図	伊国フロレンス府ジオルジオ、サルヴヰニ	明治美術会	第7回	1895
岡田三郎助	油画	人物	以太利チエサリ、マツカリ	明治美術会	第7回	1895
松田敦朝	水彩画	人物	伊国人ホンタネジー	明治美術会	第9回、創立十年紀念展	1898
	銅版画	ヒポクラテス像		明治美術会	第1回	1890

大熊氏廣	墨画	装飾	伊国人カペルチー	明治美術会	第 9 回	1898
	墨画	装飾	伊国人ラグーザ	明治美術会	創立十年紀念展	1898
	彫刻須焼	半身像	伊国人ラグーザ	明治美術会	創立十年紀念展	1898
	彫刻	人物・二個	ミケランヂー作模造	明治美術会	第 9 回	1898
平木政次	銅鑊	故大久保利通肖像	エドワルド、キヨソネ	明治美術会	第 9 回	1898
児玉少介	油画	人物	伊太利古画	明治美術会	創立十年紀念展	1898
大鳥圭介	油画	獅子	以太利フエレチ	明治美術会	第 7 回	1895
	油画	肖像	以太利フエレチ	明治美術会	第 7 回	1895
	油画	肖像	以太利フオンタ子ジー	明治美術会	第 7 回	1895
	石膏	肖像	以太利ラグザ	明治美術会	第 7 回	1895
	彫刻石膏	半身像	伊国人ラグーザ	明治美術会	創立十年紀念展	1898
谷村一佐		女優之像、陶器画	伊国ジオルジオ、サルヴヰ	明治美術会	第 7 回	1895
黒田清輝	写真	婦人之像	伊国人レオナルド、ダ、ヴヰンチ原画	明治美術会	第 7 回	1895
棚橋夫人摸	油画	人物	チシアン原作		第 8 回	1897
櫻井忠剛		伊太利人筆小児　同婦人肖像　同葡萄に鳥		京都美術協会		1901
		マッカリー筆松本硯生写婦人		京都美術協会		1901
		千年前羅馬古画		京都美術協会		1901
		イタリア　マリア像				
清水音次郎		伊太利筆酒舗		京都美術協会		1901
西村総左衛門		在ミラン博物館伊太利古画写		京都美術協会		1901
		ミケランゼロ、ラフハエル下図額		京都美術協会		1901
竹内栖鳳		ドナテロ作額		京都美術協会		1901

守敬は三人とも、一九―二〇世紀の風景画家ルイジ・チーマ（Luigi Cima 一八六〇―一九四四）の油画を明治美術会展覧会に出品した。これらチーマ作品の購入には全て長沼守敬が関わっていたことが、本人の残した記録から確認できる。すなわち、一八八七年ヴェネツィアで開かれた内国美術博覧会に美術学院生徒として長沼が出品した《リド島にて》に関して述べた後で、長沼は次のように続ける。

> 博覧会中日本から、男爵益田孝氏やタカヂヤスターゼで有名な高峯襄《ママ》吉氏がやつて来て、益田氏は私の彫刻を大分欲しがつたが、石膏のことではあり右手を高く伸してゐるので、荷造りも面倒だし破損の惧れがあるから、これでなく何れ帰国してから何か作りませうと云つた。益田氏から渋沢榮一子爵が近く西洋館を建てるので、絵を二枚程探してゐるのだが見つけて欲しいと頼まれて、見つけてやつた事であつた。その絵は戦争とか農業の絵をと云ふ如何にも渋沢氏らしい註《ママ》文であつたが、農業の絵を二点送つたやうに覚えてゐる。その絵はチーマの作で、田舎娘が笞杖を持つて羊を追つてゐる図と、百姓が羊の毛を刈つてゐる図である。チーマのスケッチを一枚伊藤《ママ》平三《ママ》君から貰つたが、これは美術学校へ寄贈した。（長沼一九三六　二二四）

これらの絵こそ渋沢が明治美術会第一回展覧会に出品した油画《牧羊図》と《農夫刈羊図》である。長沼が益田を通じて渋沢から購入依頼を受けたのは一八八七年であるから、受け取って間もない一八九〇年に渋沢はこれらの作品を展示したことになる。チーマはヴェネツィア美術学院での長沼の師、彫刻家アントニオ・ダル・ツォット（Antonio Dal Zotto 一八四一―一九一八）の素描助手として働いていたから、長沼にとっては親しい存在だったはずである。

他方、長沼が引用文の最後で伝えるように、伊東から譲り受けた「チーマのスケッチ」は「美術学校へ寄贈」された。現在東京藝術大学大学美術館にはチーマの《ヴェニス市の風景》（図2）と呼ばれる絵が収蔵される。本作は一九一四年に長沼守敬より買入れたと確かに記録にある。これが、一九〇一年に京都美術協会展覧会に長沼が出品した《小額市街》であることはほぼ間違いない。

長沼が明治美術会第二回展覧会に出品した「墨画」《人物》は、長沼の関連資料を収蔵する岩手県花巻市の萬鉄五郎記念美術館に現存する。セラフィーン《長沼守敬の肖像》（紙にコンテ）（図3）がそれである。ステーファノ・セラフィーン（Stefano Serafin　一八六二―一九四四）はポッサーニョ生まれの彫刻家で、長沼と同時期にヴェネツィア美術学院で学び（一八八一―一八八三）、共に受賞した友人である。図3はセラフィーンが東洋から来た級友を描いたもので、他に油画（図4）も現存する。

これまで述べてきた作品は、ほとんどが同時代作家のものであるが、ルネサンス期の作家の関連作品を出展した者もいた。洋画家黒田清輝（一八六六―一九二四）はレオナルド・ダ・ヴィンチの《婦人之像》を「写真で」明治美術会第七回展覧会に、また日本画家竹内栖鳳（一八六四―一九四二）は《ドナテロ作額》をそれぞれ京都美術協会展覧会に出品した。政治家の児玉少介（一八三六―一九〇五）は作者不詳の《伊太利国古画》（図5）を明治美術会の展覧会に、「棚橋夫人」はルーヴル美術館所蔵になるティツィアーノの《寓意》を自ら模写した《人物》（図6）を明治美術会と京都美術協会展覧会に出品した。また、彫刻家大熊氏廣はミケランジェロの「模造」「人物」「彫刻」「二個」をその第八回展覧会に展示した（東京国立文化財研究所　三八）。

これに対して、オリジナル作品を日本に持ち帰ったこの時期唯一の例外が洋画家川村清雄（一八五二―一九三四）である。川村は、ヴェネツィア留学中、本土のミーラ Mira を訪れた際に、農家の納屋でジョヴァンニ・ベッリーニ（Giovanni Bellini 一四三〇–一五一六）の真筆作品を発見し、それを帰国の際に持ち帰ったという。すなわち、

私が伊太利に居ます中《うち》に好い古画を得たんです、丁度夏休にミラといふ処へ往きますると百姓家の処に汚ない真黒な板があツたんです、其れを唾をつけて見ると段々光沢が出て油絵ですから胸がドキドキして五フランクのお礼をして持ツて帰りました、スツカリ洗ひましてベニスの博物館長に見せましたが大変驚きましてね、私に売らないか二百フランクやるがツて左様いふのです、其の絵はベニスの絵の元祖ともいへる中の一人でジャンベリーノといふ人の絵です、日本で言へば雪舟よりも一層調子の高いので、今も私が持ツて居るんです。（川村　一四九）

ここでいう「博物館長」とは当時ヴェネツィア美術学校の内部機関であった美術館の「鑑査官」ispettore であったグリエルモ・ボッティ（Guglielmo Botti 生没年不詳）である。このジョヴァンニ・ベッリーニの作品を川村は日本に持ち帰り、少なくとも一八九八年半ばまで手許に置いていたことが確認できるという（丹尾　註一二）。しかし、関東大震災で焼失したと伝えられる。

大正期に入ると、周知のように川崎造船初代社長松方幸次郎（一八六六–一九五〇）がヨーロッパで美術品を収集した。ロンドン滞在中の一九一六年にフランク・ブラングィン（Frank William Brangwyn 一八六七–一九五六）の助言を得ながら作品を購入し始めた松方は（『松方コレクション展』）、国際的名声を博していた画家ジョヴァンニ・セガンティーニ（Giovanni Segantini 一八五八–一八九九）と彫刻家レオナルド・ビストルフィ（Leonardo Bistolfi 一八五九–一九三三）の作品を求めて、一九一八年イタリアに渡る。その時に、現在国

立西洋美術館に収蔵される作品中、《花野に眠る少女》以外の三点のセガンティーニ作品と八点のビストルフィ作品を購入した（『松方コレクション展』一二〇）。これらの作品に関しては、後述する一九二六年秋開催を目指した東京でのイタリア近代美術展企画段階において、一九二四年六月一二日付イタリア外務大臣ムッソリーニ宛東京駐箚イタリア大使ジャーコモ・デ・マルティーノ（Giacomo De Martino 一八六八―一九五七）の書簡が、美術展に借用することになっていると伝える（MAECI）。

セガンティーニの作品は、現在四点国立西洋美術館に収蔵される。それには《風笛を吹くブリアンツァの男たち》（図7）、《羊の剪毛》（図8）が含まれる。他方、ビストルフィ作品には《セガンティーニ記念碑　物質から解き放たれた美》（図9）や《アベグの墓碑　生、または光に向かって》（図10）と《アベグの墓碑　死、または死の魅惑の虜となる生》（図11）がある。（『松方コレクション展』一二〇―一二三）。デ・マルティーノはビストルフィの作品が「一二点」あると述べるが、《アベグの墓碑》を二点、《ドゥリオ家のための墓碑》の部分を四点と数えた可能性がある。

セガンティーニとビストルフィは当代作家であるが、国立西洋美術館には、旧松方コレクションに属したルネサンス以降のイタリア美術作品も数多く見出すことができる。例えば、カルロ・クリヴェッリ（Carlo Crivelli 一四三〇／三五―一四九四以後）の《聖アウグスティヌス》（図12）はそのひとつで、一九五九年に開館した同館に一九六二年に購入された初期購入作品のひとつである（『松方コレクション展』七三）。また、ボローニャ派の代表画家ルドヴィコ・カルラッチ（Ludovico Carracci 一五五五―一六一九）の二作品《ダリウスの家族》（図13）と《聖母子》も松方コレクションに入っていた。松方は素描においては、コルレッジョ（Correggio 一四八九頃―一五三四）の《頭部習作》（図14）を購入している（『松方コレクション展』八二）。これらのことから、松方は同時代のフランス絵画のみならず、購入の難しいルネサンス以降のイタリア絵画にも目を向けていたことが理解できる。

四．東京におけるイタリア美術展

日本におけるイタリアの美術展は現在、頻繁に開かれているが、第二次世界大戦前の日本では、管見の限り、五回しか開かれていない。一回目は一八八九年九月後半に、某グエルリエリがおそらくアジア各国で展示即売するために運んできた観光客向けの低質な模刻小像を日本美術協会列品館で公開した「伊国彫刻展覧会」である（石井二〇〇九）。また、一九二〇年代に三越呉服店を会場として「伊太利油絵展覧会」と「伊太利大理石彫刻展覧会」（三越 三一、三四）が開かれた。

その後、駐日大使デ・マルティーノによって、政府の公的行事として初めてのイタリア近代美術展が発案された（MAECI）。彼の離日後も後継の大使や代理大使によりその企画が継続して検討され、ムッソリーニのファシスト内閣が打ち出した「芸術による文化交流」というプロパガンダの一環としてこの案が支持された。しかしながら、まず一九二三年九月一日に起こった関東大震災により壊滅した東京で、展覧会を開催することが不可能になったことに加え、美術批評家ウーゴ・オイエッティ（Ugo Ojetti 一八七一－一九四六）（図15）と建築家・美術批評家のロベルト・パピーニ（Roberto Papini 一八八三－一九五七）（図16）を企画委員とするイタリア側と、梨本宮守正親王（一八七四－一九五一）を総裁とし、貴族院議員大寺純蔵（一八七二－一九三六）を会長とする日本側の委員会の間で、イタリア美術に対する考え方に齟齬があり、一九二六年七月の時点でこの計画は頓挫する。

そこに現れたのが軍人政治家エットトレ・ヴィオラ（Ettore Viola 一八九四－一九八六）（図17）である（石井

二〇一八）。ファシスト内閣に反対票を投じたために政権から敵対視されたヴィオラはチリに逃れるが、その時にナポリ美術学校元教授の画家カルロ・シヴィエーロ（Carlo Siviero 一八八二–一九五三）の助言を得て、近現代イタリア絵画二五〇点あまりを売却委託貸与の形で持ち出した。一九二七年六月にヴィオラは「反省文」をファシスト政権に提出し、翌年一月近代絵画展覧会を東京で開催する可能性を東京駐箚イタリア大使ジュリオ・デラ＝トルレ＝ディ＝ラヴァーニャ（Giulio Della Torre di Lavagna 生没年不詳）に尋ね、最終的にイタリア政府の後援を受けて、三越呉服店で一九二八年五月九日から一五日まで展示即売会を開催した。展示された二四七点ほどの作品はほとんど売却済となり、ヴィオラは謝意を込めて、マッキアイオーリの中心画家ジョヴァンニ・ファットーリ（Giovanni Fattori 一八二五–一九〇八）の《馬上の砲兵隊士官(Ufficiale di artiglieria a cavallo)》を始めとする数点の作品をイタリア大使館に寄贈した。同大使館には現在《馬上の憲兵（Il carabiniere a cavallo)》（図18）と呼び慣わされるファットーリ作品のみその存在が確認できる。

購入作品で経緯が判明しているものとして、朝香宮殿下が購入したアレッサンドロ・ミレージ（Alessandro Milesi 一八五六–一九四五）の《婚礼のゴンドラ》（図19）と、同じく皇室に入ったラッファエーレ・ツェローニ（Raffaele Zeloni 生没年不詳）の《一八世紀の風俗》（図20）がある。また、ヴィオラと親交を結んだ画家寺崎武男はジョヴァンニ・コスタ（Giovanni Costa 一八二六–一九〇三）作《トルコの女》の寄贈を受け、長いこと家に飾っておいたという（図21）。同年に刊行された『伊太利名作絵画展覧会竝び現代画家略歴』に掲載された二五点の作品の写真からその詳細が理解できる。

翌一九二九年一一月一四日から一九日までヴィオラは再度三越でイタリア近代美術展を開いた（*The Year Book of Japanese Art 1929-30*）。一九二八年一二月一日に現在の福島県会津若松市飯盛山の白虎隊墓地でローマ市から寄贈された記念碑（図22）の除幕式が行なわれた。記念碑上部に載る青銅像は当時のデザイナー、ドゥイリオ・カンベッロッティ（Duilio Cambellotti 一八七六－一九六〇）による《片羽根を痛めた鷲》を表し、その下の円柱はポンペイの遺跡から出土したものである。青銅彫刻の《片羽根を痛めた鷲》は、傷付いた白虎隊の志士を表すという。この記念碑建設の経緯は少々変わっている。東京外国語学校イタリア語科卒業後にナポリ東洋大学に招聘された日本人ファシストの下位春吉（一八八三－一九五四）は、一九二五年初に講演のために若松市を訪ね、市長に「伊国少年隊は既往に於て我等の精神と行為を一にせる会津白虎隊の事績に感激し少年隊長ムツソリニー氏の名の下に記念碑を建つることになれり」と述べた。これは下位の虚言であった。しかしながら、その計画が実現されなければ「会津地方民を失望せしむること深甚なる」ことが予想されたため、日本政府は形だけでも記念碑を作って送るようイタリア政府に依頼した。この話を聞いたムッソリーニは実際、白虎隊の歴史に感激し、記念碑贈呈を快諾したというものである（川田）。

一〇年後ムッソリーニは、再度日本に美術品の寄贈をなした。こちらの発案は「芸術による文化交流」というファシスト政権プロパガンダの一環として捉えられるものである。一九三八年三月二三日イタリア国民使節団がムッソリーニの贈り物として建国神話を表す《ローマの牝狼》の模刻を東京市に贈呈した。その後、日比谷公園の一角に据えられ、米軍進駐の時期にも破壊されることなく、現存する（図23）。

五．結論

近代初期の日本はイタリアを模範として美術を発展させた。工部美術学校における美術史教育の具体的内容は明らかになっていないが、一八八九年に授業の始まった東京美術学校では、校長の岡倉覚三、軍医の森鷗外、そして美術史家の岩村透と矢代幸雄が美術史を講じた。彼らによってイタリア美術の流れが、少なくとも美術を学ぶ学生に伝えられた。

しかし、出版という形でより広範な人々にその知識が伝播するのは、岩村透の活動を待たねばならない。英文著作を底本としたにしても、イタリアの絵画史、彫刻史、建築史の通史を著した彼の功績は大きい。その研究態度は次の世代へと確実に受け継がれていった。矢代の *Sandro Botticelli* の刊行は、その最たる成果である。

美術史研究のためにイタリアに留学し、直接イタリア語で学んだ成果を日本で活字にするようになるのは、皮肉にも日伊両国が政治的に接近してからであった。それは、現在にまで続く研究者の流れを生む原動力となった。

一方、イタリア美術品の収集はどの時代もほぼ同時代作品を対象としてきた。それは日本人に不利益な為替レートという経済的要因もさることながら、古い時代の作品が美術市場に現れにくく、容易に手に入らない状況も原因であった。その例外が川村清雄と松方幸次郎であった。また、いみじくもイタリア政府が関与した「正式な」イタリア展が、一九二八年に初めて、しかもヴィオラの発案という偶然によって開催されたことは、ある種の驚きである。その機会に日本で売却された一九、二〇世紀前半の美術作品は、今も国内に二五〇点近く存在するはずである。

【一次史料】

Ministero degli Affari Esteri e Cooperazione Internazionale, Archivio Storico Diplomatico（イタリア外務省外交史料館、以下 MAECI), *Pos. XIV B, Turismo e propaganda turistica Dal 1920 al 1929.*

【参考文献】

The Year Book of Japanese Art 1929-30, pp. 93-94.
Vasari, G., *The Life of Giovanni Angelico da Fiesole*, London, 1850.
Viola, E., *Combattenti e Mussolini dopo il Congresso di Assisi*, Firenze, 1975.
Viola, E., *Vita di Guerra: Le straordinarie avventure dell'"Ardito del Grappa"*, a cura di A. Zarcpme, Udine, Gaspari Editore, 2008.
Yashiro, Y., *Sandro Botticelli*, London, 1925.
アウリーティ、G「序文」原忠道編『日伊文化研究』一、一九四〇年、i頁。
青木茂編『高橋由一油画史料』中央公論美術出版、二〇〇四年。
石井元章「『明治廿二年伊國彫刻展覧会』について　模刻による初のイタリア彫刻展」明治美術学会『近代画説』一八（二〇〇九年）、四七–六三頁。
――「『イタリア名作絵画展覧会』（一九二八年）とエットレ・ヴィオラの功績」『イタリア学会誌』六八、二〇一八年、一四七–一六七頁。
――「一九四〇年代のイタリアにおける日本文化紹介　ピエトロ・シルヴィオ・リヴェッタと雑誌 *YAMATO*」『藝術文

化研究』二四（二〇二〇年）、一―二〇頁。

石井元章他『近代彫刻の先駆者　長沼守敬：史料と研究』中央公論美術出版、二〇二二年。

板垣鷹穂『伊太利亜美術史』春秋社、一九三〇年。

一噌連編『岩村透男追憶集』岩村博、一九三三年。

稲賀繁美『矢代幸雄　美術家は時空を超えて』ミネルヴァ書房、二〇二二年。

今橋映子『近代日本の美術思想　美術批評家・岩村透とその時代』白水社、二〇二一年。

岩村透「伊太利十五世紀の宗教画家フラ、アンジェリコ（上）」『美術評論』一（一八九七年）、二七―三一頁。

――（芋洗生）「アッシ、の七日」『美術新報』（一）―（四）一―二〇（一九〇三年）七頁、（五）―（七）二―三（一九〇三年）、五頁、（八）―（一〇）二―四（一九〇三年）、三頁（以上を一九〇三A）。

――（観堂学人）「伊《ママ》太利彫刻史要」（一）『美術新報』二―一（一九〇三年）、三頁、（二）二―二（一九〇三年）、三頁、（三）二―三（一九〇三年）、三頁、（四）二―四（一九〇三年）、五頁、（五）二―五（一九〇三年）六頁、（六）二―七（一九〇三年）、四頁、（七）二―八（一九〇三年）、四頁、（八）二―九（一九〇三年）、三頁、（九）二―一〇（一九〇三年）、三頁、（一〇）二―一二（一九〇三年）、五頁、（一一）二―一三（一九〇三年）、四頁、（一二）二―一四（一九〇三年）、三頁、（一三）二―一六（一九〇三年）、五頁、（一四）二―一七（一九〇三年）、四頁（以上を一九〇三B）。

――『西洋美術史要 絵画史第一編以太利亜之部』画報社、一九〇四年。

――『西洋美術史要 彫刻史第三編以太利亜之部』画報社、一九〇五年。

――『西洋美術史要 建築史第五編伊《ママ》太利亜之部』画報社、一九一一年
――「章牌彫刻家ヴィトーレ・ピサノ」（上）『美術新報』一一―三（一九一二年）、一二―一六頁、（下）一一―四（一九一二年）、一二―一三頁。

――「イタリアン、マジオリカ（上）」『美術新報』一五―六（一九一六年）、六頁。

上田敏「レオナルド・ダ・キンチ」『日本美術』七六（一九〇五年）、一―六頁、七七（一九〇五年）、一六―二四頁。

岡倉天心「泰西美術史」『岡倉天心全集』四、平凡社、一九八〇年、一六九–二五五頁。

岡田信一郎「建築家としてのミケロアンジェロ」『中央美術』五–六（一九一九年）、五三–七一頁。

河上眞理『工部美術学校の研究　イタリア王国の美術外交と日本』中央公論美術出版、二〇一一年。

川村清雄「洋画上の閲歴」伊原青々園・後藤宙外編『唾玉集』春陽堂、一九〇六年、再録高階秀爾・丹尾安典編『川村清雄研究』中央公論美術出版、一九九六年。

川田真弘「白虎隊記念碑と下位春吉　日伊文化交流の一側面」『大手前大学論集』一七（二〇一六年）、二六一–二七四頁。

清見睦郎『岩村透と近代美術』聖文閣、一九三七年。

隈元謙次郎『明治初期来朝伊太利亜美術家の研究』三省堂、一九四〇年
『工部省沿革報告』一八八九年
児島喜久雄「アントネルロ・ダ・メッシーナ（原色版解説）」『日伊文化研究』四（一九四二年）、二九–三二頁。

――「ヴェロッキオの《聖母子像》」『日伊文化研究』一二（一九四三年）、一頁（一九四三A）。

――「ヴェロネーゼ筆《レヴィの饗宴》」『日伊文化研究』一三（一九四三年）、六三–七一頁（一九四三B）。

坂井義三郎『画聖ラファエル』画報社、一九〇二年／『美術新報』一–一（一九〇二年）、五頁、一–二（一九〇二年）、五頁、一–三（一九〇二年）、五頁、一–四（一九〇二年）、五頁、一–五（一九〇二年）、五頁。

志づ「チ、アノ・ベツェリオ（チ、アン）」『文学界』四三（一八九六年）、一–六頁。

空山生「彫刻家としてのミケーロ・アンヂェロ」『学燈』一四–一一（一九一〇年）、一四–一七頁。

『泰西名作集　絵画之部　上、彫刻之部』東京美術学校文庫、一九〇三年。

高橋誠一郎「伊太利亜と浮世絵」『イタリア』一九四一年七月。

高村光太郎、書評「日伊文化研究」原題「盟邦イタリーの新旧文化検討　日伊文化研究第一号」『東京日日新聞』昭和十五年八月四日、再録『高村光太郎全集第七巻』筑摩書房、一九五七年、二五六–二五七頁。

辰野金吾「フレスコニ就テ」『明治美術会報告』四（一八九二年）、一六–二三頁。

田中邦三「アンドレア・マンテーニア」（一）『美術新報』一七-六（一九一九年）、一七-一九頁、（二）一七-七（一九一九年）、三三-三四頁。

田辺孝次『伊太利亜彫刻史』瀧川社、一九一七年。

田辺徹『美術批評の先駆者、岩村透　ラスキンからモリスまで』藤原書店、二〇〇八年。

團伊能「創刊の辞」『日伊文化研究』一（一九四一年）、一-二頁。

丹尾安典「川村清雄研究寄与」『美術史研究』二四（一九八六年）、一-二八頁。

寺崎武男「伊太利の美術界」『中央美術』三-二（一九一七年）、九二-九五頁（一九一七A）。

――「水のヴェニスと芸術」『美術』一-一〇（一九一七年）、六-八頁（一九一七B）。

――「ヴェニス派の美術」『絵画清談』六-六（一九一八年）、一〇-二四頁（一九一八A）。

――「水都ヴェニスの歓楽」『新公論』三三-八（一九一八年）、一五八-一六二頁（一九一八B）。

――「ヹニスの海」『みづゑ』一七三（一九一九年）、九-一二頁。

――「ベニスより」『みづゑ』一八七（一九二〇年）、一六頁。

――「ヴエニス」『美の國』四-二（一九二八年）、二〇-二六頁。

東京国立文化財研究所編『明治期美術展覧会出品目録』中央公論美術出版、一九九四年。

長沼守敬「かのーゞあ（CANOVA）」『美術新報』二-二五（一九〇四年）、二頁。

――「岡倉覚三氏の印象」『美術之日本』五-一〇（一九一三年）、五頁。

――「現代美術の揺籃時代」『中央公論』五八四（一九三六年）、二一四-二四四頁。

中村義一「岩村透論　変換期の批評精神　明治洋画とイギリス美術」『近代日本美術の側面』造形社、一九七六年、三九-一〇八頁。

西村貞『文芸復興期の美術』聚英閣、一九二一年。

――「ヴエロツキヨと十五世紀美術」『中央美術』一二-四（一九二六年）、八-二一頁。

浜口隆一「ブラマンテとミケランジェロ」『日伊文化研究』三（一九四一年）、一〇六―一一三頁。

春木栄次郎模写「伊太利亜國彫刻師用解剖書ノ内書取［写］」工部美術学校、一八八二年。

原奎一郎編『原敬日記（第一巻）』乾元社、一九五〇年。

「ピラネージ、ジョヴァンニ・バッティスタ」エッチング Antichità romane『国際文化』三一（一九四四年）、一〇六―一一〇頁。

ホンタネジー、アントアヌ述　西敬編訳『学校用用器画法　名画図入門』前川源七郎刊、一八八二年。

摩寿意善郎「イタリア文芸復興期の絵画」『みづゑ』四一一（一九三九年）、四二一―四四六頁、四一二（一九三九年）、五六一―五九一頁（一九三九A）。

――「ヴェネーツィア絵画の概観」『アトリエ』一六―六（一九三九年）、四―一二頁（一九三九B）。

『松方コレクション展』国立西洋美術館、二〇一九年。

松田道一・渡邊直達編『伊学協会日誌』日伊協会、一九四二年、一二五―一二七頁。

みうらあや「YAMATO の感触」『イタリア』一―一（一九四一年四月）、九二―九四頁。

三雲祥之助「伊太利のフレスコについて」『みづゑ』三七一（一九三六年）、七一―七四頁。

三越『三越美術部１００年史』三越、二〇〇九年。

三巴漁人「モザイクの話」『美術新報』一六―一〇（一九一七年）、八―一四頁。

茂串茂「フィレンツェに於けるレオナルド・ダ・ヴィンチ」『日伊文化研究』二（一九四一年）、一―三〇三頁。

ユネスコ東アジア文化研究センター『御雇外国人（資料）』小学館、一九七五年。

吉浦盛純「天正使節に関する一古書翰」『イタリア』一九四一年五月。

――「支倉六右衛門の鼻紙」『イタリア』一九四三年六月。

和田英作「ヴアチカンとサン・マルコにあるフラ・アンゼリコの絵画につき」『美術新報』三―一六（一九〇四年）三頁、三―一七（一九〇四年）、四頁。

渡邊洪基「明治二十二年七月六日明治美術会に於て会頭渡邊洪基君の演説」『明治美術会報告』一（一八八九年）、一―九頁。

――「題洋法絵画ノ伝播」『明治美術会報告』四（一八九三年）、八―一〇頁。

図 2

岩村透編

西洋美術史要

繪畫史　彫刻史　建築史

第一編　以太利亞之部（既刊）
第二編　普、獨、西、佛、和、英之部（近刊）
第三編　以太利亞之部（既刊）
第四編　獨、佛、英之部（近刊）
第五編　以太利亞之部（脱稿）
第六編　獨、佛、英之部（起草中）

図 1

図 4

図 3

図 1　岩村透『西洋美術史要』
図 2　ルイジ・チーマ《ヴェニス市の風景》東京藝術大学大学美術館
図 3　ステーファノ・セラフィーン《長沼守敬の肖像》コンテ、岩手県萬鉄五郎記念美術館
図 4　ステーファノ・セラフィーン《長沼守敬の肖像》油画、岩手県萬鉄五郎記念美術館

図 6

図 5

図 7

図 8

図 11

図 10

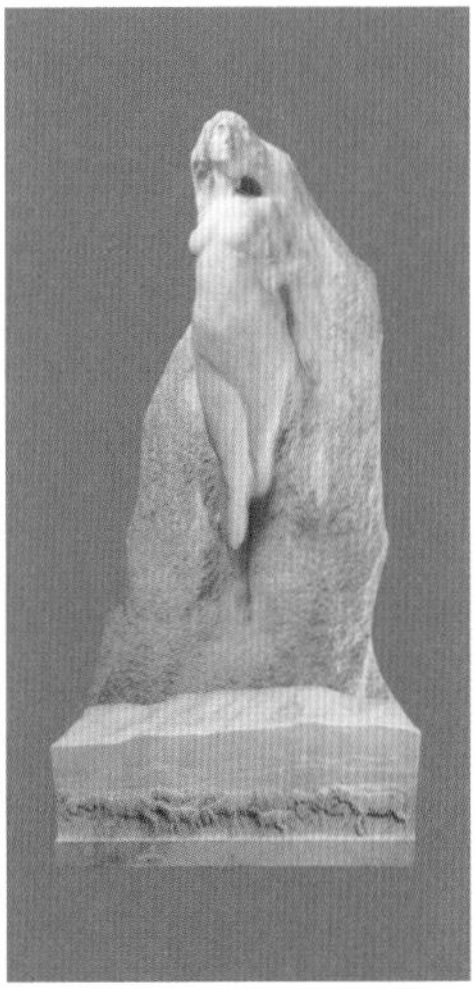
図 9

図 12

図 5　《伊太利国古画》(『近代日本アート・カタログ・コレクション　明治美術会』ゆまに書房、2001 年、407 頁)
図 6　棚橋夫人《人物》(『近代日本アート・カタログ・コレクション　明治美術会』ゆまに書房、2001 年、404 頁)
図 7　ジョヴァンニ・セガンティーニ《風笛を吹くブリアンツァの男たち》国立西洋美術館
図 8　ジョヴァンニ・セガンティーニ《羊の剪毛》国立西洋美術館
図 9　レオナルド・ビストルフィ《セガンティーニ記念碑　物質から解き放たれた美》国立西洋美術館
図 10　レオナルド・ビストルフィ《アベグの墓碑　生、または光に向かって》国立西洋美術館
図 11　レオナルド・ビストルフィ《アベグの墓碑　死、または死の魅惑の虜となる生》国立西洋美術館
図 12　カルロ・クリヴェッリ《聖アウグスティヌス》国立西洋美術館

図 13

図 14

図 16

図 15

図 17

図 18

図 13　ルドヴィコ・カルラッチ《ダリウスの家族》国立西洋美術館
図 14　コルレッジョ《頭部習作》国立西洋美術館
図 15　《ウーゴ・オイエッティ》朝日新聞 1925 年 4 月 25 日東京版朝刊第 2 面
図 16　《ロベルト・パピーニ》（ただし、著述家ジョヴァンニ・パピーニの写真と思われる）朝日新聞 1925 年 4 月 23 日東京版朝刊第 7 面
図 17　エットレ・ヴィオラとレオーネ・ヴァイルショット（向かって左がヴィオラ。左側の《裸体》はジャコモ・グロッソ、右の少女が鳥に餌を与える《昼飯時》はヴィンチェンツォ・イロッリの作品）下院図書館、ローマ
図 18　ジョヴァンニ・ファットーリ《馬上の憲兵》イタリア大使館大使公邸、東京

図 19

図 20

図 21

図 22

図 23

図 19　アレッサンドロ・ミレージ《婚礼のゴンドラ》『伊太利名作絵画展覧会竝び現代画家略歴』画報社、1928 年
図 20　ラッファエーレ・ツェローニ《十八世紀の風俗》『伊太利名作絵画展覧会竝び現代画家略歴』画報社、1928 年
図 21　寺崎武男とジョヴァンニ・コスタ作《トルコの女》下院図書館、ローマ
図 22　ドゥイリオ・カンベッロッティ《白虎隊記念碑》会津若松市飯盛山
図 23　《ローマの牝狼》模刻、日比谷公園

第九章

音楽 —— イタリア音楽の二つの顔、音の学と楽

森田 学

一. はじめに

本稿ではイタリア音楽の日本での受容について述べる。ここでのイタリアとは、諸島部を含むイタリア半島の社会・文化圏を指し、音楽は西洋音楽（いわゆるクラシック音楽）を、時代は主に紀元八〇〇年から一九七〇年ごろまでを扱う。

西洋音楽の歴史の主な舞台は、ヨーロッパ大陸においてゲルマン系の祖先をもつ人たちが中心となって作り出した社会である。一九世紀後半には、その舞台がより広い地域に広がったが、西ヨーロッパを中心に営まれていたそれまでの西洋音楽とそれ以降の時代についても知ることで西洋音楽の全体像が把握できる（岸本ほか 一九）。

本稿での音楽の受容は、ある作曲家や作品が有名だとか、ラジオ番組などで多く取り上げられるか否かと

いう視点では語られない。音楽をいかに楽しむかは各人の自由である。西洋で千年以上の時をかけて育まれてきた西洋音楽の果実をシンプルに堪能したければ、その基盤となる社会や文化的要素の掘り下げは必要ないだろう。それに対し本稿では、西洋音楽の一翼を担うイタリア音楽の本質を理解し、その受容に求められるものを手がかりにして考えたい。

音楽の価値を判断する場合、当然、個々の作品にふれ判断する。その判断を批評する際、必ずしも同じ時間と場所で両者が作品を前にして議論できるわけではない。つまり、各人の音楽体験や記憶、音楽文化での教養の違いが判断に影響する可能性がかなり高い。例えば、日本初演のオペラについて語るとき、楽譜を見るだけで舞台上で再現されるであろう音楽や演劇を構築できる能力のある人と初演での舞台を体験することで初めて判断を下せる人とでは作品受容のあり方も異なってくる。また後者の場合、その判断に舞台上での演奏の質が影響することも否めない。

西洋音楽とイタリア音楽の間に（国境線を設けるように）明確な線を引くことは難しい。まず次節ではこの問題に触れる。続く第三節では、イタリア音楽の受容に大きく関わる近代日本の教育に西洋音楽がいかに導入されたかを扱うが、そもそも西洋音楽が日本社会にどう受け止められたのかにも注目する。音楽の判断基準のひとつとなる音楽史がどのように語られてきたのかを探るため、第四節では一九世紀末の音楽学の成立とその後の変遷の歴史を概観する。第五節では、音楽学研究の進展と共に刷新され続ける音楽史を踏まえた上で、音楽感を構築することの重要性について述べ、イタリア音楽の日本での受容の歩みを示し、今後のあり方を示したい。

二．西洋音楽におけるイタリア音楽とは

イタリア音楽として最初に頭に思い浮かぶのはヴェルディやプッチーニのオペラ、もしくはヴィヴァルディ《四季》やレスピーギ《ローマの松》の器楽曲などではないだろうか。このようなイメージの根底には初等・中等教育での音楽が影響していることが多い。部活動や音楽大学などを目指し音楽を学んだ者であっても、指導者の方針や生徒の趣向がイタリア音楽に対するイメージを形成することもある。しかし、このように知らず知らずのうちに構築されたイメージや趣向に影響されないように注意しながら、音楽受容の本質に迫って行こう。

イタリア半島において、国家としてのイタリア王国が誕生するのが一八六一年、全土を統一し近代国家が誕生するのが七一年である。この点からも明らかなように、国家としてのイタリアがイタリア音楽とその他の地域や国の西洋音楽とを分ける指標とはならない。また、イタリア音楽を生み出した地域を指標とするならば、シチリアを含むイタリア半島が主な舞台となる。ただし、イタリア音楽が周辺地域への影響を与えたり、その逆の事象を考えると、イタリア音楽が完全に隔離され

図１　イタリア歌劇団芸大生へのレッスン、
昭和 31 年 10 月 12 日、東京藝術大學奏楽堂、
© 昭和音楽大学 小原敬司撮影

た状態で独自の音楽文化を培うことはあり得ない。

ひとつの音楽文化を共有する上で重要な要素のひとつは言語である。思考や創作の土台となるイタリア語を用いる人々によって育まれてきたイタリア音楽は、同時にヨーロッパ大陸の音楽文化圏内にある。イタリア音楽が何かを知るためには、イタリア音楽が独自に育んできたものと西洋音楽におけるイタリア音楽の位置を捉える必要がある。そこではイタリア音楽を中から見る視点と外からの視点が欠かせない。

ここまでの前提を踏まえ、西洋音楽におけるイタリア音楽を正しく認識するためには、音楽と文化全般にわたる理解とヨーロッパの複数の言語を通した独自性と共通性の理解が必要となることが分かるだろう。それらを欠いた状態では、主に演奏から得た情報や感覚を踏まえた判断を通しての音楽理解に留まる（実際の音楽を聴くことはもちろん重要だ）。このように各人が思い思いに楽しむ音楽と特に芸術作品として捉える音楽との間には大きな距離がある。この距離を埋めるための道を示すのが演奏家や研究者の役割のひとつだと言える。

西洋音楽とイタリア音楽の境界は曖昧だ。それは多くの人が確信を持ってイタリア音楽作品だと判断できるものが主にイタリア語の歌詞をもつ声楽曲やオペラであること、西洋音楽全般の世界観（他者）から見てイタリアらしい特徴を備えた作曲家や作品をイタリア音楽だと認識する傾向にあることからも明らかだ。端的にまとめると、明るく陽気で歌と食事と恋愛で満たされ日々を謳歌するイタリアを存分に感じさせてくれるイタリア・オペラ、西洋音楽の枠組みの中に存在するイタリアの作曲家によるいくつかの名作の集合体として、イタリアの音楽が認識されているのだ。その顕著な例として、ロッシーニの《ギョーム・テル》がオペラ作品としてではなく、その序曲だけがあたかもオーケストラ小品の〈ウイリアム・テル〉として多くの日本人には認識されていることが挙げられる。

次節では、我々がイタリア音楽（大きな枠組みでの西洋音楽）とどのように関わってきたのか、それに対する我々のイメージを形成する要因について、音楽教育の観点から述べる。

三．近代国家と音楽教育

現在の日本の範囲は、日本国憲法の施行後、日本政府の統治下にある日本列島の諸部分を指す。明治維新以降、その範囲は時代を通じて変化し、その範囲内には人々の結びつきのあり方がまったく異なる複数の地域が含まれる（松沢　四―五）。また、テリトリーとしての日本だけでなく、近代から現代にかけて日本社会を形成する社会集団と市場の流れを知ることも重要だ。

社会集団を強固に形成する身分制度が、近世に法制度上解体されるのは、一八七一年の戸籍法の公布と施行による。身分制社会が解体された近代社会では、政治権力は個々の人間を一個人として把握するようになり、人々がどのような職業に就き、どのような生活を送るのかという問題が政治から切り離され、諸個人の私的な領域となった（松沢　六五）。つまり、政治から職業選択が切り離されることで、市場経済の位置付けにも変化が生じる。

身分制社会が保っていた社会秩序の急激な崩壊により、新たな社会秩序の構想が政府の急務となった。新たな社会秩序が目指す選択肢としてあげられたのが欧米型の近代社会・近代国家モデルである。このモデル形成と西洋音楽がどのように関わるのかについて述べて行こう。

三．一　めざすべき日本近代のモデル

明治新政府の喫緊の課題である近代化政策の中で、新政府の選択肢が欧米型社会だけだったわけではなく、国学的な思想や儒学的統治理念を持つ勢力も大きな力を持っていた（松沢　七一）。最終的に軍事力と富の蓄積の面ですでに成功した例としてあげられた欧米諸国のモデルが選択される。音楽においても欧米諸国のシステムが学ぶべきモデルとされたが、西洋音楽の輸入は、社会や生活を豊かにするためではなかった。音楽による日本の近代化・国民化のための手段として、西洋音楽は導入される（奥中　VI）。このように日本における本格的な西洋音楽の受容は、近代以降の日本社会への西洋文化の導入と共に始まった。

日本における音楽教育の創始者であり、西洋音楽の普及に大きな影響を与えたのが伊澤修二である。伊澤は東京音楽学校（現在の東京藝術大学音楽学部）の初代校長だが、彼にとって最初の音楽経験は信州高遠藩の鼓手に採用され、ドラムの技を磨いたことに始まる。幕末にドラムを取り入れた人々は、純粋な音楽的理由からではなく、幕末の軍制改革のための軍楽を必要としていたからである。そこで、伊澤は近代的な身体をつくる音体験をした（奥中　二四–三四）。ここでも、西洋音楽はその有用性によって利用されている。

図２　東京藝術大学構内にある伊澤修二像

一八七一年に横浜港から出港した岩倉使節団の目的のひとつに欧米各国の制度・文物の調査研究があった。めざすべき近代日本のモデルの調査研究報告書『回覧実記』における音楽に関する記述では、主に外交

儀礼の場での音楽の役割に注目している。それに続くのが、学校や軍隊における音楽教育に関する報告である。そこでの音楽は、近代国家が有しておくべきアイテムのひとつとみなされていた。

三．二　音楽教育と伊澤修二

使節団の目指す教育では、「文、語、書、画、数、史、地、物理」の主要八科目に加え、情操を養うという具体的な効用が期待される「唱歌」の導入が検討された。軍楽隊の愛国心を呼び起こす演奏によって群衆が熱狂的な拍手を送る様、多くの人々が一堂に会して一斉に同じ旋律を歌うことで得られる一体感を目の当たりにした使節団は、合奏・合唱と愛国心の関係を理解した。『回覧実記』から読み取れるのは、文明国には愛国心、およびそれを誘発する国民音楽が必要であり、文明国の音楽にはそれぞれ固有の特徴があるという発想であり、その前提となるのが音楽教育という考え方である（奥中　八五）。

伊澤は、導入すべき音楽教育を考えるにあたり、アメリカの教育書を通して、スイスのペスタロッチ ── 子供の自発活動による諸能力の調和的発展を普遍的な人間教育の原理とした ── や幼稚園の創始者として知られるフレーベルの教育理念をよく学んでいた。伊澤の考える唱歌とは、運動を伴っており、そこでは歌唱によって精神への娯楽を、運動することで身体への爽快を与えることができるとされ、両者は不可分な「唱歌遊戯」として成立する。

また、唱歌遊戯だけでなく、中学教育の充実と教員養成の重要性も説いている。これは、一八七三年に文部省のお雇い外国人マレーの主張 ── 日本における教育は日本語で行うべきで、教科書についても西洋のものを直訳して用いるのではなく、西洋の知識を十分に理解した上で日本の現状にあった教科書が作られるべき ── と一致するものだった（奥中　一一七‐一二〇）。

近代教育学の専門知識をすでに得ていた伊澤は、文部省の派遣で、七五年に開成学校の成績優秀者と共にアメリカに留学する。この派遣の目的は師範学校における学科の調査で、ボストンのブリッジウォーター師範学校で学んだ。様々な学科を見事に修業した伊澤だったが、「声楽」Vocal Musicと「英語の発音」だけは苦手だった。彼が苦手としていたのは歌唱そのものではなく、日本の音階とは異なる西洋の音階を正確な音程で出すことだったようだ。当時の考え方では、西洋音楽の音階を有するのが高度な文明社会で、それ以外の音階は未開・未発達のものとみなされた。つまり、西洋の音階の採用は、日本が文明社会の仲間入りをするための必須要件だった。当時最先端の科学思想としてもてはやされていた進化論の考え方に従い、科学によって裏付けられた西洋音楽の音階習得を目指した伊澤の歌唱指導法とは、日本各地にある声の文化を標準化し、全国民が同じ旋律を声を合わせて歌うための指導法とも言える（奥中　一七九）。

三．三　音楽教育の目的

近代的な音楽教育実施を目的とする音楽取調掛が一八七八年に創設され、伊澤はお雇い外国人教師メーソンやスタッフと共に音楽教材の制作を開始する。翌年に教育方針が変更されたことで、唱歌教育に徳育的な性格が与えられるようになった。そのことで八一年に刊行された『小学唱歌集』の初版から第三版へと編集を進める過程で、徳育に資するものがより多く含まれた（山住　一〇五）。

八八六年、伊澤は師範学校とは異なる目的を持つ音楽学校の設立準備を始める。それにより翌年の十月、東京音楽学校が創立され、初代校長に就任した。だが早くも八九年頃から、西洋音楽の演奏家を育成するための音楽学校の在廃論が激しく展開された（橋本　一四－一五）。存続派の主な論拠は徳育のための音楽の必要性であり、芸術音楽の美的価値を訴える主張はほぼ存在しなかった。

芸術音楽という概念が日本で広く定着したことを示す一例が、九五年八月の『帝国文学』誌所収の匿名の論稿「音楽界」に見られる。そこでは「音楽は美術の一として、精神美を発揮する格好の表現具たる」ものとされる（奥中 二一三）。一九〇五年、『音楽新報』誌の第八号表紙の裸婦画が原因で発禁処分を受けたり、田辺尚雄の「音楽美学論」が『音楽』誌で発表されるのが〇七年であることから、明治後半には芸術音楽という意識が知識人たちの間に浸透し始めていたことが分かる。

図3　旧東京音楽学校奏楽堂の外観、
現在は上野公園内に移築・復元されている。

伊澤は、アメリカ調査留学を通して、「東西二洋の音楽を折衷した新曲を創作」「国楽を興すべき人物の養成」「諸学校における音楽の実施」という三つの方針を立てた。諸学校における音楽の実施は比較的早期に実現されたが、残る二つの方針の実現は難航した。文明の頂点としての西洋音楽を、日本へ早期移植することを目指し、東西二洋を折衷した新曲と将来の国楽を担う人物育成を行うためには、教育体制の構築が必要だった（月渓 五）。

日本における伝統音楽と西洋音楽に対する捉え方は、音楽取調掛が一八八七年に東京音楽学校となった際にも、教育体制の基盤作りに大きな影響を及ぼした。同時期に開校した東京美術学校（現東京藝術大学美術学部）が日本画のみでスタートしたのに対し、音楽学校は西洋音楽の演奏者育成に重点を置いた。九一年に伊澤が文部省と東京音楽学校校長の職を退いた後、明治末期になると西洋音楽を演奏するスペシャリストを育成する

図4　日独伊親善の夕、藤原義江出演、
昭和13年12月26日、産経会館
© 昭和音楽大学 小原敬司撮影

方向に大きく傾いた。

音楽学校の存在意義が徳育のための音楽を担うというのは、政治的駆け引きだった可能性もあったはずだ。文明の頂点としての西洋音楽を手にするため、まずは演奏技巧に秀でた邦人演奏家を育成できること、邦人演奏家の演奏レベルが高みに到達したことを示すという目標は妥当だろう。同時にそれは、何をもって演奏の優劣や高みへの到達を判断するのかという新たな問題を生む。この問題を解決するには西洋音楽と哲学・美学との関わり抜きには成し得ない。次節では西洋音楽の持つ学術的側面に注目する。

四．音楽学の成立

音楽学とは、音楽に関する研究を行う様々な研究部門を総括する体系的な学問と広く考えられており、一九世紀後半のドイツでの研究と教育活動を通して、学問体系が整備され、独立した学問として成立した。音楽学は、西洋音楽とその歴史を対象とし、西洋の学問的発想のもとに生まれた学問である（根岸・三浦　四）。その起源はすでに古代ギリシャのピュタゴラス学派の自然哲学にあり、「西洋音楽において、ギリシャの伝統は、文学以上に、現代に至る西洋音楽を深層で規定し続けている」（津上　一七）ほどである。

日本語における「音楽」とはどのようなもので、いつから使われるようになった言葉だろうか。中国語でのこの語の初出は秦の時代の『呂氏春秋』であり、日本の文献では平安時代初期の『続日本記』（七五二年）内の東大寺大仏の開眼供養の様々な音楽を記述した漢文で現れている。その後、大和言葉の「あそび」や「うたまい」と区別して、外来の雅楽と仏教楽を指すものとして用いられ、明治十年以降は西洋や日本固有の音楽活動を包括的に指すようになった。さらに「music」などの西洋諸語の訳語として広く定着することで、音の操作活動を一括して捉える見方を獲得した（津上 一八‐二一）。明治初期に西洋風の教育制度が新たに構築される中で、西洋音楽が「音楽」と呼ばれ、音に関わる活動全般を含むものとして捉えられるようになったことを、我々は音楽を考える際に念頭に置くべきだろう。

ギリシャ語の「ムーシケー」は音楽を含む芸術と学問が一体となったものであり、プラトンやアリストテレスの哲学で欠くことのできないテーマに音楽が含まれ、中世の学問体系や大学において「ムーシカ」が自由学芸の四学芸とされることからも明らかなように、西洋音楽では実践よりも理論が重視される長い伝統がある。

近代の新しい学「音楽学」の諸部門を体系化する構想を掲げたアドラー、音楽史から音楽理論、美学を含む音楽学全般の方向性に大きな影響を及ぼしたリーマンらによって音楽学研究はめざましい発展を遂げた。近代音楽学の成立過程でドイツの音楽学研究は絶対的優位を保ちつつ、ヨーロッパ諸国、そしてアメリカや日本へと拡散して行く。

音楽史研究は、アドラーによって提示された自然科学的方法を採用し、実証的に精度の高い研究に支えられ、発展した。そこでは、音楽史家たちが共同で研究・執筆する通史や偉大な作曲家の作品全集の編纂といった、文献学的手法を用い、より精度の高い研究が行われ、大規模な音楽事典の刊行につながる（根岸・

三浦 九）。現在、音楽研究の第一歩として参照すべき音楽大事典に、ドイツの『歴史と現在における音楽』*Die Musik in Geschichte und Gegenwart*（第一版、全一七巻、一九六八年完成）と『ニューグローヴ音楽事典』*New Grove Dictionary of Music and Musicians*（初版、全二〇巻、一九八〇年）、イタリアの『世界音楽百科事典』*Dizionario Enciclopedico Universale della Musica e dei Musicisti*（用語編は全四巻、一九八四年、人物編は全八巻：八八年、この他に二巻の補遺、作品や音楽史に関する八つの巻が二〇〇五年までに刊行）がある。

音楽事典と並ぶ音楽史研究のもうひとつの偉業が作品全集の編纂である。例として、一八五一年設立のバッハ協会による「バッハ全集」（二〇世紀に入り新たな考証が加えられ「新全集」として再刊）、九二年に始まる『ドイツ音楽の記念碑』*Denkmäler deutscher Tonkunst*（以下、DDT）、九四年にスタートする『オーストリアの音楽記念碑』*Denkmäler der Tonkunst in Österreich*、一九〇〇年に第一巻刊行となる『バイエルンの音楽記念碑』*Denkmäler der Tonkunst in Bayern*（以下、DTB）――いずれも公的助成を受け、体系的かつ定期的に出版された――などがある。

四・一　音楽学研究と音楽史の関わり

ドイツ語圏の『音楽記念碑』事業では、各国・各地域の音楽記念碑として選ばれた作品の選定理由が記されている。つまり、編纂者による音楽作品の歴史的位置付けが記されており、国の名前を冠した大規模な楽譜叢書全体をひとつの音楽史書とみることができる（朝山 第一二一号 五一）。例えば、DDT ではシュッツやバッハに関連する中北部の声楽を遺産として扱い、オペラのジャンルではイタリアの影響から脱したドイツが固有のものを獲得したという歴史を綴る。（DTB が第二次世界大戦後に新しい主幹のもとで再スタートを切った）DTBN が提示するバイエルン音楽史では、他の地域の音楽に対するバイエルンの優位を主張しない点、バイエルンの一都市ミュンヘンを定点とし、作品や作曲家、資料発掘を行っている点が特徴となっている（朝山 五六–五八）。実際、バイエルンにおけるイタリア様式の影響を対比させるために、G・ガブリエーリやモンテヴェルディとの連関に言及するだけでなく、ナポリ楽派のトラエッタなどの作品も含んでいる。

ドイツ語圏で始まった音楽記念碑事業はイタリアでも行われており、ルイージ・トルキが一九〇七年に国家事業のひとつとして刊行した『イタリアにおける芸術音楽』*L'Arte musicale in Italia* には一四世紀から一七世紀のイタリア音楽の重要な作品が収められている。中断期間を経た後、三二年からはガエタノ・チェーザリ主導によりリコルディ社から刊行された『イタリア芸術音楽の提要と記念碑』*Istituzioni e monumenti dell'arte musicale italiana* として、さらに第二次世界大戦後の五六年以降は新シリーズが刊行されている。ただし、イタリア音楽の膨大な遺産を整理し、ある程度のかたちを成し、イタリアにとっての音楽史を内外に提示するには至っていない。

四.二　日本における音楽学

筆者が一九九〇年代後半にイタリアで音楽学を学んだ際、総合大学の文学・哲学学部で学んだが、音楽学は日本では現在でも主に音楽・芸術大学で学ばれている。これは、音楽学が人文学の範疇ではなく、音に関する活動全般におけるひとつの学びと認識されていることを示しているのだろう。

第二次世界大戦後の四九年、東京藝術大学音楽学部に音楽学を専門に学ぶための楽理科が設置された。設置当時「音楽学」という言葉がまだ一般に馴染みがなかったため楽理科と名付けられた。その名称から単に「音楽の理論を勉強する」「何を学ぶところかわからない」学科と理解されることも多かった。同学科のホームページによれば、東京音楽学校時代から音楽史や理論、哲学的な側面が音楽教育には必要不可欠だと考え、西洋音楽史と音楽理論を中心としたカリキュラムを基本としつつ、幅広い視点や方法で音楽に対峙しうる力を養うことを当初から目指してきた。それがようやく学科開設へと至ったのである。

開設当初の楽理科では、作曲家の長谷川良夫が主任、美学を専門とする遠山一行、野村良雄、土田貞夫、神保常彦、キリスト教音楽を研究していた辻壮一らが指導にあたっていた（村井 一六六）。哲学的範疇にある美学を専門とする教員が多い楽理科で、津田塾英語専門学校に学び英語が堪能だった学生の村井は、音楽学研究において、語学力をベースとする音楽史料と文献の研究が、そして特に西洋音楽研究においては欧米留学は必須であると考えていた。アメリカ留学で音楽図書館や図書館学の重要性をいち早く理解した村井は帰国後、「国際音楽資料情報協会」*International Association of Music Libraries* の日本支部設立を目指す。そして七九年、岸本宏子や上法茂らとの活動が実を結び日本支部が設立された。

研究者たちの地道な活動と共に、外国語能力――学術論文や専門書を読み込む力――をベースとした音楽史料や文献の研究基盤整備が徐々に進んだ。しかし、前節の終わりで少し触れたようにイタリア音楽の研究が必ずしもイタリアで目に見える成果をあげていなかったことが研究をどこで行うのかといった問題へとつながる。例えば、一四世紀のフランスのアルス・ノーヴァと同時期に作られた「トレチェント音楽」やルネサンスのマドリガーレの研究は、一九六〇年代から七〇年代においては、イタリア本国よりもアメリカでの組織的な研究の方が活発だったこともあり、アメリカを留学先に選ぶ研究者も少なくなかった。とはいえ、最先端の研究がどこで行われていようとも、イタリア語の声楽作品を扱う以上、イタリア語の能力があまねく求められることは言うまでもない。また、イタリア語の歌詞を含む声楽曲だけでなく、器楽曲においても創作の基盤となる思考を司る言語の理解は、イタリアの音楽文化の妥当性ある評価（受容）に影響を与えるはずだ。それは、我が国の高等教育機関におけるイタリア語教育や研究者のイタリア語の運用能力とも大きく関わるのではないだろうか。

四．三　音楽学研究とイタリア語

イタリアの音楽を代表するジャンルに「オペラ」がある。音楽による劇、音楽による感情の表現を実現させた新しい音楽であるオペラは、古代ギリシャの悲劇復興を目指すルネサンスの理論研究とその実践によって一六〇〇年ごろに生まれ、一三七年にヴェネツィアのサン・カッシアーノ区にあった劇場が主に入場料によって運営されることで、聴衆に開かれた存在となった。これにより社会との関わりがより多様化した。

オペラがヨーロッパ文化の重要な要素のひとつであり、地域社会に根ざしたより身近な存在であり、聴衆を満足させる娯楽的要素が盛り込まれているという指摘は間違いではない。ただし、そのような認識が独り歩きする事で、イタリアのオペラが音楽学研究の対象とみなされないことに繋がったのではないだろうか。

アメリカに留学した研究者たちも西洋音楽について学ぶ以上、ヨーロッパの文化・社会を知る必要を感じていた。とはいえ、日本円が米ドルとの間で一ドル＝三六〇円という固定相場制を取っていた七〇年代初頭までの経済事情ゆえに、潤沢な資産の後ろ盾をもたない研究者がアメリカとヨーロッパの両方に留学するのは難しかった。このような状況下でも、アメリカ留学の後にヨーロッパでさらに学びを深める者もいれば、ヨーロッパ経由で各国を周遊することで少なくともヨーロッパ文化に直接触れようとした者もいる。文化に触れるレベルでオペラと接した者においては、劇場における聴衆の公演への関わり方などが非常に印象的に映っていた（村井 二四三）。悲しみの場面が終わると聴衆の熱狂的な拍手喝采に歌手は笑顔で応える。八〇年代ごろまでのイタリアでは、アリアのアンコールが頻繁に行われており、笑顔と悲しみの表情を歌手は交互に繰り返すため、ワーグナーのようにドラマの流れが途切れることなく進む作品との違いを国民性の違いとして捉えてしまうのも無理はない。オペラの音楽作劇法研究が本格的に始まるのが九〇年代であるため、このような認識が長く続いた。

イタリア・オペラが学術的な研究対象とみなされなければ、イタリア語の文献や声楽曲の詩句を読み解くための語学力を高めようとする研究者が現れないのも当然だ。しかし、これは研究者側だけの問題なのだろうか。現在、広く利用され、最も語彙数の多い『小学館 伊和中辞典』が刊行されたのが八三年である。六三年に大学書林刊行『イタリア語小辞典』のはしがきで下位英一（春吉は義兄）は、第二次世界大戦前に刊行された井上静一『伊太利語辞典』や吉田弥邦『伊日辞典』、グリエルモ・スカリーゼ『伊日辞典』はすでに入手困難で、他言語辞書の孫引きを余儀なくされていると述べている。実際、五〇年代半ばに東京藝術大学で坂本鉄男のイタリア語の授業を音楽学部の学生として受けていた嶺貞子は、坂本鉄男が謄写版で刷った単語帳を用いて学んだと述懐していた。

図5　下位英一、坂本鉄男編『イタリア語小辞典』（大学書林）

四.四　イタリアの音楽と戸口幸策

イタリア音楽の受容に大きく寄与した研究者のひとりが戸口幸策だ。『ニューグローヴ音楽辞典』「カッチャ」（一四世紀イタリアの世俗的重唱曲の一種目）の項目の参考文献表に論文が採録されている戸口は、東京大学経済学部に学んだ後、大学時代からアルバイトで勤めていた平凡社に入社し、音楽事典の編集に携わった。当時、西洋音楽史の分野でイタリア語を使いこなせる人がほぼいないことを知り、大学三年時に大学書林『伊太利語四週間』を使い、独学で基本文法を学んだ。実用的な語学の習得も目指す戸口は、川端康成『伊豆の踊子』などのイタリア語訳をネイティヴに添削してもらいつつ、イタリア語を学んだ（同訳は *Novelle giapponesi* 所収、アルド・マルテッリ社から六九年に刊行）。五七年にミラノに渡り、イタリア中亜極東学院で日本語教師を務め、教科書 *Letture Giapponesi*（前出のスカリーゼと共著）を作成した。この時期、やはり戸口も伊英辞典や伊仏辞典を使っていた。

音楽研究としてはクレモナの「音楽古文書・文献学校」*Scuola di paleografia musicale e filologia musicale* において、主にアルス・ノーヴァ記譜転記を二年間学んだ。この学びをベースに書かれた論文のひとつが『ニューグローヴ』の参考文献表に挙げられている。

一九六二年に帰国した戸口は、同年秋から東京藝術大学の楽理科で非常勤講師として「西洋音楽史」の古い時代を教えた（この年に入学した学生に岸本宏子や小林緑らがいる）。より専門的な大学院の演習科目を途中から受け持つようになり、受講生の希望なども考慮しつつ、オペラ台本やフビーニの音楽美学書を講読した。また、七四年には成城大学からの出張研修先としてパリの国立図書館を選んでいる。研究成果を翌年、チェルタルドで開催されたボッカッチョ没後六〇〇年の国際会議においてフランス語で口頭発表を行い、それをもとにした論文「イギリスの夏のカノンとイタリアのカッチャの関わり」をフランス語で執筆した。七七年に金沢で開催された美学会での口頭発表が縁で今道友信の誘いを受け、東京大学大学院の美学特殊講義を七八年から担当している。九年間の講義では、デカルト『音楽提要』やアウグスティヌス『音楽論』をはじめ、イタリア語で書かれたガリレイ『古代の音楽と現代の音楽との対話』やヴィチェンティーノ『古代の音楽を現代の音楽に当てはめる』などを扱っている。

以上の戸口の研究・教育活動を辿り明らかになったことは、西洋音楽の本質を多角的な視点から捉えるためには、英語、独語、仏語、伊語、羅語などの複数の言語運用力が必要に応じて求められるということだ。これらの言語の中でも特に高等教育での西洋音楽研究と実践において、イタリア語の教育体制の脆弱さがイタリア音楽の研究と妥当性のある学問的位置付けに歪みを生じさせた可能性がある。

五．西洋音楽史と音楽の理解

専門家以外の多くの人にとって、西洋音楽史とは作曲家の名前と作品、時代ごとの様式などが綴られたリストであるように思えるかもしれない。その難解さは、哲学書を前にした一般の読者が感じる感覚に近いかもしれない。本節では音楽理解を助ける音楽史とは何かについて考える。

これまで日本語で書き下ろされた音楽通史は数多く、また欧米の良書の翻訳出版も盛んになされている。早いものでは一九三五年に乙骨三郎による『西洋音楽史』（全九四一頁）があり、第一章「希臘の音楽」から、中世、近代を経て、第三一章「最近の新音楽及び結論」へと続く。「バッハ以降の音楽史しか語られていない」「日本人の書いたものは役に立たない」といった批判がなされることもあるが、この著作に目を通したことがあればこの批判が当てはまらないことは容易に理解できる。何よりも現行の音楽史記述よりも広い時間軸で乙骨は語っているのだから。

西洋音楽の歴史と膨大な数の作品を描き尽くすことは不可能だろう。重要事項の明らかな抜け落ちや誤記が含まれていない限り、どこの部分を、どのように、どれだけ詳しく知りたいかによって、その読者にとっての有用な本は異なる。どのような方針に従って音楽史が描き出されているかがそこでは重要となり、読者もそれにそって歴史を辿ることでより良い理解が得られる。

　作曲家の近藤譲は、音楽史の記述には「つながり」を重視する方法と「互いに異なる独立したいくつもの音楽様式の交替」を見る方法があると述べている（近藤　五―六）。前者の立場を取る岸本他の『つながりと流れがよくわかる西洋音楽の歴史』では、西洋音楽がどのように始まり、どのような理由によっていかに変化してきたかを辿り、基盤となる社会・文化的な要素を知ることで西洋音楽への深い理解が得られるとしている。そして、踊りの技と歌の技、世俗音楽と教会音楽、声楽と器楽のジャンルがどのような変遷を遂げているのかを明確に示し、西洋音楽の終わりを西洋が世界を支配する時代の終わり、もしくは世界音楽の始まりと捉え、世界の変容による人間の感じ方や考え方の変化と多様化と共に世界音楽への道を歩んで行くだろうと締めくくっている。後者の立場を取る近藤の『ものがたり西洋音楽史』では、過去の各時代の音楽とその文化は、それ自体として価値を持ち、理解されるべきものとされ、個々に独立した音楽様式が鎖状に連なったものとして描き出される。そのことで西洋音楽が内包する豊かな多様性とそれぞれの価値が見えるという立場だ。また、不完全な記録媒体である楽譜の特質を指摘し、不完全さを補うための演奏の慣習にも触れる。そして、演奏の慣習は演奏の伝統として伝えられるが、それが永続的でも不変でもないことも指摘する。

　音の活動全般を包括する音楽の歴史を描き出すという難題に立ち向かうことが音楽学者のひとつの使

図６　近藤譲『ものがたり西洋音楽史』（岩波書店）

命だ。これまで研究者は音楽文献学や音楽理論書、器楽・声楽の教則本、残存する当時の楽器、文学や美術作品などの史料から読み取った情報をもとに、演奏家と協働し、過去の音楽を現代の私たちの耳に届けてきた。過去の音楽を演奏する際、理論と実践が効果的に機能することで、不完全な記録媒体として私たちに残された楽譜を音楽として再現することを可能にする。加えて、現在の音楽学研究と演奏家が注目するトピックのひとつ「演奏のオーセンティシティ問題」がある。この問題を含めた研究・実践の積み重ねによって、音楽作品は歪められることなく受容され、イメージを形成しながら次の世代へと受け継がれて行く。

六．おわりに

本稿では、西洋音楽とイタリア音楽の境界、日本における西洋音楽の受容、それを支える近代日本での教育理念と実践について確認した後、日本語の「音楽」という言葉の含む意味の広さとそこから生じる漠然としたイメージに影響を受けた無意識の判断、イタリアの音楽を各人の思いのままに楽しむことと音楽文化を享受することの違いについても触れた。豊かな文化遺産として受け継がれてきた音楽へのより深い理解を目指す上で、音楽学という学問の果たした成果とこれからの役割についても指摘した。

楽譜に記され我々に遺された音楽をいかに読み取り、再現するかという実践を伴った音楽をその歴史の中でいかに位置付け、描き出すかを意識した妥当性のある評価に、絶対的な正誤はない。西洋音楽が内包する多様性とそれらを構成するパーツの意味を見極める力がイタリアの音楽を真の意味で享受する鍵となる。また、本稿で十分に検討することのできなかった実践についても音楽学と演奏家との間の相互理解を通してイタリア音楽の本質を追い求めなければならない。

イタリア音楽を「うた中心の音楽」と捉えると、言葉とのつながりを持つ声楽曲ではイタリア語の理解が必須となる。翻訳や重訳による理解では妥当性のある評価が下せないことは否めない。グレゴリオ聖歌の加工や宮廷歌人の歌やフランスのアルス・ノーヴァと並行してイタリアで栄えた一四世紀の世俗歌曲、ルネサンス初期のフロットラ、ブルゴーニュ楽派とフランドル楽派によってルネサンス様式が確立し、ペトラルカの詩句を理想とし、模倣技法を極限まで追求したイタリア語のマドリガーレ。その先に見出したモノディ様式がバロック時代以降の音楽の出発点となる声楽様式であり、心揺さぶる歌、音楽によるドラマであるオペラへと育つ。一連の流れの中で作曲家たちが試みた実験や試行錯誤、大胆な発想の転換といったドラマがその背景にはある。これらを抜きに演奏や音源から受ける音楽の印象を頼りに下される判断と妥当性ある評価の間には違いが生まれる。二〇世紀にオペラの終焉が語られ、総音列主義を代表するノーノ、音列主義からスタートしたベリオなどは前衛音楽家としてひとくくりにされる傾向にあるが、彼らの興味の中心が「声」という音の素材であるとすれば、心に響く安易な旋律を書くと評されるニーノ・ロータだけでなく、彼らもイタリアのうたのかたちを求めていたことが理解できる。

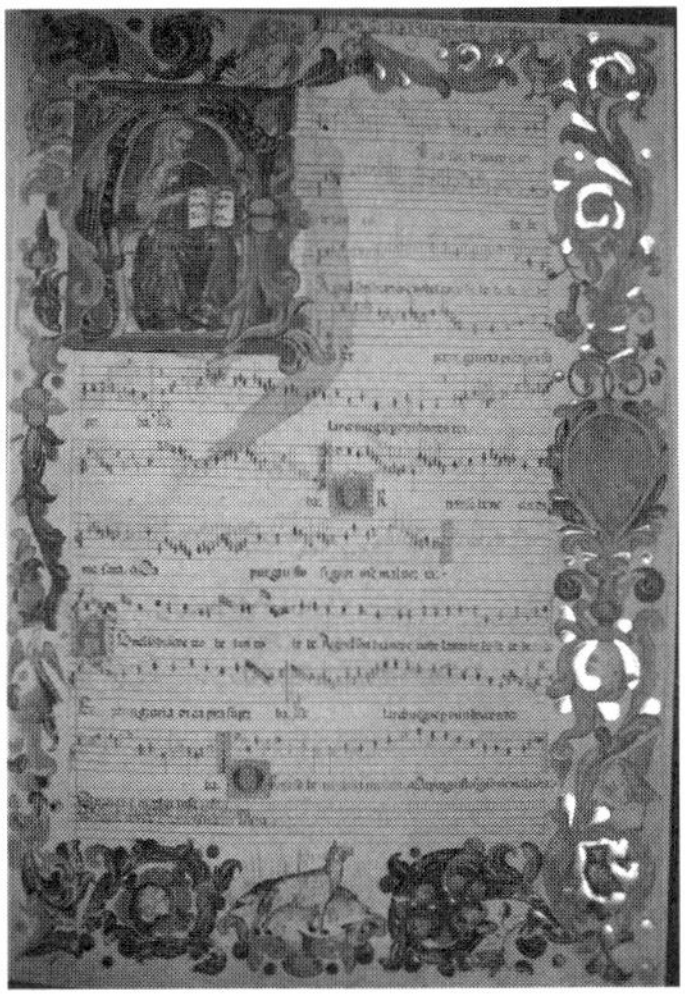
図7　スクワルチャルーピ写本（ファクシミリ）

イタリアの音楽や文化理解を深める著作でも「イタリアのロマン派オペラ」という記述をまだ目にする。イタリア音楽の時代区分では「ロマン派」ではなく「一八〇〇年代」を用いるのが定石だ。とはいえ、そこにロマン主義的傾向が見られることも事実であり、この問題を論じるには、A・W・フォン・シュレーゲル『劇芸術と文学』*Über dramatische Kunst und Literatur* の伊語翻訳やスタール夫人のロマン主義的なゲルマン文化の紹介を通じてイタリア半島でロマン主義がどのように捉えられていたかを踏まえる必要がある。このような研究を進めるためには、文献の精読に加え、イタリアとヨーロッパ、ヨーロッパと全世界の内と外でどのような相互作用が起こったのかについて、内側と外側からの二つの視点が不可欠となる。

音楽の学と楽に関する問いへの探究は古くは古代ギリシャから西洋の知として蓄積されてきたもので、一九世紀末に成立した音楽学によって飛躍的に進歩した。現在は音楽学が対象とすべき音楽世界の劇的な拡大と変遷によって、新しい世界像を探究する学問となった。まだ解明されていないことが山積されており、研究対象や研究領域は無限に広がっている。社会や文化の多様性を単純化・類型化することなく、観察し、正しく評価しようとする態度が真の文化の受容へとつながるはずだ。

【参考文献】

朝山奈津子「『バイエルンの音楽記念碑』第二次世界大戦後の構成と音楽史観の変化」『教育学部紀要』（弘前大学）、第一二一号、二〇一九年、五一－五九頁。
――「『オーストリアの音楽記念碑』における第二次世界大戦後の構成と音楽史観の変化」『教育学部紀要』（弘前大学）、第一二二号、二〇一九年、六一－七〇頁。
天野秀延『現代イタリア音楽』音楽之友社、一九六〇年。
奥中康人『国家と音楽――井澤修二が目指した日本近代』春秋社、二〇〇八年。

乙骨三郎『西洋音楽史』京文社、一九三五年。

岸本宏子他『つながりと流れがよくわかる西洋音楽の歴史』アルテスパブリッシング、二〇二〇年。

近藤譲『ものがたり西洋音楽史』岩波書店、二〇一九年（岩波ジュニア新書八九二）。

下位英一、坂本鉄男編『イタリア語小辞典』大学書林、一九六二年。

武石みどり監修『音楽教育の礎 鈴木米次郎と東洋音楽学校』春秋社、二〇〇七年。

──編著『音楽交流のはじまり ── 一九世期末ウィーンと明治日本』左右社、二〇二二年。

津上英輔、赤塚健太郎『新訂　西洋音楽史』放送大学教育振興会、二〇二一年。

月渓恒子、北川純子、小塩さとみ『現代日本社会における音楽』放送大学教育振興会、二〇〇八年。

東京藝術大学百年史編集委員会編『東京藝術大学百年史　東京音楽学校篇』第一巻、音楽之友社、一九八九年。

徳丸吉彦『ミュージックスとの付き合い方 ── 民族音楽学の拡がり』、左右社、二〇〇六年（放送大学叢書三一）。

日本戦後音楽史研究会編『日本戦後音楽史（全二巻）』平凡社、二〇〇七年。

根岸一美、三浦伸一郎編『音楽学を学ぶ人のために』世界思想社、二〇〇四年。

橋本久美子「東京音楽学校在廃論争」『藝大通信』（東京藝術大学）、第一二号、二〇〇六年。

半澤朝彦編著『政治と音楽 ── 国際関係を動かす〝ソフトパワー〟』晃洋書房、二〇二二年。

松沢裕作『日本近代社会史 ── 社会集団と市場から読み解く　一八六八─一九一四』有斐閣、二〇二二年。

村井範子、中西沙織著『音楽学研究物語』芸術現代社、二〇二一年。

山住正己『唱歌教育成立過程の研究』東京大学出版会、一九六七年。

Carrozzo, M., Cimagalli, C., *Storia della musica occidentale* (voll. 3), Roma, Armando 2014-19（カッロッツォ、M、チマガッリ、C『西洋音楽の歴史（全３巻）』川西麻理訳、シーライトパブリッシング、二〇〇九─二〇一一年）。

Grout, D.J., Palisca, C.V., *A History of Western Music* (5th ed.), New York, WW Norton, 1996（グラウト、D・J、パリスカ、C・V『新西洋音楽史（全３巻）』戸口幸策他訳、音楽之友社、一九九八─二〇〇一年）。

Testi, F., Zanetti, R., Terenzio, V., *Storia deaalla musica italiana da Sant'Ambrogio a noi*, voll. 12, Busto Arsizio (VA), Bramante, 1969-85.

第一〇章

映画――イタリアン・スペクタクルの衝撃

石田　聖子

一．はじめに

「ハリウッド」が映画の代名詞として用いられる昨今、イタリア映画の存在感は必ずしも大きくない。しかしながら、映画史家ジャン・ピエロ・ブルネッタがその著書『イタリア映画史入門』の冒頭で誇らしく述べるとおり、イタリア映画が独自性や先見性をもって世界の映画史をリードし、国際的に大きな影響力を及ぼしてきた事実を忘れてはならない（ブルネッタ　九）。

本稿では、イタリア映画が日本を含む世界の映画界にとくに際立った影響を与えた映画史上の二つの時期に着目し、同時期に日本で刊行された映画関連文献や証言を主に参照しながら、イタリア映画が日本に及ぼした影響をめぐり考察する。二つの時期とは、「草創期から一九一〇年代中盤にかけての時期」と「第二次世界大戦後から一九五〇年代初頭にかけての時期」である。まず、映画装置の伝来時におけるイタリアの関わりを確認したあと、映画の草創期から一九一〇年代中盤にかけての時期にイタリア映画が日本でどのように受容されたかを明らかにする。続く節では、第二次世界大戦直後に興隆したイタリア映画の潮流「ネオレアリズモ」が日本にもたらした影響について検討する。次いで、映画を通じた日伊文化交流史上、際立った功績を残したジュリアナ・ストラミジョーリに焦点を当てる。二〇世紀以降の世界に重大な影響を及ぼした映画という媒体を通じて、イタリアは日本に何を伝え、日本の観客はそれをどう受け取ったのか。映画を介した日伊交流の歴史をたどることで、イタリア映画が日本にもたらした決して表層的でなく映画領域にもとどまらない影響に光を当てたい。

二．映画の伝来――シネマトグラフをもたらしたイタリア人

一九世紀末の欧米で映画装置の開発は同時多発的に行われた。現在、映画装置の発明家として名を知られるのは、「シネマトグラフ」の開発者リュミエール兄弟（フランス）と、「キネトスコープ」「ヴァイタスコープ」の開発者エジソン（アメリカ）である。映画の発明国とならなかったイタリアと日本において、映画の歴史はともにこれら装置の輸入をもって幕を開けた。イタリアで、映画に関してエポックメイキングな出来事として記憶されるのは、隣国フランス生まれのシネマトグラフの紹介である。イタリアではじめてのシネマトグラフによる映画上映は、一八九五年末にリュミエール兄弟がパリで開催したシネマトグラフの有料公開上映会のわずか三ヵ月後の一八九六年三月、ローマで実現した。古来スペクタクルに格別の関心を寄せてきたイタリアで、新たな視覚体験を提供する映画は大きな反響を呼び、またたくまに全土に普及した(Bernardini 153-162)。他方、日本では、一八九六年一一月に神戸でキネトスコープがはじめて一般公開され、

好評を博した。次いで、一八九六年末から翌一八九七年三月にかけて、関西と関東で、シネマトグラフとヴァイタスコープが相次いで輸入公開された。

この日本と映画の最初の出会いに、早くもイタリアの貢献を確認することができる。日本に最初にシネマトグラフをもたらしたひとりはイタリア人だったのだ。銀座で幻燈の製造販売に携わっていた吉澤商店の店主・河浦謙一は、シネマトグラフをイタリア人のシピオーネ・ブラッチャリーニ（一八五〇−一九三七）から譲り受けたとされる。一八九二年以降、日本陸軍の招聘で弾道学を講じ日本の軍事学の発展に多大な貢献を果たした「お雇い外国人」ブラッチャリーニは、フランス旅行中に当地で評判を呼んでいたシネマトグラフとフィルム数巻を購入し、日本に持ち込んだ（日伊協会 九〇）。しかし、操作法がわからず、河浦のもとに相談に訪れる。即座にその価値を見抜いた河浦は、装置の研究の末、一八九七年三月に横浜湊座にて関東では最初となるシネマトグラフの一般公開を実現したという（田中二〇〇四 五一、入江 八）。吉澤商店はその後、国内の他の活動写真商社三社との合併により、日本初の映画製作会社・日活（日本活動寫眞株式会社）を創設することになる。ブラッチャリーニの一件は、日本映画の礎を築くこととなった。

三．草創期から一九一〇年代中盤まで ──「洋畫と云へば、イタリイ」

映画装置の輸入後、主に外国で製作された映画を楽しんでいたイタリアではじめて映画製作会社が設立され、「イタリア映画」が誕生したのは一九〇五年のことだった。当初、映画先進国であった隣国フランスの強い影響のもとに出発したイタリア映画だったが、やがてその影響を脱し、イタリア性を濃厚に湛えた映画の製作がはじまり、世界のスクリーンを席巻するようになる。

日本のスクリーンも例外ではなかった。外国映画といえばフランス映画が主流だったなか、一九〇七年八月一日に神田錦輝館がトリノの映画製作会社イタラ社と特約を締結し、「伊太利活動寫眞会」を催して、「在来の物とは趣を異にして頗る目新らしい」イタリア映画十数作品を紹介した（中山 四五九）。その後、イタリア映画の輸入が徐々に活発化すると、一九一〇年代中盤までにその数はフランス映画を凌駕するほどとなり、空前のイタリア映画ブームが巻き起こる。『日本映画作品大鑑第一集』および『第二集』（以下、『大鑑』）によれば、明治末期から大正初期にかけて日本で公開されたイタリア関連映画（本節中、「イタリア映画」の語をもって「イタリアの製作会社が製作した映画」ならびに「イタリアに取材したことがタイトルから明白で製作会社が不明な実写映画」を指すものとする）は、一九一〇年には約五〇作品、一九一一年には約二〇作品、一九一二年には約三〇作品、一九一三年には約一二〇作品、一九一四年には約二五〇作品、一九一五年には約一一〇作品、一九一六年には約一〇〇作品、一九一七年には約四〇作品を数える。とくに一九一三―一六年の日本でイタリア映画が人気を集めていたことがうかがえる。

当時、どのようなイタリア映画が鑑賞されていたのか。『大鑑』からは、「実写」「喜劇」「史劇」「文芸物・現代劇」が主なジャンルだったことがわかる。

まず「実写」は、「世界の窓」と謳われた初期の映画の主要ジャンルだった。そして風光明媚さで知られたイタリアは人気の高い撮影地だった。じつに、一八九七年二月十五日から一週間続いた南地演舞場での関西におけるシネマトグラフの第一回興行では、ニューヨークやパリの光景にならび、ミラノの水浴場や南イタリアの農作業の光景を捉えたフィルムも上映されたという（田中一九八〇A 四一）。その後、『ローマ市中一〇分間に見物する実況』『伊太利の漁業状況』（ともに一九〇三年日本公開）、『月を以て有名なる伊太利ヴェニス』（一九〇八年日本公開）など、一九〇九年までに日本で公開されたイタリア映画の大半はこのジャンルに属する。イタリアはまず、その優れた景観で日本の観客の目を愉しませた。

「喜劇」は、動きを目で追う愉快さが重視された草創期において実写とならぶ映画の主要ジャンルであった。イタリア無声喜劇映画は、コンメディア・デッラルテの流れを汲む類型化した登場人物が即興的に演じるドタバタ劇で、老若男女誰もが楽しめる映画として世界中で好評を博した。日本では、一九一〇年六月一日に公開された「新馬鹿大将」を皮切りに、一九一〇年代中盤にかけて相当数のイタリア喜劇映画が公開されている。「新馬鹿大将」とは、後年、「兎に角我邦《わがくに》に忘られぬ喜劇俳優」（『活動寫眞雑誌』二―四）と親愛の情を込めて呼ばれることになるイタラ社専属の喜劇監督・役者のアンドレ・デード（一八七九―一九四〇）の日本でのニックネームである（イタリアでのニックネームは「クレティネッティ」Cretinetti）。「新馬鹿大将絨壇の巻」「新馬鹿大将ズボンの巻」（ともに一九一〇年日本公開）、「新馬鹿大将釣道楽の巻」（一九一一年日本公開）など、タイトルにその名を冠した「新馬鹿大将」シリーズが成功すると、「トン君」「ダム君」「ジャガタラ先生」といった愉快なニックネームをもつイタリア喜劇俳優が続々と日本のスクリーンに登場し、「イタリイ映畫の名物になつた」（筈見　七七）。日本はイタリアに対して独特の親近感を抱いてきたことがしばしば指摘されるが、その醸成にこれら喜劇映画が一役買った可能性は高い。

図１　「新馬鹿大将」シリーズより
（Gili, J.A., *André Deed*, Recco-Genova, Le Mani, 2005, p. 54）

「史劇」こそは、無声映画期にイタリアをもって世界有数の映画大国とした最重要ジャンルである。古代ローマに取材するイタリア史劇は、『ポンペイ最後の日』*Gli ultimi giorni di Pompei*（一九〇八年製作）の成功をきっかけに世界でイタリア映画ブームを呼び、映画をイタリアの主要産業のひとつに押し上げた。『大鑑』に収録される日本ではじめて公開されたイタリア史劇は、『ローマの暗黒時代』（一九〇九年日本公開）であり、一九一〇年以降続々輸入されるようになる。日本の観客のあいだでとくに大きな話題を呼んだ史劇には『クオ・ヴァヂス（何処へ行く）』*Quo vadis?*（エンリーコ・グアッツォーニ監督、一九一二年製作、一九一三年に帝国劇場にて公開）、『アントニイとクレオパトラ』*Marc'Antonio e Cleopatra*（エンリーコ・グアッツォーニ監督、一九一三年製作、一九一四年日本公開、弁士・染井三郎の名口上で知られる）がある。

イタリア史劇がなぜ世界の耳目を集めたのか。当時の一般的な映画の上映時間（一〇-三〇分）に比べ上映時間が長く（一時間-二時間）観客に濃密な映画経験を提供したことや、美しい自然や壮大な歴史的建造物などの実景を利用した野外撮影を行ったこと、膨大な数のエキストラを利用して圧巻の群集劇を実現したことなど複数の理由が挙げられるなか、主たる理由は、芸術性の高さに求められる。当時、科学技術と玩具のあいだを揺れ動く得体の知れない装置として世に出た映画には、大衆的で低俗な娯楽として、既存の芸術に比して低い地位が与えられていた。そのため、映画にもかかわらず、絵画や文学など既存の芸術を参照しつつ高い芸術性を追求して製作されたイタリア史劇は当時の観客に強い印象を与えた。日本でもイタリア史劇がその芸術性の高さで注目を浴びていたことは、映画評論家・淀川長治の回想にうかがうことができる。

イタリア映画は、子供の私にはまさに美術館でありました。『ポンペイ最後の日』（一九〇八年）や『クォヴァヂス』（一二年）のイタリア製原画ポスターを見たときには、子供ながら、十分も立ち止まって見惚れきった。闘技場に、胸ゆたかに立った美女、そのぐるりを数頭のライオンが取り囲む、ネロを主題とした時代劇は私を夢の世界へみちびいたのでした。（淀川　一四四）

こうしたイタリア史劇の粋を集めて製作された最高峰が『カビリア』*Cabiria*（ピエロ・フォスコ［ジョヴァンニ・パストローネ］監督、一九一四年）である。紀元前三世紀、ローマとカルタゴが対峙する第二次ポエニ戦争を舞台に、時代に翻弄される少女カビリアの命運を前代未聞のスケールで描く『カビリア』は、当時の映画の常識をことごとく逸脱する「活動寫眞始まって以來の大作」（『活動之世界』六）として、本国で公開されるやまたたくまに世界にその名をとどろかせた。かねてより文学作品の翻訳紹介を通じて日本でも

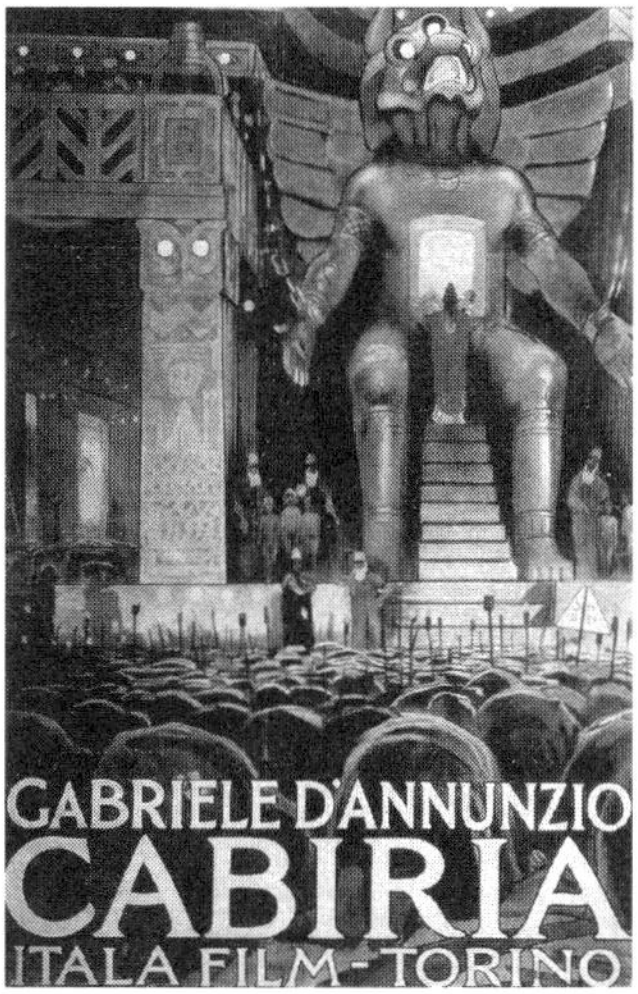

図 2　『カビリア』イタリア公開時ポスター

図 3　『活動之世界』第 1 号（1916 年 7 月）
カビリア記念号表紙

図４　『カビリア』の一場面、国立映画アーカイブ蔵

憧憬の対象となっていた文豪ガブリエーレ・ダンヌンツィオが書き下ろした傑作として、日本にもその評判は早くから届き、期待を集めていた（吉富　八―一一、但し、「ダンヌンツィオの書き下ろし」との宣伝文句はイタラ社の戦略であり、事実ではない［Prolo 9-11、サドゥール　二八二―二八三］）。そして本国での公開から二年後の一九一六年、帝国劇場にて、通常の公演以上という高額な入場料が課され、鳴り物入りで実施された『カビリア』の興行は日本の観客を瞠目させることになった。その結果、「全く洋畫と云へば、イタリイと云ふ定評が出來上つてしまつた」。（筈見　七四）

『カビリア』の日本公開を実現したのが、天活・小林喜三郎だった。小林は「世間の人々をして一驚せしむるに至るほどの高價」な額で、フィルムの扱いに厳しい制限が課された『カビリア』の興行権を買い取った。このような「危険性多き非打算的興行」を実施する理由について小林は、結局は自身の「道樂」のためにすぎないが、「世間の人々が、之によつて善惡共に、何等の得る所があり、我活動寫眞界が、之によつて大小共に何等の刺戟せられる所があつたならば私の道樂も多少意義あるものとなる」としている（小林　一三―一四）。そして実際の公開を受けて、次のように述べている。

今度のカビリアに於て、果して何物を世間に齎《もたら》したか、まだ興行半でわからないが、平生餘りに活動寫眞を見物し得ない方面の人々に對して、一日悠然と見物して頂いたといふ事は言ひ得やうと思ふ、少くとも、ある一部の階級に、新なるキネマ趣味をお興へしたといふことは断言し得やうと思ふ。（小林　一五）

映画領域を優に超える文化的事件となった『カビリア』は、それまで映画に無関心だった層にも映画を体験させる機会となり、新興の娯楽であった映画の間口を大きく広げることになった。加えて、小林が願ったとおり、『カビリア』に触発されたとされる当時のアメリカ映画の超大作『イントレランス』*Intolerance*（D・W・グリフィス監督、一九一六年）とともに、一九一八年以降の純映画劇運動を後押しし日本の映画界の発展に寄与することにもつながっていった（田島　二五五）。

史劇にならび、優れた「文芸物・現代劇」の輸出国としてもイタリアは名を馳せた。一九一二年三月、有楽座にて「文芸活動寫眞会」第一回が、生田長江、馬場狐蝶、小山内薫の講演とともに開催されると、知識層が客席を埋め尽くした。その後、半年のあいだに第四回まで開催されたこの催しでは、『秋夕夢』*Sogno d'un tramonto d'autumno*（ルイジ・マッジ監督、ダンヌンツィオ原作、一九一一年製作）をはじめとしたイタリア文芸物の数々が公開された。草創期以来、他国以上に熱心に文学の映画化に取り組んできたイタリアの文芸物は、日本の観客において西洋の優れた文化の香りとイタリアの名を結びつけるとともに、映画が教養レベルの高い層にも楽しめるれっきとした芸術であることを知らしめる契機となった。

文芸物に続き、「ディーヴァ女優」と呼ばれる演劇界出身の女優を中心に据える現代劇の数々もイタリアから届くようになった。主演女優の魅力を最大限に活用する、後のスターシステムの先駆けとなった一連の映画である。『火』*Il fuoco*（ジョヴァンニ・パストローネ監督、一九一五年製作、一九一七年日本公開）に主演したピーナ・メニケッリや、『アッスンタ・スピーナ』*Assunta Spina*（グスターヴォ・セレーナ監督、一九一五年製作、一九一八年日本公開）のフランチェスカ・ベルティーニなど、生来の役者といわれるイタリア女性ならではの情感に満ちた観客の心に直接訴えかける演技は、日本の観客の心を鷲掴みにし、多数の崇拝者を生んだ。イタリア・ディーヴァ女優特有の魅力について、淀川はその芸術性の高さに注目しつつ次のように回想している。

図５　フランチェスカ・ベルティーニ

アメリカ古くからの名女優［……］とまったく異なり、まさにオペラ女優の貫録を見せて、泣く演技、怒りの演技、それらは思えば芝居がかりなるも、イタリア映画のセピアにフィルムを染色したその沈んだ画調にぴったりはまって、〈古典〉が画面からあふれでたものでした。（淀川　一五〇）

草創期から一九一〇年中盤にかけて、イタリア映画は、それまで一般の日本人の目に触れることの少なかったイタリアの豊かな自然美や情緒深い芸術、壮麗なる歴史や伝統、成熟した文化を知らしめることになった。加えて、イタリア映画が、いまだ未知のものであった映画の可能性の探索に積極的に取り組み、実践してみせた功績も見逃してはならない。

四．第二次世界大戦後から一九五〇年代初頭まで —— ネオレアリズモの驚異

草創期以来、日本の映画ファンを愉しませ、笑わせ、感激させ、驚かせ、夢見させるなどして大いに親しまれたイタリア映画だったが、第一次世界大戦が勃発すると、主戦場となったヨーロッパの映画界は停滞し、代わって、アメリカ映画が台頭した。チャップリンが現われると新馬鹿大将は忘れ去られ、長尺ではあるものの視覚的表現に凝るばかりで物語が未熟だったイタリア史劇や現代劇も、巧みな編集技術で奥行きのある物語世界を構築するアメリカ映画の影にすっかり覆い隠されてしまった。

図６　飯島正『イタリア映画史』

一九二〇年代には、第一次世界大戦後の混乱を脱したヨーロッパ映画界も息を吹き返し、洗練された秀作を多数輩出する無声映画の黄金時代を迎えた。しかしながら、イタリア映画界は、深刻な経済不況や社会的混乱を抱える不安定な国内事情に加え、アメリカやドイツ産の優れた映画の大量流入を受け、大戦時の不振から立ち直ることはできなかった。その結果、『過去よりの呼聲』*Il richiamo*（ジェンナーロ・リゲッリ監督、一九二一年、一九二四年日本公開、飯島一九五三　一〇二―一〇五）など若干の例を除いて日本

で話題を呼ぶイタリア映画作品は稀となり、イタリア映画のかつての栄光は急速に色褪せていった。

一九三〇年代に入り国際情勢の緊張が高まるなか、日本では、一九三六年秋以降、映画に対する検閲が強化され、外国映画もその対象とされた。翌年秋には外国映画の輸入に、一九三九年秋には外国映画の興行に厳しい制限が設けられ、国内で外国映画を鑑賞する機会は激減した。そして第二次世界大戦がはじまると、映画は事実上の鎖国状態に陥った。

終戦後、外国映画の輸入が再開されたが、占領軍の指導のもとに行われたため、アメリカ映画が市場を独占することとなった。その状況に対する諸外国からの要請を受け、一九四六年一二月に一国一社、同国人に限り輸入業務を認める旨が発表されると、まずは戦勝国フランス、イギリス、ソ連の映画が日本のスクリーンに戻ってきた。そして一九四九年二月、イタリア映画の輸入を目的としてイタリフィルム社が創設された。


遅くもこの秋から、この二、三年間、世界注目の的になり、いろいろな話題を生んだ戦後のイタリア映画の代表的作品が日本でも封切られることになるであろう。［……］これら三本の映画（筆者注：『靴みがき』『平和に生きる』『戦火のかなた』）に、ロッセリーニが「戦火のかなた」の前に監督した「無防備都市」を加えてみると、イタリア映画界はこれだけの作品でもって戦後の世界映画界に覇を唱えたと言っても過言ではない。［……］戦後最初のイタリア映画の傑作「無防備都市」がロッセリーニによって完成されたのはイタリアが降伏した翌年の一九四五年初頭であったが、これがアメリカに紹介され［……］ウォールド・シアターで一九四六年三月初旬に封切られると、もの凄いセンセーションを巻き起こし、ついに翌年の十一月二十三日まで、向う一年九カ月に及ぶ世界史上最長期のロングランを打っ

た。（植草　一〇－一一）

一九四九年八月の映画評論家・植草甚一の言葉が伝えるとおり、終戦後のイタリアで従来の映画の常識を打ち破る斬新な映画群が製作され世界から驚嘆の目を向けられているとの噂は、早くから日本にも届いており、イタリア映画の早期の公開が待ち望まれていた。そしていよいよ、翌九月、戦後初となるイタリア映画『戦火のかなた』*Paisà*（ロベルト・ロッセリーニ監督、一九四六年）が封切られた。「新宿東急などの上映館は立見。ぎゅうぎゅう詰め」（吉村二〇〇五　三）で迎えられたというこの待望の一作が日本の観客にもたらしたのは、「歓喜」より、「衝撃」と呼ぶにふさわしいものだったようだ。映画評論家の飯田心美による鑑賞体験の記録は本作を前にした衝撃がいかなる類のものだったかをよく伝えてくれる。

それは私たちが今日までなじんできた劇映画の感触とはまるで違ったものである。［……］それは描かれた事件の場所へ私たちを強引に拉してゆく思いがする。一夕の娯楽ではない。苦痛をともない、一種の不愉快さえ感じさせる。だが、そこに味わうナマナマしさ切実さは、私たちの首根っ子を容赦なく抑えつける。しかし結局のところ、この容赦なき過酷な現実感が私たちの心を捉えて放さないのである。（飯田　二二）

「同郷人」を意味する南部訛りの語を原題にもつ『戦火のかなた』は、一九四三年七月の連合軍のシチリア島上陸にはじまり一九四四年冬にイタリア半島中北部を流れるポー河沼沢地帯に至る連合軍の進撃に沿って、連合軍の兵士たちとイタリアの市民やパルチザンとの接触を六つの挿話で描いた作品である。実際の出

図７『戦火のかなた』の一場面、国立映画アーカイブ蔵

来事を捉えたドキュメンタリーではない。しかし、ほんの数年前のイタリア半島で繰り広げられたドラマの数々を彷彿とさせる、時代の貴重な証言となっている。じつにそこで展開されたのは、それまでスクリーンを賑わせていた虚飾に満ちた夢のような世界とは一線を画す、過酷な戦争の生々しく鬼気迫るヴィジョンであった（当時、この映画を実際の戦時下の様子を収めた記録映画と捉えた観客が続出したのも無理はない）。ここで映画は単なる娯楽ではありえず、観客は単なる傍観者ではいられない。観客は強烈な現実を直視することを迫られ、各々の倫理が厳しく問われることとなる。さらにこのとき、現実それ自体が映画、すなわち目を引くスペクタクルになりうることが発見された。それまでの映画界が、シナリオやセット、演出を駆使して語る価値のある物語、鑑賞する価値のある世界を創出してきたのに対し、『戦火のかなた』は、目の前にある現実がそのままですでに語るべき物語をもつということ、凝視するに値する相貌をもつことを示してみせた。それゆえ、本作は映画の本質を問う、世界映画史上の画期的な事件となった。

さらに日本の観客を驚かせたのは、『戦火のかなた』に続いて、同種の原理に基づくイタリア映画がイタリフィルム社の配給により矢継ぎ早に公開されたことだった。とくにその衝撃波が強かった一九四九―五〇年に公開されたイタリア映画は次の七本である。

一九四九年日本公開
『戦火のかなた』*Paisà*（ロベルト・ロッセリーニ監督、一九四六年）
『平和に生きる』*Vivere in pace*（ルイジ・ザンパ監督、一九四七年）
一九五〇年日本公開
『無法者の掟』*In nome della legge*（ピエトロ・ジェルミ監督、一九四八年）
『靴みがき』*Sciuscià*（ヴィットリオ・デ・シーカ監督、一九四六年）
『荒野の抱擁』*Caccia tragica*（ジュゼッペ・デ・サンティス監督、一九四七年）
『自転車泥棒』*Ladri di biciclette*（ヴィットリオ・デ・シーカ監督、一九四八年）
『無防備都市』*Roma città aperta*（ロベルト・ロッセリーニ監督、一九四五年）

半世紀に及ぶそれまでの映画の歴史のなかで誰も目にしたことのなかった現実を描くこれら一群の映画は、当初はアメリカでの呼称を借りて「イタリアン・リアリズム」と呼ばれ、後に、「ネオレアリズモ」（「新現実主義」の意）の名で呼ばれることになる。世界的には『無防備都市』によってもたらされたネオレアリズモの最初の衝撃は、日本では配給順の関係で『戦火のかなた』によってもたらされることとなった。

図8　『自転車泥棒』日本公開時ポスター、国立映画アーカイブ蔵

図9『キネマ旬報増刊・イタリア映画大鑑』
第116号（1955年4月）

ネオレアリズモ映画は当時の日本にどのような影響を与えたのか。映画評論家の津村秀夫が、ネオレアリズモの反響を受けて刊行された『キネマ旬報増刊・イタリア映画大鑑』に寄せた論考「戦後イタリア映画の日本に及ぼした影響」（津村 二七–三〇、ここで「戦後イタリア映画」とはネオレアリズモとその直接的な影響下にある作品を指す）に沿って整理するなら、それはまず、イタリア国民に対する当時の日本人の認識を高めるものだったという。日独伊三国同盟の同盟国として、当時の日本人はイタリアに対し格別の親近感を抱いていた。それにもかかわらず、当時の日本では一般的にイタリアの国や文化、思想はじゅうぶんに理解されていなかった。とくに第二次世界大戦中の一九四三年、ムッソリーニ体制が倒れてピエトロ・バドリオが政権を握ると、イタリアは同盟を脱し連合国軍側に加担した事実がある。このイタリアの脱落は日本国民にはきわめて不可解であり、イタリアによる裏切りとすら受け取られたという。そうしたなか、戦後イタリア映画にはイタリアがその選択に至った経緯や背景が描かれていた。わずかな本数であれかねてより輸入イタリア映画を観てきた津村自身さえ、『無防備都市』を鑑賞してはじめて、大戦末期にイタリア半島で展開されていたパルチザン運動について、「その死を賭したイタリア民衆の激情と闘志の熾烈なのにむしろ一驚を喫した」と告白している。そして本作を通じて、大戦末期におけるイタリアの国民感情を理解するとともに、かつての同盟国ドイツに対する激しい抵抗の様から、「枢軸なるものの過去の正体がうかがえる心地がして、今更の如く肌寒い思いがした」と、その心境を述べている。

続いて、戦後イタリア映画が当時の日本の観客たちの興味を引いた理由として、農村生活や農業従事者を主題に採っていたことが挙げられている。当時、アメリカ、イギリス、フランス映画の多くは都会生活を中心的に描いてきた。もっともイタリアでも、ネオレアリズモ以前の映画では都会が主な舞台となってきたが、それに対し、戦後イタリア映画では農村での生活やその苦難に光を当てた点を大きな特徴のひとつとした。しかしなぜ、イタリアの貧弱な農村生活を目の当たりにすることが日本の観客の感興をそそったのか。それは、イタリアのそれが「丸で日本の農民生活を想わせるような惨めさ」だったためという。その惨めさ、貧しさに「日本人は非常な親近感を覚えた」。そうした戦後イタリア映画の一例に『にがい米』*Riso amaro*（ジュゼッペ・デ・サンティス監督、一九四九年製作、一九五二年日本公開）がある。稲作が盛んな北イタリア・ポー河流域の水田地帯に出稼ぎにやってきた女性たちの集団生活を描いた本作にみられる、馬小屋と見紛うほど貧弱な宿舎で寝起きしながら田作りに汗を流す女性たちの姿が、同じく稲作が盛んな日本の観客の胸を打った事実は想像に難くないだろう。同じく終戦直後の農業従事者たちの姿を描いた『荒野の抱擁』を観たというある知人から津村が受けた次の質問は、その親近感が日本以上にイタリアを近く感じるという奇妙な現象すら生じさせるほど強烈だったことを示している。

> イタリア映画をみていると、戦後の荒廃した日本の生活とよく似ていて、まるで日本映画をみているような錯覚すらおぼえた。現実の日本の作品よりは、切実に訴えてくるものを感じたのはなぜだろう。
> （津村　二一九）

　これほどまでに日本人の心魂に揺さぶりをかけた戦後イタリア映画は、当然、芸術面でも影響を及ぼした。それは何より、日本映画に対して猛省を促すというかたちで現われた。戦後イタリア映画を鑑賞した、津村を含めた当時の複数の批評家や観客の胸に湧きあがったのは、第二次世界大戦で同じく辛酸を舐めた日本で、なぜ同じような趣向の映画が現われないのかという忸怩たる思いだった。これに対し、津村はそれが「映画技巧の問題ではあるまい。映画人の精神の問題である」と喝破している。ネオレアリズモは戦時下や終戦直後の過酷な現実や人間の姿を伝える必要から生じた自然発生的な現象であった。それでも、ネオレアリズモ映画の多くが、カメラを街頭に持ち出しての野外撮影、時勢に密着した主題の尊重、非職業的俳優の起用といったリアリズム探求のための技法を共通して採用した。こうした技法は映画史上画期的であったため、一般的にネオレアリズモというとテクニカルな面に注目が集まりがちである。しかしながら日本では、これら技法はすでに一九三〇年代の終わり頃から山本嘉次郎、熊谷久虎、清水宏といった映画監督によって試みられており（佐藤一九九五A　七六）、技法そのものに対する驚きはさほどでもなかったようだ。津村は、日本人を驚嘆せしめたこれら映画の精神面での特徴を次のように指摘している。

「自転車泥棒」、「平和に生きる」、「戦火のかなた」、「無防備都市」、「靴みがき」等の初期の作品を見てもわかる通り、そこには全世界に向って訴えかけるような普遍的なテーマの把握がある。自個の信念を吐露する精神の独自な高さがある。根元的にいえばヒュウマニズムの精神的深さと高さである。これが、日本映画には極めてとぼしい。（津村　二一九）

もっともネオレアリズモは、日本映画界において『どっこい生きてる』（一九五一年、今井正監督）に代表される独立プロ運動や社会派志向の映画の興隆を促したとされる。しかしながらここで津村が訴えるのは、ネオレアリズモの根本を成す成熟した人間理解や高潔な精神性の重要性である。ネオレアリズモが国境や文化を超えて世界で遍く受け入れられた所以は、それらが凄まじい表現として示された点にあった。そして津村は、日本映画が戦後イタリア映画から得られる学びとして、「少額の費用でもひとを感動させる作品が製作できる点」「感傷に陥ることなく理知を保って表現する点」「民族的体臭や風土的特性の魅力を失わずに普遍性を追求する点」（津村　三〇）を挙げ、日本映画の今後の発展に期待を寄せている。

このように、ネオレアリズモは同時代の日本において、映画・芸術領域はもとより、政治・社会面から生活や精神面に至るまで、じつに多方面に刺激を与えた。とくにイタリア国民の精神に対する日本人の理解を促した点で、ネオレアリズモは戦後の日伊交流においてきわめて重要な役割を果たしたと考えねばならない。加えて、ネオレアリズモが日本に与えたインパクトが並大抵のものではなかったことを改めて強調しておきたい。たしかにネオレアリズモはそれまでの映画の概念を刷新した試みとして世界的にも衝撃を与えたムーブメントである。しかしながら、「それまで公開されてきた殆どの外国映画が、敗戦日本のみじめな現状にくらべてまさに天国の物語であった時、イタリア映画の描く現実の過酷さ、それはそのまま日本の現実の過酷さであった」（吉村一九七四　四〇）、イタリフィルム社の業務にも携わったことのあるイタリア映画研究家・吉村信次郎がこう証言するとおり、戦後の厳しい現実を生きる当時の日本人にとって、それは耳の痛い教訓であり、傷ついた心に寄り添う慰めであり、さらには戦後の復興へ向けた力強いエールともなったのである。

五．ジュリアナ・ストラミジョーリ――日伊映画交流の立役者

戰後のイタリア映畫は世界の映畫界を驚かし、民族と文化の相違を超えて、あらゆる國の人々に喜び迎えられた。それはイタリアン・リアリズムの名によつて呼ばれる全く新しい様式と精神を映畫の中に創造したと云われている。しかしイタリア映畫が、この新しいリアリズムを通して描いたのは、人間の基本的な姿であつた。人間を人間のままに描き、その純悴な感情をスクリーンの上にうつし出した。そこにイタリア映畫が廣く各國に受入られる原因があつた。人々は彼等自身の姿と心をイタリア映畫の中に見た。そしてそれに心をうたれたのである。（ストラミジョリィ 五一）

ネオレアリズモ映画の世界的な成功についてこう評したその人が、イタリフィルム社を設立し、日本における戦後イタリア映画ブームの立役者となったジュリアナ・ストラミジョーリ（一九一四―一九八八）である。ネオレアリズモが戦後日本にもたらした文化的事件は、当時イタリア映画の輸入を一手に引き受け、限られた本数のなかで戦後イタリア映画の全容を伝える作品を選定しえたストラミジョーリの慧眼なしにはありえなかった。

ストラミジョーリは一九一四年八月八日にローマで生まれた。ローマ王立大学文学部東方文化科で東洋哲学と東洋美術を修めたのち、一九三六年一一月に日伊文化協定第一回交換学生として来日した。かねてより仏教に強い関心を寄せていたストラミジョーリは、京都帝国大学文学部に籍を置き、日本仏教や日本古代美術史を学ぶ傍ら、東寺本山内観智院道場にてイタリア人としてはじめて灌頂を受け、「精奸」の法名を授け

られた。一九三八年、二年に及ぶ留学生活を終えたあと、いったん帰国してナポリ東洋大学で日本語講師の職を得るが、日本への思いは断ちがたく、外務省に日本永住の希望を申し出る。その結果、一九三九年一一月、夫に先立たれていた母親を同伴し、再来日を果たした。再来日後は、九段のイタリア大使館情報部嘱託として働きながら、やがてイタリア文化会館の書記も兼任し、日伊文化交流に携わる。このとき、『シピオネ』*Scipione l'Africano*（カルミネ・ガッローネ監督、一九三七年）、『空征かば』*Luciano Serra pilota*（ゴッフレード・アレッサンドリーニ監督、一九三八年）などのイタリア映画の輸入を手がけたことが、後のイタリフィルム社での経験の基礎を形成した。

一九四七年春以降は長く東京外国語大学（当時は東京外事専門学校）にてイタリア語教育に情熱を注いだ。麻布仲ノ町の閑静な洋館に母親と女中（後にストラミジョーリの養女となる大内みつい）とともに暮らし、当時は珍しいフィアット社製の白い自動車で通行人の目を引きながら通勤していたというストラミジョーリが、学生たちからいかに慕われていたかは、東京外語イタリア会が編纂した『イタリア語の森に踏み入った人びと ── 東京外国語大学イタリア科同窓百年史』に寄せられたいくつもの声にうかがえる（東京外語イタリア会 三二-三三、六七-七〇、七五-七八、八三、一一四-一一六他）。学生たちからは「ストラさん」「ストラミさん」の愛称で呼ばれた（吉村二〇〇五 二）。

イタリフィルム社は、すでにイタリア映画関連業務の経験と業界内に知人をもっていたストラミジョーリにより一九四九年二月に設立された。当初ストラミジョーリの自宅を事務所とした社では、中村二郎（一九四五年ロシア語科卒、イタリア文化会館でストラミジョーリにイタリア語を学んだ）と加藤亨（一九五〇年イタリア語科卒）が指導的立場に立ち、東京外国語大学の在学生や卒業生が社員の中心を占めた。在学生は授業のあるときには大学に通っていたという。この「みんな学生気分のぬけない若い会社」（吉村

二〇〇五　一二）で、「ストラさん」を中心に和気あいあいと仕事をする様子が容易に想像できる。

イタリフィルム社がネオレアリズモ映画の輸入で順調に滑り出した矢先の一九五一年、ストラミジョーリは、ヴェネツィア国際映画祭への『羅生門』（黒澤明監督、一九五〇年）出品を思い立つ。当時、『羅生門』の日本国内での評判は芳しくなく、製作会社・大映は躊躇したにもかかわらず、その芸術性の高さゆえに国際舞台での成功を確信していたストラミジョーリは、出品の実現に向けて奔走した。大映からポジプリント台本とプリント用罐スチールの提供を受けると、社員の加藤と二人三脚で急遽イタリア語字幕を作成し、出品にかかる費用もすべてイタリフィルム社で負担するほどの熱の入れようだったという（吉村二〇〇五　四–五、国立映画アーカイブ、映像産業振興機構　八二–八九）。その結果、『羅生門』はヴェネツィア国際映画祭で見事グランプリにあたる金獅子賞を受賞する。このことは大映や、自作が出品されたことすら知らなかった黒澤監督を大いに驚かせた（黒澤、浜野　五三九–五四四）。現地での授賞式に関係者の姿はひとりもなく、主催者が急遽ヴェネツィアの町で見つけた東洋系の男性にタキシードを着せて貴賓席に据えたとのエピソードからは、いかにこの受賞が当時の日本人の想定を超えていたかがうかがえる（黒澤、浜野　六一二）。再度の慧眼を発揮したストラミジョーリは、『羅生門』の受賞を受け、「日本人にも少し自信を持って貰い度い」（黒澤・浜野　六一四）と述べた。実際にこの日本映画史上前代未聞の栄誉は、一九四九年の湯川秀樹のノーベル賞受賞とあわせ、敗戦以来自信を喪失していた日本人に大きな勇気と希望を与えることにつながった。映画領域でもこれを機に、日本映画が国際映画祭で立て続けに賞を受けると、日本は世界に名だたる映画製作国と認められることとなった（佐藤一九九五B　二三二–二三三）。

イタリア映画界との関係をより一層深めたストラミジョーリはイタリアの海外映画普及機関ウニタリアの日本代表を依嘱される。戦後の日伊文化協定が一九五四年に締結されると、翌五五年四月、ストラミジョーリの尽力のもとに協定締結後初の催しとして「敗戦後の華やかな文化的行事のなかでも画期的なイベントとして注目を浴びた」（吉村二〇〇五 六）第一回イタリア映画祭が東京宝塚劇場・帝国劇場で開催された。イタリアから使節団を招いて盛大に催されたこの機会に、計七本のイタリア映画の新作と三本の旧作が上映された。とくに『道』*La strada*（フェデリコ・フェリーニ監督、一九五四年）の紹介をもってはネオレアリズモに続くイタリア映画の新たな展開、『ナポリの饗宴』*Carosello napoletano*（エットレ・ジャンニーニ監督、一九五四年）や『パンと恋と夢』*Pane, amore e fantasia*（ルイジ・コメンチーニ監督、一九五三年）ではイタリア映画の豊かさやその商業的可能性が示されたほか、東宝との合作映画『蝶々夫人』*Madama Butterfly*（カルミネ・ガッローネ監督、八千草薫主演、一九五五年）によっては日伊映画交流の可能性が示唆された。なお翌一九五六年には、当映画祭の返礼としてローマで日本映画祭も企画開催された（渡邉 四七）。

その後もイタリア映画の紹介や日伊映画界の交流に精力的に携わったイタリフィルム社だったが、時勢や映画産業の変化に伴い、一九五〇年代末には経営状況が悪化する。とくにイタリア映画に商売目当ての作品が増えたことは、文化交流に益するどころか妨げるとの危惧から、学者肌のストラミジョーリの輸入業務に対する意欲を失わせることになった（吉村二〇〇五 八）。そして一九六一年には会社を売却し、一九六四年には母親と大内を伴ってイタリアに居を移した。帰国翌年から一九八四年まで、ローマ大学で日本文化と日本語を講じ、また『保元物語』『平治物語』『将門記』の翻訳や研究に尽力した。ローマの自宅での死去から二〇年を経た二〇〇八年、テレーザ・チャッパローニ・ラ・ロッカらを中心にストラミジョーリに学恩を受けた教え子や同僚たちによって記念シンポジウムが開催され、二〇一二年にはその際の報告をまとめた論集『紅毛江戸っ子』*La figlia occidentale di Edo* が刊行されている。

ストラミジョーリはその生涯をかけて日伊文化交流に情熱をもって尽くした。イタリア映画の日本への紹介ならびに日本映画の欧米への紹介でストラミジョーリが果たした功績の大きさははかり知れない。同時に、その活動が映画やイタリアという枠を超えて、戦後日本に誇りを回復したことでその後の発展を後押しした事実は現代日本史上きわめて重要である。

図 10　『紅毛江戸っ子』
La figlia occidentale di Edo

六．おわりに

本稿では、映画の草創期から戦後に至るまでの映画を通じた日伊交流の歴史を概観した。一九一〇年代を通じてイタリア映画は日本で、愉快な娯楽として、そして崇高なる芸術体験としても親しまれた。そして戦後日本に激震をもたらしたネオレアリズモは、映画だけでなく文化や社会面にも深い影響を与えた。その立役者となったストラミジョーリは、イタリア映画の振興はもとより、日本を深く愛すがゆえに日本人が気づかなかった価値を示してみせ、日本の映画のみならずその社会や文化の発展にも優れた功績を残した。

本稿はすでに一世紀を優に超えた映画史のわずか前半部を扱ったにすぎない。当然ながら、その後半部にもイタリア映画が日本にもたらした注目すべき影響は数々認められる。たとえば、一九五〇年代初頭というネオレアリズモの熱狂冷めやらぬ時期にローマ映画実験センターに留学して映画製作を学んだ映画監督・増村保造の存在は、イタリア映画が日本映画に直接的に働きかけた例として別途検討が必要であろう。また近年では、「日本におけるイタリア年」を祝った二〇〇一年来、東京と大阪で（コロナ禍を契機にオンラインでも）開催されている「イタリア映画祭」が、毎年一万人を超える観客を集める人気イベントとしてイタリア映画の普及に多大な貢献を果たしている。

しかしながら、ネオレアリズモが当時から現在に至るまでの映画に及ぼした影響の大きさはやはり特筆に値する。ネオレアリズモ映画とは狭義には第二次世界大戦中・終戦直後から一九五五年頃までに製作された映画を指す。実際にその時期までに、戦後イタリアの社会状況の変化も受け、ネオレアリズモ的傾向をもつ映画の製作は下火になった。「でも、ネオレアリズムは何らかの変つた形で作品に残る」、「普通の作品に融け込んで行くだろうと思う」（飯島他 一一二）、映画評論家・萩昌弘と飯島正がそう予見したとおり、ネオレアリズモはその後の時代の映画にも深く刻印を残した。じつに近年、現代の映画におけるネオレアリズモの遺産を問う機運が世界規模で高まっており、現代イタリアをはじめ、アメリカ、フランス、ロシア、インド、イラン、ブラジル、アルゼンチン、アフリカなどの映画における影響の検証が行われている（Ruberto-Wilson、Giovacchini-Sklar）。日本でも近年、映画監督・是枝裕和が、これまでに影響を受けた映像作品を問われ、『戦火のかなた』をはじめとしたロッセリーニ作品を筆頭に、戦後イタリア映画のタイトルの数々を挙げた（是枝 二〇一二）。ネオレアリズモが現代日本映画にいかなる遺産を残したかについての詳細な検証は今後の重要な課題である。

映画は多種多様な要素が紡ぎだす複雑な現象である。本稿でも確認してきたとおり、映画はその誕生時以来高い国際性を備え、水平に広く伝播してきた。同時に、個々の映画作品が観る者の意識や無意識に語りかけることで、垂直方向に及ぼしてきた影響もはかり知れない。日本でイタリア映画が受容されてから一世紀以上が経つ。その精神は、映画領域の境界をはるかに越え、文化、社会、人間のあらゆる領域に息づいているのである。

【参考文献】

飯島正『イタリア映画史』白水社、一九五三年。

飯島正、植草甚一、萩昌弘、滋野辰彦、清水千代太「イタリア映画の新しい歩み」『キネマ旬報』八四号（一九五四年）、二〇―二四頁。

飯田心美「現実へ切込む氣魄――『戦火のかなた』の印象」『キネマ旬報』六八号（一九四九年一〇月下旬）、二一―二二頁。

入江良郎「吉澤商店主・河浦謙一の足跡（二）」『東京国立近代美術館研究紀要』二二号（二〇一八年三月）、六―四〇頁。

植草甚一『植草甚一WORKS6 イタリア映画の新しさを伝えたい』近代映画社、二〇一〇年。

黒澤明、浜野保樹『大系・黒澤明 第一巻』講談社、二〇〇九年。

小林喜三郎「私はカビリア興行権を何故引受たか」『活動之世界』第一巻七月号（一九一六年七月）、一三―一五頁。

国立映画アーカイブ、映像産業振興機構（監修）『公開七〇周年記念映画「羅生門」展』図書刊行会、二〇二〇年。

是枝裕和『文藝別冊 是枝裕和』河出書房新社、二〇一七年。

佐藤忠男『日本映画史1』岩波書店、一九九五年A。

――『日本映画史2』岩波書店、一九九五年B。

サドゥール、G『世界映画全史5』丸尾定、村山匡一郎、出口丈人、小松弘訳、図書刊行会、一九九五年。

ストラミジョリィ、G「イタリア映畫を語る」『キネマ旬報復刊特別号』一号（一九五〇年一〇月）、五一頁。

田島良一「興行師の時代と小林喜三郎」『日本映画の誕生』岩本憲児編、森話社、二〇一一年、二四一―二七一頁。

田中純一郎『日本映画発達史1』中央公論社、一九八〇年A。

――『日本映画発達史2』中央公論社、一九八〇年B。

――『秘録・日本の活動写真』本地陽彦監修、ワイズ出版、二〇〇四年。

津村秀夫「戦後イタリア映画の日本に及ぼした影響」『キネマ旬報増刊・イタリア映画大鑑』第一一六号（一九五五年四月）、二七―三〇頁。

東京外語イタリア会編『イタリア語の森に踏み入った人びと――東京外国語大学イタリア科同窓百年史』東京外語会、一九九九年。

中山泰昌編『新聞集成明治編年史第十三巻』財政経済学会、一九三四年。

日伊協会編『幕末・明治期における日伊交流』日本放送出版協会、一九八四年。

筈見恒夫『映画五十年史』鱒書房、一九四二年。

ブルネッタ、G・P『イタリア映画史入門　一九〇五―二〇〇三』川本英明訳、鳥影社、二〇〇八年。

吉富淑夫「名作映画別記」『キネマレコード』二八号（一九一五年一〇月）、八―一一頁。

吉村信次郎「戦後イタリア映画史」『世界の映画作家二五　ネオリアリズムの作家と伝統』キネマ旬報社、一九七四年、三九―七四頁。

――「追想・イタリフィルム社」『イタリア圖書』三三号（二〇〇五年一〇月）、二―八頁。

――「資料ジュリアナ・ストラミジョーリ女史」『イタリア圖書』三三号（二〇〇五年一〇月）、九―一二頁。

淀川長治『ぼくの映画百物語』平凡社、一九九九年。

渡邉一弘「日本イタリア文化交流のかけ橋として――ジュリアナ・ストラミジョーリの事蹟」『昭和のくらし研究』一五号（二〇一七年三月）、三三―五四頁。

『活動之世界』第一巻七月号（一九一六年七月）。

『活動寫眞雑誌』臨時号（一九一七年四月）。

『日本映画作品大鑑第一集』キネマ旬報社、一九六〇年一月。

『日本映画作品大鑑第二集』キネマ旬報社、一九六〇年三月。

Bernardini, A., *Cinema italiano delle origini*, Gemona, Cineteca del Friuli, 2001.

Giovacchini, S., Sklar, R., *Global Neorealism*, Jackson, University Press of Mississippi, 2011.
Maurizi, A., Ciapparoni La Rocca, T., *La figlia occidentale di Edo*, Milano, FrancoAngeli, 2012.
Prolo, M.A., "Introduzione", in *Giovanni Pastrone e "Cabiria"*, Torino, Museo Nazionale del Cinema, 1977, pp. 5-16.
Ruberto, L.E., Wilson, K.M. *Italian Neorealism and Global Cinema*, Detroit, Wayne State University Press, 2007.

付記：
本稿掲載の図４、７、８は国立映画アーカイブより種々の貴重な示唆とともに提供を受けました。ここに記して感謝します。

第一二章

演劇 —— ピランデッロからフォーまで　近代演劇の革新者たち

高田　和文

一．はじめに —— 日本とイタリアの演劇における「近代」

一般に西洋文化の受容は日本の近代化と表裏一体で進められてきた。西洋の文物が一挙に流入した明治初頭、西洋文化を取り入れることは近代化を達成することと同義だった。そうした事情は演劇においても変わらない。

演劇における「近代」はかなり明確に定義することができる。近代劇の最も大きな特徴は、戯曲におけるリアリズム（写実主義）とそれを発展させた自然主義である。しかも、演劇は舞台上で生身の俳優が物語を演じるという表現様式であるから、リアリズムを徹底的に追求すると俳優の演技を限りなく現実の動作に近づけることになる。同時に舞台美術においても、目に見える現実をそっくり再現する傾向が強まった。そのような演技や舞台美術を観る者に観察可能とするには小規模の劇場が求められた。また、戯曲における自然主義と並ぶ近代劇の大きな特徴が演出という概念の確立である。演出とは戯曲、俳優、舞台美術といった演劇の諸要素を全体として統一し、一つの舞台作品として創造する作業である。すなわち、戯曲、演技、舞台美術におけるリアリズム、演出の確立、小劇場での上演が近代劇の基本的特徴である。

日本が西洋の演劇を取り入れようとした明治の初期から中期は、西洋において近代劇が確立した時期に当たる。具体的に言えば、ゾラの「演劇における自然主義」の提唱、イプセンの『人形の家』初演がいずれも一八七九年である。近代劇運動の嚆矢となったアントワーヌの自由劇場、ブラームの自由舞台の創設は、それぞれ一八八七年、一八八九年だった。西洋の演劇を取り入れようとした当時の日本の演劇人——自由劇場と築地小劇場を興した小山内薫がその代表である——が第一に目標としたのは、まさしくそのような近代劇の受容だった。

一方、江戸から明治まで日本の舞台芸術の中心にあったのは歌舞伎である。現在では「伝統演劇」として括られるが、明治初期においては歌舞伎こそがまさに現代劇だった。その歌舞伎は近代劇のまさしく対極にある非リアリズムの演劇である。演劇の近代化を図るため、明治政府は一八八六年に演劇改良会を設置する。それは知識人と歌舞伎役者から成る御用機関であり、歌舞伎の変革を目的としていた。ところが、改良会の試みは劇場施設の近代化を除いて見るべき成果を上げられなかった。その原因は、歌舞伎が西洋の近代劇と根本的に相容れない演劇様式だったところにある。改良会の失敗以降、歌舞伎は伝統的様式を守る方向に転じ、西洋演劇の受容は新たに生まれた新派や新劇に委ねられることになる。中でも新劇は西洋の近代劇を日本に取り入れるうえで中心的役割を果たした。

では、同じ時期のイタリア演劇はどのような状況にあったのだろうか。戯曲におけるリアリズムについて言えば、一九世紀末にジョヴァンニ・ヴェルガやジュゼッペ・ジャコーザなどが自然主義的な作品を執筆していた。しかし、演出や上演を含めた演劇全体の近代化においては、他のヨーロッパ諸国に大きく遅れを取っていた。例えば、第二次大戦後まもなくミラノにピッコロ・テアトロを創設したジョルジョ・ストレーレルは、当時のイタリア演劇がヨーロッパ主要国に比べて「少なくとも半世紀は遅れていた」（ロンファーニ 八二）と述べている。

こう見てくると、未だ前近代を脱し切れなかったイタリアの演劇が日本の演劇人の視野に入らなかったのは、歴史的必然とも言える。明治期に日本の演劇人が積極的に受け入れようとした西洋の演劇は、シェークスピアを除けば一九世紀末に主流だった自然主義演劇であり、その典型がイプセンであり、チェーホフだった。ただ、西洋においては二〇世紀初頭から各国で次々に反自然主義の演劇が台頭し、それを受けて日本でもそうした新しい演劇を取り入れようとの動きが現れた。日本におけるイタリア演劇の受容がこのような文脈の中で進められたということを、まず確認しておきたい。

二．明治・大正期におけるイタリア演劇の受容

二．一　ダンヌンツィオの『春曙夢』と『秋夕夢』

記録に残るイタリアの戯曲の最初の上演は、ガブリエーレ・ダンヌンツィオ作『春曙夢』*Sogno d'un mattino di primavera* と『秋夕夢』*Sogno d'un tramonto d'autunno* だった。いずれもダンヌンツィオが女優エレオノーラ・ドゥーゼの勧めで戯曲を書き始めた時期の一幕劇である。これらの戯曲を翻訳・紹介したのは森鷗外と小山内薫である。鷗外はドイツ留学中にしばしば劇場に通い、演劇に並々ならぬ関心を抱いていた。ただ、演劇の根本は戯曲にあるという考え方で、欧風劇場の建設を急務とする演劇改良会の方針に反対し、

「戯曲ありて而る後に演劇あり」（森一九七二B　四六）と主張した。一方、小山内は自由劇場の結成から築地小劇場の創設へと、常に演劇革新運動の先頭に立って活動した。

鷗外は自身が優れた作家であると同時に、西洋文学の熱心な紹介者でもあった。とりわけ戯曲の翻訳に力を入れ、ドイツ語圏をはじめとするヨーロッパの劇作品を多数紹介している。その関心は広く、イプセン、ヴェーデキント、カルデロン、シュニッツラー、ズーダーマン、ストリンドベリ、ハウプトマン、ホーフマンスタール、メーテルリンク、レッシング、ワイルドなど、同時代の作家を中心に二〇編以上の翻訳を残している。新劇の黎明期においては、鷗外こそが「西洋の近代戯曲への窓口だった」（大笹一九八五　九六）と言われる。新劇の誕生を告げる記念碑的舞台となったのは、小山内による自由劇場の旗揚げ公演、イプセン作『ジョン・ガブリエル・ボルクマン』（一九〇九年）だったが、これを翻訳したのも鷗外だった。

二つの作品のうち、先に上演されたのは『秋夕夢』だった。鷗外訳はドイツ語からの重訳で、一九〇九年に『歌舞伎』に掲載された。鷗外の弟で歌舞伎の批評家だった三木竹二（本名　森篤次郎）が編集する雑誌で、西洋演劇の紹介にも力を入れ、鷗外はしばしば自作の戯曲や翻訳戯曲を提供している。

『秋夕夢』はヴェネツィアを舞台に貴族の夫人の嫉妬と妄想を描いた悲劇である。夫人が愛する青年のため魔女の呪いをかけて夫を殺害、ところがその青年が若い女のもとに走ると、今度は彼女を呪い殺そうとする。劇の大半は夫人と侍女たちとの対話で、若い女を象った蠟人形を針で執拗に突き刺す以外は劇的行動に乏しい。しかし、嫉妬、呪詛、肉体、流血、死といった言葉があふれ、強烈なデカダンの香りを放つ。

鷗外訳『秋夕夢』が上演されたのは、翻訳の発表からかなりたった一九一三年のことだった。上山草人が率いる近代劇協会によって大阪の近松座で上演された。主役の夫人を演じたのは、その前の公演のマクベス夫人で好評を博した山川浦路だった。しかし、公演は「劇場の地の利が悪い上に氷雨にたたられ」（大笹

一九八五　二一六)、不入りに終わったとされる。

一方、『春曙夢』は小山内が『緑の朝』と改題して一九一八年に二つの公演を行っている。明治末期に鷗外の弟子らによってドイツ語からの翻訳が発表されており、小山内はそれを参考に台本を作成したと思われる(熊谷　二一四–二一五)。

原作は恋人を殺されて狂気に陥った若い女の悲劇である。周囲の人物の回想から忌まわしい事件が次第に明らかになるという展開で、やはり舞台上の行動は乏しい。しかし、血まみれの恋人の亡骸を抱えて一夜を過ごす凄惨な光景、女に密かに思いを寄せる恋人の弟や狂った姉に献身的に尽くす妹の屈折した感情が流麗な台詞で語られる。女の正気を取り戻そうと医師が恋人と瓜二つの弟を引き合わせるが、赤いバラを見た女の目に流血の惨事が蘇り、永遠に狂気の中に閉じこもってしまう。

まず、この年八月に帝国劇場で行われた公演では、歌舞伎役者六代目尾上菊五郎が主演した。菊五郎はこの頃、歌舞伎以外に新劇の活動も積極的に行っていた。この台本では主人公の女(イザベッラ)が男(一条少将義継)に変えられている。言うまでもなく、菊五郎を主役とするための改変だった。その他、医師以外の人物はほとんど男女が入れ替わり、かつ女性の人物を女形の俳優が演じたことから、原作とはかなり趣が異なる舞台だったと想像される(熊谷　二一六)。時代は「不明」とされているが、登場人物の名前や舞台写真の衣装からすると、平安時代あたりに設定されているようだ。現在残されている小山内の『緑の朝』の台詞は、鷗外訳『秋夕夢』に比べると歌舞伎風で古めかしい印象を受ける(小山内　五六一–五八五、森一九七二A　六〇二–六六三)。結果として、暑いさなかの公演であり、しかも主人公の長台詞が延々と続く展開に、人気役者菊五郎の舞台とはいえ不評だったという(大笹一九八五　三九九)。

同じ年の一一月、島村抱月が率いる芸術座が明治座で『緑の朝』を上演した。主演はトルストイ原作の

『復活』で大当たりを取った松井須磨子である。小山内は台本を提供するとともに演出を担当、須磨子が歌う劇中歌を作詞した。主役を演じたのが新劇女優だったことから、より原作に近い舞台だったと推測される。この上演については、稽古中に抱月が肺炎で急死したため、恋人を失って狂気に陥った劇のヒロインの姿が須磨子の現実と重なってしまったことが話題になった。実際、須磨子はこの公演からまもなく、抱月の後を追って自死した。ただ、このショッキングなエピソードを除けば、公演そのものの評価は芳しくなかった（熊谷　二〇九）。

大正期におけるダンヌンツィオ上演の背景には、まずこの頃の日本の青年たちのダンヌンツィオ文学への急速な関心の高まりがあった（村松　一一―一二）。次に、鷗外の西洋文学に関する幅広い知識、また近代的な戯曲の創作と口語文体の確立という意図もあっただろう。さらには、小山内自身のダンヌンツィオへの関心があった。彼は一九一三年の外遊中に、ダンヌンツィオがイダ・ルビンシュタインのために書いた『ピサネル』を観劇していたという（熊谷　二一三）。加えて、当時の日本の演劇界における風潮の変化も挙げられる。歌舞伎における鶴屋南北作品のブームや新劇における『サロメ』上演の流行など、明治期に否定された「悪」や「残酷」、「怪奇」などへの嗜好が復活しつつあった（大笹一九八五　一三〇―一三三）。

しかし、当代の人気役者や女優が出演したにもかかわらず、ダンヌンツィオの上演はいずれも高い評価を得られなかった。これにはいくつかの理由が挙げられる。まず、もともとこれらは文学的表現に重きを置いた詩劇であり、舞台上の俳優の動きが少ない。ダンヌンツィオ独自の耽美主義的・官能主義的美学や流麗な詩的言語を舞台化するのは難しかったのではないか。さらに、文学におけるダンヌンツィオ賛美が、実際の舞台への失望につながった面もあったかもしれない。

二．二　築地小劇場におけるピランデッロの上演

戦前のイタリア演劇の上演のうち特筆すべきは、築地小劇場でのルイージ・ピランデッロ作『作者を探す六人の登場人物』*Sei personaggi in cerca d'autore* である。上演は一九二四年一〇月に行われた。ローマでの初演から約三年半、世界的に注目されたジョルジュ・ピトエフ演出のパリでの上演からわずか一年半後のことだった。まず、その翻訳上演の時期の早さに驚かされる。

ピランデッロのこの作品は、小山内とともに築地小劇場を創設した土方与志が取り上げた。土方は一九二二年一一月から翌年一二月までヨーロッパに滞在している。パリでのピトエフ演出は、彼の滞欧中のことだった。小山内より約一〇年遅れて渡欧した彼の目は、すでに近代以後の前衛演劇に向けられていた。それは彼が築地小劇場の最初の演目に、表現主義演劇のゲーリング作『海戦』を選んだことからも分かる。

図１　土方与志（1898-1959）

『作者を探す六人の登場人物』の翻訳は本田満津二、演出は土方自身だった。公演は一般公演としての許可が下りなかったため、会員制の試演会という形を取った。劇中、「父親」が「父違いの娘」に売春宿で遭遇する場面が風紀上好ましくないとの理由からだった。劇の梗概は次の通りである。

「登場人物」と称する六人の人物が稽古中の舞台に突如現れ、自分たちの悲劇を上演するよう演出家に懇願する。彼らの悲劇とは次のようなものだ。——「母親」は「父親」の部下と内通して家を出るが、やがてその男が他界、「父違いの娘」、幼い二人の子とともに「父親」に引き取られる。しか

し、「父親」と「母親」の嫡出子である「息子」との間に軋轢が生まれ、幼い少年はピストル自殺、少女は池で溺死する——。この物語が登場人物たちと演出家とのやり取りから明らかになるわけだが、その過程で演劇の本質をめぐって論議が交わされる。

劇の中でもう一つの劇を展開するという、二〇世紀後半に盛んになるメタシアターの先駆的作品である。当時、このような構造を持つ劇は観客に新鮮な驚きを与えた。冊子『築地小劇場』には次の劇評が残されている。

まず最初度肝を抜かれるのは見物が観客席に這入ると幕が揚っていて、舞台は空虚なことである。飾り附もなく薄暗い。[……]当り前の服装をして俳優たちが「舞台」に出て来る。[……]「さて、諸君、早速始めよう」と舞台監督が言う。最初の二言三言が応酬せられるか、せられないうちに、六人の登場人物、一人は大人、一人は若者、二人の女、二人の幼児が自動人形のように列を作って進み出る。この闖入者たちは何物であろうか[……](築地小劇場　二二)。

このように冒頭の場面から始めて劇の内容を詳細に述べた後、こう締めくくっている。

ルイヂ・ピランデルロの此劇は、実に大胆な内容も結構も変ったものである。虚構と真実との錯雑せる中に清新な、破壊的な手法を用いて真の人生の相を表わそうとした所を認むべきではあるまいか。(築地小劇場　二五)

意表を突く展開に驚き、戸惑いながらも、ピランデッロの演劇の本質的なテーマをある程度理解している様子が窺える。そして、土方自身は築地小劇場における活動を総括した一文において、次のように述べている。

ピランデルロの傑作「作者を探す六人の登場人物」を独逸伯林に於けるマックス・ラインハルトの上演に先立つ事半歳にして、上場したるが如き、如何に築地小劇場が、吾国の文化のために、世界の主潮を導き入れることに努力しているかの証左である。（土方　四）

土方は翌一九二五年にもピランデッロの『各人各説』*Ciascuno a suo modo* を上演している。翻訳は北村喜八、演出はやはり土方自身である。『作者を探す六人の登場人物』と同様に劇中劇の形式を取った作品で、舞台上で演じられている物語の中に劇の題材となった当人たちが現れ、その展開に抗議するという筋立てである。ところが、舞台上の登場人物の言動が現実の人間の考えに影響を及ぼし、その結果彼らの行動を変容させてしまう。さらに、幕間に劇場のロビーが出現、観客や批評家が今見た劇について議論するという複雑な設定になっている。結局、舞台に現れた当人が上演に異議を唱えたため三幕目は中止となり、劇は唐突に終了する。この上演については、次のような劇評が残されている。

奇想天外、煙に巻かれた芝居であった。［……］スキャンダルらしいものが発展するが、せりふはごちゃごちゃと修辞ばかりが多くて、その役者も不慣れで［……］（幕間になると）あちらこちらで大声で議論が始まった。客がやってるんだか、役者がやってるんだかわからない。［……］ああやっぱりこ

れも芝居の一部だなと思っていると、先刻舞台にいた人まで客席へ出て来て騒いでいるのに気がついた。（大笹一九八六　五〇四）

先駆的なピランデッロ劇の上演に立ち会った当時の観客の驚き、戸惑いがよく分かる一文である。ただ、社会の秩序を混乱させると考えられたためか、二日目の上演からは幕間劇は禁止されたという（大笹一九八六　五〇五）。

さて、これら二つの劇に共通するのは、舞台上で演じられる虚構と現実の対立というテーマである。しかも、その境目はどちらの作品でも判然としない。ピランデッロが訴えた世界の不確定性や真理の相対性、現実と虚構の曖昧性というテーマを、リアリズム演劇の約束事を覆す劇中劇という形式に結びつけたところに、これらの作品の先鋭性があった。そのような演劇史的な意味が当時どの程度理解されたかははっきりしない。ただ、我々が捉える現実のあやふやさ——目に見える現実の相対性——というテーマは、もともと日本の文学や思想になじみの深いものである。例えば、黒澤明の映画『羅生門』、その原作である芥川龍之介の短編小説『藪の中』、さらにそのもとになった『今昔物語集』の説話が典型だろう。そのような日本人にとっては、ピランデッロの世界観はさほど受け入れ難いものではない。従って、劇中劇という外面的な形式の新しさに特に関心が向いたのはよく理解できる。その結果、ピランデッロは「奇をてらった作家」あるいは「哲学的思弁を弄する作家」だというイメージが定着してしまった感がある。このようなピランデッロ観は、戦後の上演にまで影響を与え続けた。

三．第二次大戦後のピランデッロ上演

三．一　『作者を探す六人の登場人物』への強い関心

昭和初期から戦中にかけて外国の演劇が上演されることは次第に少なくなり、戦時下においては極めて希になった。しかし、終戦とともに築地小劇場の流れをくむ劇団が演劇活動を再開、再び外国戯曲の翻訳上演が行われるようになる。イタリア演劇に関してまず取り上げられたのはやはりピランデッロであり、『作者を探す六人の登場人物』だった。戦前の築地小劇場による上演の反響がそれだけ大きかったことを物語っている。

まず、一九五五年に文学座アトリエの会公演として行われた上演がある。翻訳は岩田豊雄、演出は岩田及び長岡輝子・安堂信也だった。岩田は獅子文六のペンネームで広く知られる小説家だが、演劇の分野では本名で活動、文学座の創設者の一人でもあった。彼は一九二二年から二五年までパリに留学し、ジャック・コポーが主宰するヴィユ・コロンビエ座で演劇を学んだ。そこで活動していたシャルル・デュランは一九二〇年代にいち早くピランデッロ作品を演出している。留学中の岩田はピトエフやデュランが演出した舞台に直接触れる機会があった。一方、演出の安堂はフランス演劇研究者であり、ベケットの戯曲集、アル

図 2　岩田豊雄（1893-1969）

トーの演劇論の翻訳など優れた業績を残している。フランス不条理劇の紹介によって、アングラなど日本の現代演劇にも大きな影響を与えた。先に見た通り、土方のピランデッロへの関心はドイツ語圏の情報をもとにしていた。これに対して岩田の関心はパリでの体験から生まれた。実際、岩田の『作者を探す六人の登場人物』の訳はピトエフ演出のフランス語版によったとされる（岩田　四〇八）。文学座の上演については、演出家の菅原卓による次の劇評（東京新聞）がある。

文学座のピランデルロの場合には、この上演を観ることによって、脚本が、よりよく読みとれたことになる。［……］われわれは、上演された舞台を観ることによって、二〇回ほど脚本を読み返したのと同じ効果を受けとったのだといえる。そして、この戯曲は素晴しいという結果が出てきた。（大笹二〇〇九A　三二）

続けて菅原は、築地小劇場での公演と比較して次のように述べる。

二〇年代の代表作であり、世界の流行劇であったこのピランデルロの作品も、当然、築地小劇場で採用された。良風美俗に反するという理由で、特別試演形式がとられたが、われわれにも観賞するチャンスは与えられた。しかし、現世の重大問題が哲学的に述べられた作品で、ひどくむつかしいという印象だけを残した。（大笹二〇〇九A　三二）

菅原は約三〇年前の築地小劇場における上演が、欧州の最先端の演劇を紹介するのみで、けっして多くの日本の観客に理解されたとは言い難く、驚きは与えたものの難解な作品であるという印象を残したとしている。これに対して、文学座の舞台は戯曲そのものの面白さを再発見させたと述べている。

『作者を探す六人の登場人物』は、その後もたびたび上演されている。一九六五年に新人会による上演（岩田豊雄訳、田中千禾夫演出）、一九六七年には黒の会による上演（岩崎純孝訳、天野二郎演出）が行われた。ちなみに、岩崎純孝はイタリア文学者であり、この訳は我が国で初めてのイタリア語からの翻訳である。一九八八年には再び文学座アトリエの会公演（鵜山仁訳・演出）が行われている。さらに、二〇〇〇年以降は、新劇以後の世代に属する劇団や演劇人が取り上げている。例えば、二〇〇四年の黒テント（溝口廸夫訳、斎藤晴彦演出）、二〇一三年の演劇集団円（宮田清香演出）、二〇一七年の神奈川芸術劇場（白澤定雄訳、長塚圭史演出）、二〇二〇年のさいたま芸術劇場（白澤定雄訳、小川絵梨子演出）での上演である。ピランデッロの最高傑作は二一世紀になってなお、日本の演劇人の関心を惹き続けていると言えるだろう。

図３『作者を探す六人の登場人物』（2017 年、神奈川芸術劇場）

三．二　その他のピランデッロ作品

ピランデッロのその他の作品で上演回数が多いのが、『御意にまかす』*Così è (se vi pare)* である。原題を直訳すると「（あなたがそう思うなら）その通り」となる。概要は次の通りであ

る。

地方都市に越してきたある一家――男とその妻と妻の母親――をめぐる物語で、家にこもって顔を見せない妻の素性について街の人々が興味津々となる。妻の母親の話によると自分は男から娘に会うことを禁じられているという。一方、男の説明によれば妻は姑の実の娘でなく別人であるという。近所の人々が執拗に詮索するが、真相は分からずじまいに終わる。

一九六四年、劇団雲が岩田豊雄の訳・演出によりこれを上演した。岩田は戦前にも喜劇座という劇団で取り上げ、評判になったものの、経済的理由から活動は打ち切りになったという（大笹一九八五　三一〇）。岩田はおそらく、その後上演の構想をずっと温めていたに違いない。雲による舞台については、次の劇評（毎日新聞）が残っている。

図4　『御意にまかす』（1964年、劇団雲）

喜劇とうたっているが、何とも痛烈な喜劇だ。凡俗な人間性というものが容赦なくえぐり出される。推理劇ふうに展開する劇作術も巧みだが、そういうテーマの鮮烈さが、この作品の今日性といっていいだろう。［……］『そのとおりだ（お前さんがそう思うなら）』という原題の意味が、この幕切れでくっきりと浮かびあがる。個性を生かした配役で、舞台運びもそつなく、たのしめる。（大笹二〇〇九C　二八四–二八五）

　ここには、ピランデッロが難解な作家であるという記述は見当たらず、推理劇にも似た巧みな構成と、人間の持つ多面性や真実の不確実性という核心的テーマが的確に舞台化されていた様子が窺える。イタリア初演から半世紀近くを経た上演であるが、「作品の今日性」という言葉から分かるようにピランデッロの現代性を強調している。また、「たのしめる」という一言から、舞台がエンターテインメントとして成立していたことが理解される。流行作家としての岩田の力量が十分に発揮された舞台だったと思われる。

　同じ作品を一九六九年に俳優座が里居正美訳、島田安行演出で上演しているが、これについては次の劇評（朝日新聞）がある。

　俳優座の定期公演『御意のままに』は、狂気と正気の世界を自在にあやつるピランデルロ作品のおもしろさが、ぴりっとした風刺をともなって、楽しい舞台になっている。［……］結論は『御意のままに』ということなのだが、ここまでくるとわれわれがふだん判断したり割切ったりしていることも、なんだか頼りなく思えてくる。作者のねらいもそこにあるのだろう。（大笹二〇一〇 四六四–四六五）

「狂気と正気の世界を自在にあやつる」といったお決まりのピランデッロ評が見られるものの、全体として作品の面白さを強調しつつ、劇の核心的なテーマに言及している。

『御意にまかす』は、ピランデッロがまだリアリズム的手法を用いていた時期の作品であり、劇中劇の形式を取る『作者を探す六人の登場人物』に比べるとはるかに理解しやすい。『御意にまかす』はその後、一九八一年に劇団昴（岩田豊雄訳、荒川哲生演出）、一九九二年に文学座（岩田豊雄訳、鵜山仁演出）により上演されている。

他方で、築地小劇場で上演されたもう一つの作品『各人各説』も戦後に取り上げられている。一九六四年、劇団青俳は『嘘もほんとも裏からみれば……』という題で、映画監督の松本俊夫の翻案・演出により上演した。劇評（朝日新聞）には次のようにある。

このところ、ちょっとしたピランデルロばやりで、［……］人間のいうウソとか真実というものが、どんなに相対的で、条件次第のものであるか、というピランデルロ流の考え方が、半世紀もたったいままた日本で注目されつつあるのは興味ぶかいことだ。（大笹二〇〇九C　二六八）

ここからは、この時期にピランデッロの上演が一種のブームになっていたこと、またその演劇の核心的なテーマが理解されつつあったことが窺える。しかし、劇中劇の形式を取ったこの作品はやはり、演出や演技の面で難しさがあったようだ。作品の本筋である女優と雑誌記者のスキャンダルと、それをめぐる二人の青年の議論よりも、幕間の劇場ロビーを模した舞台で繰り広げられる楽屋落ちのような会話のほうが面白かったと述べている。そして、舞台全体の評価をこう締めくくっている。

舞台の成果としては、実験的な域を出ないが、奇抜な構想を通じて、人間が自分でこうと信じこんでいるものが、どれだけ、実は他人の考えの単なる反映でしかないか、といったことはくっきり出ていた。（大笹二〇〇九C　二六九）

図 5 『ヘンリー四世』(1967 年、劇団雲)

この他、『ヘンリー四世』*Enrico IV* も何度か上演されている。狂気に陥った人物が正気に戻った後、なおも狂気を演じ続けるという筋書きで、やはりピランデッロの代表作である。一九六七年、ピランデッロ生誕一〇〇年を記念して上演された雲の舞台(佐藤信夫訳、荒川哲生演出)では、文学座の『ハムレット』(一九五五年)で人気俳優となった芥川比呂志が主役のヘンリー四世を演じた。

戦後におけるピランデッロのイメージは、難解な作家、観念的な台詞を弄する作家から、中心的な世界観を失った現代人の不安な状況を特異な劇構造や奇抜な展開によって描き出す作家へと変化していったように思われる。

四．一九七〇年代以降の翻訳上演と来日公演

四．一　現代劇作家の翻訳上演

一九六〇年代末に興ったアングラなど新しい運動によって、日本の演劇状況は大きな変貌を遂げる。戦後演劇の主流だった新劇は、もともと西洋の演劇を移入することで演劇を革新しようという運動だった。従って、そのレパートリーには外国の戯曲が多く含まれていた。ところが、新劇に反旗を翻したアングラなどの演劇は、外国戯曲の翻訳上演に大きな関心を示さなかった。そうした中で、イタリアの演劇に対する関心も

相対的に低下していったように見える。ただ、新劇の主要劇団は相変わらず精力的に外国戯曲の翻訳上演を続けており、その中にはイタリアの現代作家の作品も含まれていた。

まず、第二次大戦前から活躍していたウーゴ・ベッティが挙げられる。一九七五年に劇団民藝により上演された『山羊の島の犯罪』*Delitto all'isola delle capre*（里居正美・渡辺浩子訳、渡辺浩子演出）は、荒れ果てた自然の中で暮らす三人の女と一人の男をめぐる愛憎を通して人間の本性を描き出した作品である。この他、『イレーネに罪はない』*Irene innocente*（一九六三年、造形、天野二郎演出）、『焼けた花園』*L'aiuola bruciata*（二〇〇五年、文学座アトリエの会、溝口廸夫訳、上村聡史演出）も上演されている。ベッティに対する関心の背景には、戦後日本における実存主義文学の流行があった。ほぼ同じ時期、フランスのサルトルやカミュの戯曲が盛んに翻訳・上演された。裁判官としての経験を活かした推理劇的な構図のもとに人間存在の根源的意味を問うベッティの作品には、明らかに実存主義文学に通底するところがある。

やはり一九七〇年代以降にしばしば上演されているのが、エドゥアルド・デ・フィリッポである。民藝は一九七一年に『フィルメーナ・マルトゥラーノ』*Filumena Marturano*（邦題『四八歳の花嫁さん』、里居正美訳、高橋清祐・宇野重吉演出）、一九七八年に『ナポリ百万長者』*Napoli milionaria!*（邦題『お、、わが町』、里居正美訳、渡辺浩子演出）を上演した。また、演出家木村光一が設立した地人会は一九八六年に『土曜・日曜・月曜』*Sabato, domenica e lunedì*（田之倉稔訳、木村光一演出、一九九九年に再演）、一九九二年に『フィルメーナ・マルトゥラーノ』（邦題『ああ結婚』、田之倉稔訳、木村光一演出）を上演している。いずれもナポリの大衆喜劇を土台に現代の普遍的問題を取り上げた傑作である。デ・フィリッポの上演においては、イタリアの喜劇的伝統やナポリ独特の風土・精神性が強調される傾向があった。例えば、民藝による『フィルメーナ・マルトゥラーノ』では、原作のナポリ方言の台詞を熊本弁に訳すという思い切った方法が取られた。結果についてはは賛否両論があったが、ナポリ独特の雰囲気を再現しようとの意図があったのは明白である（岩波 五九）。また、地人会の『土曜・日曜・月曜』では、コンメディア・デッラルテの仮面や人形を用いた演出がなされた（みなもと 三四）。日本の演劇人の関心はもっぱらナポリ独特の風土や表層の喜劇性に向けられ、デ・フィリッポ劇の核心にある現代の普遍的問題 ── 疎外された人間の孤独や失われた家族の絆、それを生み出した社会の状況 ── への関心は希薄だったように思われる。

図 6 『払えないの？ 払わないのよ！』（2001 年、劇団民藝）、劇団民藝提供

一九九七年にノーベル文学賞を受賞したダリオ・フォーの作品もたびたび上演されている。イタリア演劇に関心が強かった民藝の渡辺浩子は、一九八五年に『払えないの？払わないのよ！』*Non si paga! Non si paga!*（高田和文・渡辺浩子訳、二〇〇一年に再演）を演出した。インフレ下の庶民の生活苦と権力批判をテーマにした喜劇で、東京での初演の後、四年間にわたって地方公演を行い、民藝史上でも希に見るヒット作となった（劇団民藝 二八七–二八八）。一九八七年にはやはり渡辺の演出で『クラクションを吹きならせ！』*Claxon, trombette e pernacchi*（高田和文・渡辺浩子訳）が上演されている。こちらは交通事故後の形成外科手術でフィアット社の社長に工場労働者の顔が移植され、二人が取り違えられるという設定で、やはり体制批判の喜劇である。その後、一九九四年から九八年にかけて『天使

たちがくれた夢は…？』*Gli arcangeli non giocano a flipper* など初期の三つの喜劇作品が上演された（ドラマスタジオ、高田和文訳、野田雄司演出）。さらに、二〇〇〇年代に入ってからは代表作『アナーキストの事故死』*Morte accidentale di un anarchico* や『開かれたカップル』*Coppia aperta* も上演されている（シアターX、高田和文訳、井田邦明演出）。また、フォーが得意としたモノローグ劇については、一九八三年に『虎物語』*Storia delle tigre*（黒テント、佐伯隆幸訳）、一九九八年に妻フランカ・ラーメとの共作『女がひとり』*Una donna sola* と『よくある話』*Abbiamo tutte la stessa storia*（世田谷パブリックシアター、石井恵・小宮山智津子訳）が上演されている。

　イタリアの現代作家の翻訳上演について、特筆すべき作品が二つある。一つはダーチャ・マライーニ作『メアリー・ステュアート』*Maria Stuarda* で、一九九〇年に初めて上演され、その後数回にわたって再演された（パルコ劇場、望月紀子訳、宮本亜門演出）。さらに、二〇〇〇年以降も様々な劇団によって繰り返し上演されている。スコットランド女王メアリーと彼女に死刑を宣告したエリザベスとの確執を描いたシラーの同名の戯曲を下敷きに、女性としての生き方をめぐる二人の葛藤を描いている。出演者は女優二人のみで、それぞれが女王と侍女の二役を演じ、二人の対話が交錯する形で進行する。

図7　『メアリー・ステュアート』
（2015年、PARCO STAGE、中谷美紀・神野三鈴）

この作品の魅力は、一つはよく知られた史実を現代の女性の視点から見直した点、もう一つは戯曲の巧みな構成にあるだろう。瞬時に役割を変えながら演じる二人の女優には、並外れた力量が求められる。実際、一九九〇年の初演では白石加代子と麻実れいの二大女優が共演、その後も演技派の女優が挑戦している。

もう一つ、日本で人気の高い作品がアレッサンドロ・バリッコ作『海の上のピアニスト』*Novecento* である。二〇〇二年に初演され（草皆伸子訳、青井陽治演出、市村正親主演）、その後演出や出演者を変えてたびたび上演されている。原作は船上で生まれてそこで一生を終えたピアニストの物語で、実際の上演では主役の一人芝居にピアノ演奏を加える構成になっている。この劇が人気となった理由に、ジュゼッペ・トルナトーレ監督の同名の映画のヒットがあったことは否めない。しかし、何よりもイタリア伝統のモノローグ劇に音楽を取り入れた原作の独創性があった。膨大な数の人物と豪華な装置を用いた映画とシンプルな舞台で繰り広げられる一人芝居の落差も観客に意外性をもたらし、公演の成功に一役買ったものと思われる。

最後に、一九八〇年代に日本の小劇場演劇を牽引した劇作家・演出家の川村毅によるピエル・パオロ・パゾリーニ作品の上演を挙げておこう。パゾリーニは日本ではもっぱら映画監督として知られているが、実験的な戯曲も残している。川村はパゾリーニの映画に大きな影響を受けたことから、戯曲の上演を思い立ったという。二〇〇三年の『オルジァ』*Orgia*（キアラ・ボッタ、石井恵訳）を皮切りに、自らの構成・演出により二〇一三年までに『騙り。』*Affabulazione*（石川若枝訳）、『豚小屋』*Porcile*（大崎さやの、キアラ・ボッタ訳）など、パゾリーニの戯曲六作品を上演した。

四.二　イタリアの劇団による来日公演

一九七〇年代以降、外国の劇団が来日する機会が大幅に増えた。イタリアからの本格的な来日公演は一九七九年、ミラノのピッコロ・テアトロによる『二人の主人を一度に持つと』だった。カルロ・ゴルドーニ作、ジョルジョ・ストレーレル演出、イタリア伝統の仮面即興劇コンメディア・デッラルテの手法を用いた舞台で、一九四七年の初演以来、今世紀に入ってなお国内外で上演を続けている。アクロバティックな演技で舞台を飛び回る召使いの道化アルレッキーノを演じたのはフェルッチョ・ソレーリだった。リアリズムを基調とする西洋演劇のイメージを根底から覆すこの舞台は、日本の演劇人に大きな衝撃を与えた。観客もまた、スピード感にあふれ、身体的エネルギーに満ちた演技に喝采を送った。例えば、一九七〇年代以降を代表する劇評家の扇田昭彦は、次のように述べた。

　実際に姿をあらわしたピッコロ座のコメディア・デラルテの舞台が、これほどまでに過剰な活力にあふれていようとは、三時間ぶっつづけに躁状態の沸点で突っ走るほどのエネルギーにあふれていようとは、しかもその過剰さが決して熱演型の過剰さとは映らない配慮をしたゆたかな奥行きをもっていようとは、私は予想していなかったのである。（扇田　二六）

同時に扇田は、これまでイタリアの演劇が日本であまり紹介されなかった理由についても述べている。

　イタリア演劇の紹介をはばんできたのは、コメディア・デラルテをはじめとするイタリア演劇の、この躁状態をまっしぐらに進む感性が、かつての日本人に与えたにちがいない違和感、抵抗感のためだったと思われてならない。［……］おそらく、イタリア演劇は、なによりも感性の上で、私たちにとっての異界だったのだ。（扇田　二八）

もう一つ、歌舞伎評でも知られる渡辺保の劇評を挙げておく。

ミラノ・ピッコロ・テアトロの芝居は、私につよくイタリアという風土とおそらくそこにしか生まれようがなかった精神の秩序というものを感じさせた。〔……〕この精妙で幾何学的な精神の秩序。それが私を驚かせたものである。おそらくこれはあのイタリアの感覚とともにこの国にしか生まれなかったものの一つに違いない。（渡辺 二二一－二二三）

図8『二人の主人を一度に持つと』
（2009年、世田谷パブリックシアター）

このように、ピッコロ・テアトロの舞台は演劇の領域を超えて広くイタリア文化の本質やイタリア人の精神性を反映したものとして捉えられた。この公演が話題になった一因として、当時関心を集めていた山口昌男の『道化の民俗学』があった。この著書で山口は、道化アルレッキーノについて文化人類学的考察を行い、ピッコロ・テアトロの舞台にも言及している。いわゆる道化論は当時、演劇人のみならず文化人の間で広く共有されており、ピッコロ・テアトロ来日公演の成功には、そうした思想的背景もあった。『二人の主人を一度に持つと』は、その後一九九九年と二〇〇九年に再来日している。

一九九〇年代以降、来日するイタリアの劇団や演劇人は飛躍的に増えた。主な公演だけでも、イ・マガッジーニの『ハムレットマシーン』（一九九〇年）、ジョルジョ・バルベリオ・コルセッティ・カンパニーの『ある戦いの描写』（一九九二年）、テアトロ・ヴァシェッロの『かもめ』（二〇〇二年）、ピッポ・デルボーノ・カンパニーの『戦争』『沈黙』（二〇〇七年）、『歓喜の詩』（二〇一九年）がある。いずれもイタリアの実験演劇を代表する劇団である。中でも、最先端の演劇の来日公演として注目を集めたのが、ロメオ・カステルッチ率いるソチエタス・ラファエロ・サンツィオである。二〇〇九年、世田谷パブリックシアターなどで『神曲』地獄篇・煉獄篇・天国篇の三部作を上演、大きな反響を呼んだ。他に、コンメディア・デッラルテを演じる劇団や俳優も数多く来日している。例えば、二〇〇三年には静岡県舞台芸術センター（ＳＰＡＣ）の招聘で、イ・フラテッリーニ劇団の『二人の主人を一度に持つと』が上演された。また、早替りの変装芸を得意とするアルトゥーロ・ブラケッティも一九九五年に来日している。

このようにイタリアの劇団・演劇人は多数来日しているものの、イタリアでの評価や人気に比べて日本での知名度は一般に低い。これはイタリア演劇全体に関する情報が日本では非常に限られているためで、この点は同じ来日公演でもオペラの場合と事情が大きく異なっている。

五．おわりに ―― 異文化の受容から相互交流へ

人々の交流と情報伝達がかつてなく盛んになった現在、演劇においても異文化の一方向的な受容から相互交流への変化が生まれつつあるように思われる。本稿を締めくくるにあたり、演劇における日伊交流の事例

をいくつか紹介しておきたい。

一つは狂言とコンメディア・デッラルテの交流事業である。大蔵流狂言師の茂山あきらを中心とするプロジェクトは、一九九〇年代からイタリア人俳優アレッサンドロ・マルケッティと協力して、狂言とコンメディア・デッラルテの同時上演やワークショップを行ってきた。また、二〇〇〇年代に入ってからは和泉流の小笠原匡が、アンジェロ・クロッティとの共同製作を続けている。こうした長期のプロジェクト以外にも、様々な交流事業が行われている。他方で、比較演劇学者関根勝の指導のもとイタリア人が日本語で狂言を演じる「ローマ Kyogen 一座」（二〇〇四年）の活動がある。二〇〇七年には「日伊喜劇の祭典」と題して、一六世紀のルザンテの喜劇をコンメディア・デッラルテの手法と狂言の様式を用いて同時上演する試みもなされた。

もう一つは、イタリア人演出家の日本での活動である。テアトロ・キズメットのテレーサ・ルドヴィコは、二〇〇一年の世田谷パブリックシアターでの『美女と野獣』の上演を切っ掛けに日本人俳優とのワークショップを開始、座・高円寺で『ピノッキオ』（二〇一七年）その他を演出している。また、一九九〇年代に来日公演を行ったジョルジョ・バルベリオ・コルセッティは、二〇一八年の東京芸術祭で『野外劇 三文オペラ』を演出した。さらに、二〇一八年に『マラー／サド』の来日公演を行ったアルテ・エ・サルーテ劇団のナンニ・ガレッラは、日本人出演者を加えた舞台上演を目指している。

単発の公演にとどまらない継続的な協力事業が進めば、日伊の演劇交流はより意義の深いものになるだろう。日本とイタリアはともに近代以前の演劇の豊かな伝統を有し、しかも脱近代に向けた実験的・前衛的な演劇も盛んである。そうした両国の演劇史の特徴を踏まえた交流が実現すれば、新たな演劇創造の可能性が広がるはずである。

【参考文献】


岩田豊雄「解説『御意にまかす』『作者を探がす六人の登場人物』」『ピランデルロ名作集』、白水社、一九五八年、四〇五-四〇八頁。

岩波剛「イタリア人の熊本弁 民藝『四八歳の花嫁さん』」『テアトロ』一九七二年四月号、カモミール社、五九-六一頁。

大笹吉雄『日本現代演劇史 明治・大正篇』、白水社、一九八五年。

――『日本現代演劇史 大正・昭和初期篇』、白水社、一九八六年。

――『日本現代演劇史 昭和戦後篇一』、白水社、一九九八年。

――『日本現代演劇史 昭和戦後編二』、白水社、二〇〇一年。

――『新日本現代演劇史一』、中央公論社、二〇〇九年A。

――『新日本現代演劇史二』、中央公論社、二〇〇九年B。

――『新日本現代演劇史三』、中央公論社、二〇〇九年C。

――『新日本現代演劇史四』、中央公論社、二〇一〇年。

――『日本新劇全史』第一巻、白水社、二〇一七年。

――『日本新劇全史』第二巻、白水社、二〇二〇年。

小山内薫「緑の朝」『小山内薫全集』第三巻、春陽堂、一九二九年、五六一-五八五頁。

熊谷知子「小山内薫の『緑の朝』試論――六世尾上菊五郎と松井須磨子が演じた「狂人」をめぐって――」『文学研究論集』第四三号、明治大学大学院文学研究科、二〇一五年、二〇九-二二七頁。

劇団民藝編『劇団民藝の記録一九五〇―二〇〇〇』、劇団民藝、二〇〇二年。

新国立劇場情報センター編『〈要点〉日本演劇史～明治から現代へ～』、新国立劇場運営財団、二〇二〇年。

――編『〈要点〉日本演劇史～年表～』、新国立劇場運営財団、二〇二〇年。

扇田昭彦「アルレッキーノの遠近」『新劇』一九七九年五月号、白水社、二六—二九頁。

高田和文「日本におけるイタリア演劇の受容について —— 明治・大正期を中心に ——」『世界文学』第八八号、世界文学会、一九九八年、五二—六三頁。

築地小劇場編「作者を探す六人の登場人物」『築地小劇場』第六号、築地小劇場、一九二四年、二一—二五頁。

土方与志「築地小劇場に就いて」『築地小劇場』臨時号、築地小劇場、一九二六年、三—五頁。

みなもとごろう「理念と舞台との谷間に」『テアトロ』一九八六年六月号、カモミール社、三〇—三七頁。

村松真理子「序言　ダンヌンツィオとはだれだったのか？」『ダンヌンツィオに夢中だった頃』、東京大学教養学部イタリア地中海研究コース、二〇一五年、七—一九頁。

森鷗外「ダヌンチオ 秋夕夢」『鷗外全集』第五巻、岩波書店、一九七二年A、六〇二—六六三頁。

——「演劇改良論者の偏見に驚く」『しがらみ草紙』一八八九年一〇月号、『近代文学評論大系』第九巻「演劇論」、角川書店、一九七二年B、四六—四九頁。

ロンファーニ、U『ストレーレルは語る』高田和文訳、早川書房、一九九八年。

渡辺保「イタリアの風土と精神の秩序 ミラノ・ピッコロ座」『テアトロ』一九七九年五月号、カモミール社、二一一—二一三頁。

イタリア文化の本質性――あとがきにかえて

土肥　秀行

巻末ではあるが、本書の意図を記しておきたい。端的に言えば、日本の近代化の道のりにおいて、イタリアが誇ってきた独自のプレゼンスを示すことであった。いわば日本にとってのイタリア文化の本質性をうったえ、反論や異論を誘発し、今後の様々な議論に資するよう望んでいる。

日本にとってイタリアは特異なポジションにある。欧州の強国に比べ、モデルではなかった。ダンテのような古典も、第一章で強調されるように、イタリアというよりはヨーロッパを代表していた。その一方で、「ルネサンスという単語はその中心にイタリアのイメージを内包している」（第六章）との、雑駁さを回避する主張もある。どちらも一理あるのだが、イタリア発祥の輝かしきは欧州の文物とする場合、日本はイタリアを同等と見做し、コンプレックスを抱くのではなく、親しみあるいはいくらか蔑みの対象としたいのであった。英仏独との場合と違い、日本とイタリアと、なんでも無批判で受け容れてしまうような生半可な関係にはなかった。またイタリアにオルタナティブな視点を期待する傾向もあった（現在もなお）。たとえば、フランス語が得意なマリネッティという詩人が、当代随一の作家ダンヌンツィオ批判の書を世に問い、また「未来主義」を掲げ速度を称揚し、自然主義に対抗する。こう指摘したのは、自身も西洋をシニカルに眺めうる森鷗外であった。鷗外の玄人意識は一般化できないにせよ、そうしたイタリアの情報が「スバル」誌上にもたらされるとき、単にありがたいというだけではない意識でもって読者は受け取っていたはずである。日本にとって多面的な付き合いのできる国がイタリアであった。その関係に深みや、替わりのきかない本質をみてもよいかと思う。

ただこれまで日伊の本質的関係に迫る例がなかった。日伊交流は『イタリア文化事典』や『教養のイタリア近現代史』といった書籍の一トピックとして扱われるに過ぎなかった。これらは二〇一一年のイタリア統一一五〇周年、あるいは二〇一六年の日伊国交一五〇周年を記念したものであった。イタリアにおいては、『イタリアと日本の四五〇年』*Italia-Giappone. 450 anni* との二巻本が、論より証拠で迫る浩瀚さで、「イタリアにおける日本」年を飾っていた。もう二〇年以上も前のことである。そして今回、日本にて、イタリアプロパーによってかつてない試みとして取り組まれたのが本書である。そのアイデアがいかに生まれ、具体化したか次にまとめる。

「イタリアの文化本」（製作段階での仮称）の企画が生まれたのは、完成から遡ること一年半、着任間もない大阪のイタリア文化会館代表者ジョヴァンニ（ジャンニ）・デサンティス氏のふとした一言からだった。日本でのイタリア文化批評史についての本がないのではないか、というのである。なくはないが、まとまった形での出版物はない、日本で大学教員をしていたこともある氏の指摘に納得できたのは、それまでに次の経験をしていたからだった。二〇二一年のダンテ没七〇〇年の折に、日本におけるダンテというテーマがよく扱われていて、筆者も、イタリアやアメリカ、アルゼンチンからのリクエストに応えて、ダンテと日本について書き、喋り散らしていた。この機会に調べてみると、本書第一章にもあるとおり、明治後半にはじまるダンテ受容には相当の蓄積があった。それなのに自分は全く通じていなかったのである。さらに、シエナ外国人大学とカーン・ノルマンディ大学の共同研究「パスール」Passeurs（文化の運び屋、かけはし）に関わるなか、新大陸（南北アメリカ）でのイタリア文化振興の担い手について知る機会があった。それは当時頻繁に行われていたオンラインシンポジウムのひとつ（二〇二一年八月）であったが、出版社、翻訳家、文化担当外交官など、いわば裏方にもスポットをあてる試みで、昨今よくみられるアプローチに則っていた。たとえばアルゼンチン出身で、一九六〇年代をローマで過ごした詩人ファン・ロドルフォ・ウィルコックについてのパネルが二つ続いたのには驚いた。彼は、様々な言語で翻訳や情報発信に努めた。詩人で映画監督のパゾリーニとも交流、彼の監督作『奇跡の丘』では、憤怒の代名詞カヤパの役を演じた。終始苦々しい表情が印象的だ。合衆国やブラジル、アルゼンチンでのイタリア研究にイタリアからの移民の子孫が関わる場合――それは決して低い率ではない――自らのアイデンティティの問題とオリジンに拘泥するのは、ある意味、当然かもしれない。しかしわれわれにしても、先人から継ぐイタリア学の体系に歴史的考察を加えてみてもよいのではないかと思わされた経験だった。

　こうしてイタリア文化の受容とイメージ形成についての共同研究が、論集のかたちをとっていくことになった。いつも行っているようなイタリア文化関連のイベントが、コロナ禍で実施できない代わりに、本の出版に情熱と予算を注いでくれたデサンティス氏が、企画を実現へと牽引してくれた。筆者はその実務を担当しつつ、氏とアイデアを固めていった。もちろん万全の態勢を敷くのに集ってくれたイタリア学のエキスパート一一名こそが最大の功労者である。おかげで、文学中心でありながら、思想や多種の芸術形態をカバーする絶妙のバランスが図れた。共同研究の有機性は、オンライン盛期に月一で重ねられたミーティングによって担保された。研究会のような集まりをはしごとするプロセスがない代わりに、オンラインでのコンスタントな相互参照によって、各章の棲み分けができていったのだった。ひとつ例を挙げると、第三章と第一一章におけるダンヌンツィオについての言及の補完性をみてほしい。前者では文学におけるダンヌンツィオ・ブーム、後者では演劇におけるダンヌンツィオの不振が、メリハリをもって描かれる。芥川龍之介にいたっては、二、三、七章をまたぎ、イタリアの文学と思想との関連が問われる。

加えて、単なる寄せ集めとならなかったのは、もともとあったチームワークが効いたからであろう。執筆者の多くが、関西イタリア学研究会ＡＳＩＫＡ《アシカ》という、あえて緩く繋がり持続性をもたせたネットワークに属しており、すでにコミュニケーション手段と信頼関係をもっていたのである。七年をこえるＡＳＩＫＡの活動がここに結実している。われわれは、常々、本でも作ろうと言い合ってきた。

論集の射程をどう設定したか。先に挙げた『イタリア文化事典』や『イタリアと日本の四五〇年』のように大部ではなく、全てを余すところなく細かく語り尽くすというよりも、要点とアウトラインがくっきり浮かび上がるよう努めた。というのも一般書として、多少意識の高い読者層や、執筆陣が普段相手にしている大学生をターゲットとしたからである。一部の研究者やイタリアフリークよりも広い層に届くよう考えられている。そうして日本におけるイタリア文化の理解者を増やしていく意図がある。分量や内容は、専門書ではなく選書レベルに控えてある。註を排した理由も普及を第一とするためである。替わりに、さらなる一歩につながる参考文献一覧はしっかりと付けてある。たとえば大学の卒論にむけたテーマリサーチと資料探索に有用となるように。

論の運び方をどのようにするか。執筆陣による話し合いで有効性が認められたのが、「一対一対応×五」なる型である。一つの対象（作者もしくは作品）について一人の学者が拘りをもって導入を図っている、こうした組み合わせを五つ展開させていくと一章分になる、という現実的なアプローチである。決してマストではないが、この型を採用したのが第二、四、五、六、七章、特に思想にまつわる章である。個人における異国の思想の血肉化が、より大きな文脈での普遍化へと昇華するダイナミクスこそが、思想の歴史である。とはいえ、一対一対応における個々の事例の必然も問われるべきである。たとえば、須賀敦子がいなければギンズブルグやモランテは紹介されなかったか、たまたま彼女が興味をもっただけなのではないか、そのように批判的にみることも可能である。もちろんひとつひとつは偶然のようにみえて、全体の流れには整合性があり、偶然も必然もない。正しきはどこにあるのかはわからない。ただ、一対一対応のようなある程度の図式化は、入口としての理解には役立つと強調しておきたい。

こうした切り口の問題について続けたい。要点のみの場合、取捨選択でも、捨てる方に頭を悩ますことになる。筆者が強い文学方面では、バロックの文学が、まるで日本に届いていないかのように、すっぽり抜けている。イタリアの国民文学であるばかりか、日本でも同様の機能を果たした『ピノッキオ』と『クオーレ』について語らず仕舞でよいか。一九世紀後半の自然主義であるところのヴェリズモ、その代表者たるヴェルガの扱いがおろそかでないか。これらの問題については個々の事情がある。バロック文学については、単体としては日本では意識されず、バロック全般が美術の範疇で語られてきたため、文学セクションの枠内で取り出しにくい。それは前衛（未来派）が、文学ではなく（総帥マリネッティは詩人であるとはいえ）、美術の分野で専ら語られてきたのと同じであろう。また、一九世紀の難しさは、イタリア統一を挿み、汎欧的な様々な芸術風潮が流れ込み、単一でない時代のコンテクストを作ったことにある。一九世紀は、ひとことで言えば、ロマン派とその余波の時代だが、一筋縄ではいかない。いわゆる児童文学やリアリズム運動を、「一九世紀」の名のもと同軸上に載せるのは難しい。それらがやむなく捨てられた所為である。その他の指摘もありうるはずである。多くの批判を、本書を補完しうるものとして積極的に受け入れていきたい。要は、欠落は、うっかりでも軽視でもなく、やむにやまれぬ選択ゆえであったということである。

また、われわれの力量不足というか、状況がゆるさず時期尚早というか、及ばなかった領域もある。各章を構成するジャンルにとって、メディアの問題は重要で、検討対象を、なにも既存の書籍や芸術作品に限定する必要はなかった。オペラの対訳の多くはCDやレコードの付属スリーブに印刷されてきた。一九九〇年代以降の世代に対し、イタリア文学に興味をもつきっかけを作ってくれた須賀敦子については、創作は全集として纏まっているものの、訳業はバラバラなままで総覧が存在するわけでもない。たとえばオペラ『トロヴァトーレ』の対訳は、CDと共に出されただけでそのまま忘れられている。また、須賀からの連想だが、彼女の作家活動の発端となった雑誌『SPAZIO』（日本オリベッティがかつて発行していた文化誌）は、アカデミズムと芸術性の調和した、センスの光る雑誌であった。一九七〇年の創刊から紙媒体での刊行をやめる二〇〇三年まで、日本の文化シーンに与えた影響は小さくない。このまま忘れ去られてしまうにはあまりに惜しい「文化財」である。

文化のオペレーターを総合的に勘案し、先人発掘に努める南北アメリカのイタリアン・スタディーズに倣えば、外国文学はまた、翻訳家のみならず出版社の努力によって伝播する。須賀登場以前、一九七〇年代と一九八〇年代のイタリア語からの翻訳本は大抵、大久保昭男《てるお》、もしくは千種堅の手によるものであった。近年イタリアで表彰されている訳者たち、和田忠彦そして栗原俊秀には、米川良夫という先達がいた。白崎容子や関口英子は、翻訳のみならず、板橋区における絵本の翻訳コンクールを、審査員として三〇年近く支えてきた。イタリアの出先機関であるイタリア文化会館では、ピーコ・デッラ・ミランドラ賞、そしていまはフォスコ・マライーニ賞によりイタリア関連の研究者を奨励する一方、須賀敦子翻訳賞で翻訳の世界に光を当てている。歴代の受賞者と受賞作は、その年代毎の関心の方向性を示している。

出版界には、それぞれの時代を代表する叢書が存在した。戦前の叢書については、第一、三、五章に言及がある。戦後においては、ネオレアリズモ映画と文学からパヴェーゼとモラヴィアのブームへという全体的な傾向が認められる一方で、一九六九年に計画された早川書房の「現代イタリアの文学」(全一二巻+別巻二)は、戦後まもなくの反ファシズム文学から一九六〇年代の実験主義まで取り上げる、密度の高いラインナップであった。一九八〇年代以降、京都の松籟社が「イタリア叢書」としてこれまで九冊の翻訳本を刊行している(さらにダンヌンツィオ薔薇小説三部作、フォスコ・マライーニの名著『随筆日本』まで)。時代に流されない、二〇世紀の伝統ともいえる文学作品が並ぶ。本書が同社から出るのも、こうした文脈にあやかるためである。一九九〇年代には、東京書籍が立ち上げた「シリーズ・新世代のイタリア文学」から計六冊が刊行され、現在ベテランの域にいる作家が若手として紹介されている。雑誌の特集も見逃せない。『ユリイカ』には記念すべき号がいくつかあった(第三章で引用されたカルヴィーノ特集号の他、特に戦後と抵抗世代を繋ぐ特集「現代イタリアの詩と映像」、一九七四年四月号)。ともすればエーコ、カルヴィーノ、タブッキくらいしか挙がらないイタリアの作家だが、戦後の長い期間に、メジャーとマイナーの出版社から、様々な名が紹介されてきたのである。

展覧会カタログもよい契機を為す。たとえば、ひとつひとつが短く、膨大な数が存在する未来派の宣言文がまとめて読めるのは、一九九二年の未来派展カタログにおいてである。一九八〇年代半ばの『ユリイカ』や『美術手帖』の未来派特集も見逃せない。

映画に欠かせない字幕を忘れてはならない。イタリア映画を観るたびに見かける「字幕 吉岡芳子」とは何者だろう。何十回と目にしていても、一向に実体が伴われないのだが、光文社古典新訳文庫のインターネットサイトの連載「字幕マジックの女たち」にあるインタビューをぜひ読んでみてほしい。近年は、イタリア文学方面から岡本太郎や関口英子も字幕を担当するようになり、訳者が充実している。

そもそも日伊関係について考えるのは、執筆陣のほとんどにとってはじめての経験であった。文学者はテキストと向き合う、テキストが読めてなんぼ、そうした矜持（意地ともいう）ゆえ、背後の文脈に目配りしないばかりか、取り上げる対象が、書籍中心になりがちであった。専門家は柔軟性に欠ける。筆者の専門に照らせば、日本におけるイタリア文学像を作ってきた人たちについて、あまり知らないままここまできた。一般に、体系的な知識も存在しない。本書ではじめて本格的に受容について考えてみることで、その系譜に属す自らについても、客観的にとらえる機会に恵まれた。

もうひとつ、われわれに限界があったとすれば、構成は分野ごと（縦割り）、そして時代ごと（横割り）となってしまっている。明治末期、西洋の詩を名訳で紹介した上田敏のアンソロジー『海潮音』において、ダンテとダンヌンツィオ（上田はダンヌンチオと、二重子音Nに忠実な表記をしたが、しばしばダヌンツィオと日本では書かれてきた）が日本の読者に初お目見えした（上田の名は第一章でも挙がっている）。ダンテは古典、ダンヌンツィオは同時代人であるが、場を同じくし、同じタイミングで呈示される。本書第一章でダンテを、第三章でダンヌンツィオやピランデッロを扱っているが、日本には同時に入ってきていたのだから、章をこえて共時性を想像してもらわねばならない。

付け加えれば、『海潮音』には三人目のイタリア語詩人がいる。アルトゥーロ・グラフ（アルトゥロ・グラアフと表記）との、現代イタリアでは全く忘れられているローカル詩人である（歴史的価値はある）。詩歌集は、ダンヌンツィオにはじまり、ダンテを経由し、グラフに至り、ダンヌンツィオの再登場によって閉じられる。英詩撰を底本としているからとはいえ、はじまりにおける混淆状態は、ある意味、整合性なき受容を予言している。できるだけ要点を繋いでいく本書では割愛されているが、「闖入者」グラフ以降も、突発的な出来事がしばしば起こっている。

いまからみると相当キッチュなことと映るが、近代化を急ぐ日本にとっては、古いものも新しいものも、新しさとして取り入れるのは当然の姿勢であった。それも偏向があり、ダンテが明治半ばに紹介されたとき、哲学者のようにとらえられ、のち文人としての側面が浮上した。レオパルディも同じ道を辿った。思想と文学は、たしかに一体である。ただ、思想が半歩先に行く。イタリア思想の、他ジャンルに対する先駆性は常に指摘できる。近代化まっしぐらの日本の期待にも沿っている。このケースにもみられる、いわゆる「政治性」とは、第一章の文学や、第九章の音楽における取捨選択の決めてとなる要素であった。

「イタリア文化の本質性」と言ってみたものの、本質論は、一般的には、硬直化の危険性をはらむ。第一、八、九章のように、文学・美術・音楽の分野での明治日本の文化政策を勘案しなければならない場合、その上で、イタリアが本質であると主張するのは一種のファシズムと映りうる。むしろ、国家的な文化戦略があるなかで、苦労させられたのが日本のイタリア文化であり、京大イタリア会（第五章）のような、われわれのＡＳＩＫＡにも似た自発的集まりが、ひとつの起爆剤となっていたとの認識は重要であろう。下からの支えによる本質性こそ、この本が呈示したかったものである。

執筆陣にとっての支えといえば、松籟社の木村浩之氏であった。要所要所での的確かつ冷静なアドバイスと判断、細やかな校正作業に対し、編者と執筆者を代表しお礼申し上げる。

編者紹介

ジョヴァンニ・デサンティス（Giovanni Desantis）

イタリア文化会館大阪代表者。これまで上智大学講師をはじめ、在ニューヨーク伊大使館と在モスクワ伊領事館の文化担当官を務める。イタリア外務省の本省においては、海外大学との国際事業に従事。

専門は中世史、ビザンチン文化論、初期キリスト教研究、ルネサンス思想史など。

主要著作に、古典の伊語校訂版（*I Popoli dell'India e i Brahmani* di Pseudo-Palladio, *L'Eranistes* di Teodoreto di Cirro）、ピコ・デッラ・ミランドラ論、聖フランシスコ伝がある。『新カトリック大事典』（研究社、一九九六―二〇〇九年）収録の一三一項目を担当。

土肥 秀行（どい・ひでゆき）

東京大学大学院人文社会系研究科准教授。南欧語南欧文学研究室でイタリア文学を講じる。

専門は現代のイタリア文学、また日欧の前衛芸術（特に未来派の宣言文）。

主要著作に、*Interlinee: studi comparati e oltre* (Cesati, 2021)（『インターライン――比較文化その他』）、*L'esperienza friulana di Pasolini. Cinque studi* (Cesati, 2011)（『パゾリーニのフリウリ体験』）、『教養のイタリア近現代史』（共編著、ミネルヴァ書房、二〇一七年）がある。

執筆者紹介

石井　元章（いしい・もとあき）
　東京大学大学院人文社会系研究科基礎文化研究専攻美術史学専門分野博士課程修了、ピサ高等師範学校大学院文哲学コース博士課程修了（文学博士）大阪芸術大学教授。
　専攻はルネサンス・イタリア美術史、近代日伊交流史、日本近代美術史。
　主な業績に、『ヴェネツィアと日本 ― 美術をめぐる交流』（ブリュッケ、一九九九年）、『ルネサンスの彫刻　十五・十六世紀のイタリア』（ブリュッケ、二〇〇一年）、*Venezia e il Giappone - Studi sugli scambi culturali nella seconda metà dell'Ottocento* (Istituto Nazionale di Archeologia e Storia dell'Arte, Roma, 2004)、『明治期のイタリア留学　文化受容と語学習得』（吉川弘文館、二〇一七年）、「ポンポニオ・ガウリコ　青銅の鋳造術について（第一章）」（池上俊一監修『原典イタリア・ルネサンス芸術論』名古屋大学出版会、二〇二一年、上巻、三六七―三八八頁）、『近代彫刻の先駆者　長沼守敬 ―― 史料と研究』（中央公論美術出版社、二〇二二年）などがある。

石田　聖子（いしだ・さとこ）
　東京外国語大学大学院博士後期課程修了、ボローニャ大学大学院博士後期課程修了。博士（学術、映画演劇学）。名古屋外国語大学世界教養学部准教授。

専攻はイタリア文学と映画。特に現代イタリアにおける文学と映画の関係についてメディア論やモダニティなど多角的な観点から考察している。

主な業績に『世界は映画でできている』（編著、名古屋外国語大学出版会、二〇二一年）、「ピノッキオの身体をめぐって――〈ピノッキアーテ〉と視覚文化」（『イタリア学会誌』第六九号）、訳書にエンニオ・モリコーネ他『あの音を求めて――モリコーネ、音楽・映画・人生を語る』（共訳、フィルムアート社、二〇二二年）、ステファノ・ベンニ『海底バール』（河出書房新社、二〇一三年）などがある。

フランチェスコ・カンパニョーラ（Francesco Campagnola）

パリ高等師範学校（EPHE）とソルボンヌ・パリ第４大学で近代思想史の博士号を、ストラスブール大学でＨＤＲ（Habilitation à diriger des reserches＝フランスにおける最高学位）を取得。これまで、マリー・キュリー財団、日本学術振興会、国際交流基金、フルブライト、ＦＷＯやＦＣＴなどのフェローシップや研究費補助金を受けてきた。リスボン大学主任研究員（准教授に相当）。

専攻はイングランドとアイルランドにおける十八世紀の哲学。近代日本におけるルネサンスの表象に関する著作の出版を間近に控える。

論文が掲載された諸誌は以下のとおり。*Modern Intellectual History, History of European Ideas, Global Intellectual History, Intellectual History Review*, Belfagor,『現代思想』など。

菊池　正和（きくち・まさかず）

京都大学大学院文学研究科博士後期課程、研究指導認定退学。修士（文学）。大阪大学大学院人文学研究科教授。専攻はイタリア近現代文学。一九世紀後半から二〇世紀前半にかけてのイタリア演劇、特に、ルイジ・ピランデッロやフィリッポ・トンマーゾ・マリネッティの劇作法の前衛性を考察している。

著書に、『世界の言語シリーズ13　イタリア語』（大阪大学出版会、二〇一九年）、『あなただけのイタリア語家庭教師』（Clover出版、二〇一八年）などが、主要論文に「『劇中劇三部作』における即興演出と叙述テクストの関係性について」（『言語文化研究』第四〇号、大阪大学言語文化研究科）、「ピランデッロとシチリア――『老人たちと若者たち』における歴史への懐疑と生成への希望」（『日伊文化研究』第五九号）、「マリネッティにおける機械化された身体」（『言語文化研究』第四八号、大阪大学言語文化研究科）などがある。

國司　航佑（くにし・こうすけ）

京都大学大学院イタリア語学イタリア文学専修博士課程修了。博士（文学）。京都外国語大学准教授。専攻はヨーロッパ思想、ヨーロッパ文学。特に、一九世紀の詩人・哲学者ジャコモ・レオパルディおよび二〇世紀の思想家ベネデット・クローチェを中心に、文学、哲学、歴史などの人文諸科学を学際的に研究している。

主な業績に、*Note sulla storia della ricezione dell'estetica di Benedetto Croce in Giappone*（«Filosofia italiana», 17 (2022), 1）、ジャコモ・レオパルディ『断想集』（翻訳・解題、幻戯書房、二〇二〇年）、『詩の哲学――ベネデット・クローチェとイタリア頽廃主義』（京都大学学術出版会、二〇一六年）などがある。

霜田　洋祐（しもだ・ようすけ）

京都大学大学院文学研究科博士課程単位取得退学。博士（文学）。大阪大学大学院人文学研究科講師。

専攻はイタリア近代文学。特にアレッサンドロ・マンゾーニ『婚約者』をはじめとする近代小説を、語りの手法やリアリズムの観点から研究している。

主な業績に、『歴史小説のレトリック――マンゾーニの〈語り〉』（京都大学学術出版会、二〇一八年）、「疫病と集団的妄想――マンゾーニ『婚約者』に記されたペスト蔓延の要因について」（『日伊文化研究』第六〇号）、「フランドルの画家マンゾーニ――『婚約者』と一七世紀絵画のリアリズム」（『イタリア学会誌』第六〇号）などがある。

高田　和文（たかだ・かずふみ）

東京外国語大学大学院外国語研究科修了。静岡文化芸術大学名誉教授。元ローマ日本文化会館館長。

専攻はイタリア演劇、イタリア語、比較演劇。特に、ノーベル賞劇作家ダリオ・フォーの研究、翻訳。狂言とコンメディア・デッラルテの比較研究。

主な著書に、『ＮＨＫスタンダード40イタリア語』（日本放送出版協会、二〇〇〇年）、『話すためのイタリア語』（白水社、一九九七年）、『イタリアの味わい方』（共著、総合法令出版、一九九六年）。訳書・翻訳に、アンドレア・ボチェッリ『沈黙の音楽』（早川書房、二〇〇一年）、ウーゴ・ロンファーニ『ストレーレルは語る』（早川書房、一九九八年）、カルロ・ゴルドーニ『ミランドリーナ・宿の女主人』（劇団櫻花舎上演台本、一九九七年）、ダリオ・フォー『払えないの？　払わないのよ！』（劇団民藝上演台本、一九八五年）などがある。

原 基晶（はら・もとあき）

博士（学術）。東海大学文化社会学部准教授。

専門はイタリア文学・中世ルネサンス文化。

主な業績として、ダンテ・アリギエリ『神曲 地獄篇』『神曲 煉獄篇』『神曲 天国篇』の翻訳（講談社、二〇一四年）、『ダンテ論』（青土社、二〇二一年）、『チェーザレ 破壊の創造者』一－一三巻（監修、講談社、二〇〇六－二〇二三年）がある。

星野 倫（ほしの・ひとし）

京都大学大学院文学研究科・イタリア語学イタリア文学専修・博士後期課程修了。博士（文学）。ダンテ研究者。

専攻は、ダンテの哲学的研究。特に、『帝政論』と『神曲』〈天国篇〉の関係、『饗宴』におけるアリストテレスおよびキケローの受容を中心に調査を進めてきた。

主な業績に、「ダンテ『帝政論』研究序説――成立年代決定問題をめぐって――」（『早稲田大学イタリア研究所研究紀要』第五号）、「ダンテにおける《太陽と月の比喩》」（『地中海学研究』第四〇号）、「ダンテと三段論法」（『中世思想研究』第五九号）、「ダンテにおける可能知性 intellectus possibilis の問題」（『イタリア学会誌』第六七号）、「天国と政治――日本におけるダンテ受容の一側面――」（『日伊文化研究』第五六号）などがある。

森田　学（もりた・まなぶ）
昭和音楽大学特任准教授。サントリーホール オペラ・アカデミー講師。
専攻は声楽（実践）および音楽学（音楽作劇法）、特にオペラを含む声楽曲の作られ方と演奏表現の関わりを理論と実践を通して研究している。
主な業績に、『オペラ辞典』監修（東京堂出版、二〇一三年）、『イタリアのオペラと歌曲を知る一二章』編著（東京堂出版、二〇〇九年）、『音楽用語のイタリア語』（三修社、二〇一一年［改訂版］）、『イタリア語のルール』（白水社、二〇一八年）、『トスティ　ある人生の歌』翻訳（東京堂出版、二〇一〇年）、論文「コンメーディア・リーリカ『つばめ』の台本解釈」（『イタリア学会誌』第六〇号）などがある。

山﨑　彩（やまさき・あや）
東京大学大学院人文社会系研究科博士課程修了。博士（文学）。東京大学大学院総合文化研究科准教授。
専攻はイタリア文学。イタリアの「飛び地」トリエステで一九世紀末から二〇世紀にかけて書かれたイタリア語文学に注目して、多民族・多文化の都市という複層的な現実から生まれる文学のありかたを考察している。歴史の証言者としての文学にも関心がある。
訳書にF・マライーニ『随筆日本――イタリア人の見た昭和の日本』（共訳、松籟社、二〇〇九年）、M・ムッツァレッリ『イタリア・モード小史』（共訳、知泉書館、二〇一四年）、U・エーコ『ウンベルト・エーコのテレビ論集成』（共訳、河出書房新社、二〇二一年）などがある。

La civiltà italiana in Giappone: un bilancio storico degli studi italiani in Giappone

a cura di Giovanni Desantis e Hideyuki Doi

con la supervisione dell'Istituto Italiano di Cultura Osaka

Indice

イタリアの文化と日本
――日本におけるイタリア学の歴史

2023年2月28日　初版発行　　定価はカバーに表示しています

編　者　ジョヴァンニ・デサンティス、土肥秀行
監修者　イタリア文化会館・大阪
著　者　石井元章、石田聖子、フランチェスコ・カンパニョーラ、
菊池正和、國司航佑、霜田洋祐、高田和文、原基晶、
星野倫、森田学、山﨑彩

発行者　相坂一

発行所　松籟社（しょうらいしゃ）
〒612-0801　京都市伏見区深草正覚町1-34
電話　075-531-2878　　振替　01040-3-13030
url　http://www.shoraisha.com/

印刷・製本　モリモト印刷株式会社
Printed in Japan　カバーデザイン　安藤紫野（こゆるぎデザイン）

 ISBN978-4-87984-436-1 C0070